人民币发行方式转轨研究
——由买外汇转向买国债

胡海鸥 冯 霞 著

复旦大学出版社

前言

现在儿童医院最热闹的是早熟门诊,也就是小孩子在骨骼没有长好前,就开始性器官发育了。类似情况在我们的货币领域中也普遍存在,也就是在基础理论的硬伤还没有修复前,就一个劲地引进发达国家的操作技术了,结果导致我们今天的货币政策前行不易、后退很难的尴尬。本书力图正本清源,只讨论基本面的问题,为技术面操作的水到渠成做好铺垫。

我们的货币发行在很长一段时期内行走在与人家截然不同的轨道上:我们买外汇,人家买国债或商业票据。这是因为,我们传统理论认为:纸币是国家强制发行的,所以央行既无需资本金支撑,更不必考虑偿还。只发不还的纸币具有巨额铸币税,所以人民币要国际化,以分享被美国独占的铸币税。本书要证明的则是:纸币是信用,信用要偿还,没有偿还就没有信用,所以纸币不是国家强制发行的,而是公众自愿接受的。国家信用的担保只是国家担保的偿还,而不是不还。因为纸币只是财政提前使用的未来税收,所以它以买国债的方式贴现发行,纸币铸币税只是非常有限的贴现利率,贸然推进人民币国际化，其维持国际信用的成本远远大于可能的收益。从这里出发，继续前行，就不难发现，我们货币供给理论的特殊决定了，为货币供求决定的货币对内对外的价格——利率、汇率，也都不一样，所有的政策调控都跑在不同的两股道上。可见由买外汇转换为买国债，这不仅是购买标的物的切换，而是整个金融系统都需要重构和再造。

我和我的研究生们在10年前就研究这个问题，当然人微言轻，并没有引起太多波澜，但是本书首次印行后，很快售罄，市场上影印的盗版居然可以标价500—600元人民币，这使我甚感欣慰。在某种意义上，民间的认可和阅读甚至比庙堂的接受和采纳更有价值，所以我吁请复旦大学出版社重印本书。非常高兴和感谢，得到了徐惠平副总编的大力支持。

本书初版的许多资料汇总和整理得到冯霞的帮助。重印修订时的更多工作，从观点的更新、文件的整理、文字的梳理到数据的核实等都有吴芸所做的贡献。很难说哪个章节是她写的，但可以肯定地说，每个章节都凝聚了她大量的心血。因为是重印，封面上作者的署名无法改了，所以我只能在前言中对吴芸表示由衷的感谢，更希望她所在单位的人事部门看到这个前言，能对她的能力给予充分的肯定，并对她职业生涯的发展提供最大的帮助。

胡海鸥

2020年7月15日

目 录

第一章 引 言 / 1

第一节 选题背景与意义 ---3

第二节 文献综述 ---6

第三节 研究框架与研究路径 ---10

第四节 研究创新 ---12

一、立意创新 ---12

二、路径创新 ---13

三、视角创新 ---13

第二章 人民币发行方式概述 / 15

第一节 对现行发行方式的简要质疑 ---17

第二节 人民币发行的历史与现实 ---21

第三节 人民币发行的理论依据 ---30

第四节 人民币发行的制度与机制 ---33

第五节 转轨财政对货币发行的要求 ---37

第三章　发达国家与地区的货币发行方式 / 41

第一节　美元与英镑的发行方式与特点 ---43
一、美元发行方式与特点 ---43
二、英镑发行方式与特点 ---49

第二节　欧元与其他货币发行方式与特点 ---53
一、欧元发行方式与特点 ---53
二、中国香港货币发行方式与特点 ---57
三、中国台湾货币发行方式与特点 ---61
四、日元发行方式与特点 ---64

第三节　主流货币发行方式的理论演变 ---66

第四节　主流货币发行方式的制度支撑 ---72

第四章　买外汇发人民币的利弊分析 / 77

第一节　满足计划经济的货币需求 ---79

第二节　货币供给扭曲货币需求 ---82
一、货币供给规范货币需求　82
二、买外汇发货币会扭曲货币需求 ---84
三、货币需求被扭曲的弊端 ---87

第三节　妨碍外汇储备有效使用 ---92

第四节　人民币发行过多的机理 ---94

第五节　汇率逆向波动的机制与利弊 ---100
一、汇率逆理而动的机制 ---100
二、汇率逆理而动的利弊 ---107
三、汇率逆动的通胀机制 ---111

第六节　产权模糊的表现与加剧 ---114

第七节　阻碍人民币流通的规范有序 ---119
  一、人民币发行的大量铸币税 ---120
  二、人民币进入扩张式循环 ---123
  三、人民币难以退出并消失 ---125
第八节　阻碍利率自由化改革的深化 ---142
  一、利率自由化的含义与条件 ---143
  二、买外汇难以实现"利率自由化" ---146
  三、国家财政阻碍利率自由化实现 ---152
第九节　误导对通胀的判断与治理 ---161
第十节　妨碍人民币成为国际货币 ---165
第十一节　两类发行方式的概括与比较 ---170

第五章　人民币发行的压力与无奈 / 173

第一节　发行理论与原则的偏颇 ---175
  一、货币定义偏离国际惯例 ---175
  二、误将公众资产作发行担保 ---179
  三、没有人民币发行偿还理念 ---181
  四、人民币进入流通并无价值 ---184
  五、"币""货"流通本不适应 ---188
  六、缺乏资本约束负债的观念 ---194
  七、未有资产换资产的明确观念 ---206
  八、货币理论制约发行方式转轨 ---210
第二节　消费不足的压力与无奈 ---216
第三节　国债数量不足,难当发币重任 ---219
第四节　金融市场的传导作用有限 ---221

一、货币传导所需的微观基础 ---222
二、货币传导微观均衡的缺失 ---224
三、买外汇发人民币的有效性 ---228
第五节 产权模糊,多种利益背离 ---230
第六节 经济运行以市场化为目标 ---236
第七节 国家财政尚未走向公共财政 ---241
一、买外汇发货币的财政逻辑 ---241
二、买外汇发货币的现实约束 ---245
第八节 政策目标与行政体制的局限 ---248

第六章 买外汇发人民币的条件正在失去 / 253

第一节 社会价值观正在演变 ---255
第二节 国际收支顺差正在缩小 ---257
第三节 利率调控难度越来越大 ---260
第四节 管理轮回需要尽快突破 ---263
第五节 电子货币发展的管理要求 266

第七章 发行方式转轨的目标与步骤 / 273

第一节 发行方式转轨的目标与基本条件 ---275
一、明确人民币发行转向买国债 ---275
二、市场化改革提升为自由化改革 ---277
三、促进消费,实现国际收支平衡 ---280
四、培育供求大致相当的外汇市场 ---288
五、完善监督机制,健全公共财政 ---289
六、转换观念,实现基础理论的衔接 ---291

七、完善各类法规,明晰产权制度 ---297

第二节　调整政策目标,构建制衡体制 ---303

第三节　实现财政收支总量与结构的平衡 ---308

　　一、货币发行与财政赤字的总量 ---308

　　二、货币发行与财政赤字的结构 ---312

　　三、公共财政的赤字总量与结构 ---316

第四节　构建汇率保底制,取代结售汇制 ---317

第五节　理顺、规范央行的资产负债结构 ---320

第六节　消除市场分割,培育真正基准利率 ---324

第七节　解除存贷比例,规范准备金制度 ---327

　　参考资料　---331

第一章 引言

2020年1月,中国广义货币(M_2)余额已经达到201万亿元,以1∶7计算,转换成美元,甚至是实行三次定量宽松货币政策的美元1.8倍多。人民币发行过多的问题已经引起了普遍的诟病,但是,对人民币超发机制的研究却相当有限。本研究则从买外汇发人民币这个方式为切入点,不仅要指出这个方式本身的局限,还要分析它所依托的理论和制度的问题,并从历史演变和一般均衡的意义上提出转轨的目标和步骤。

第一节 选题背景与意义

2011年年底,我国人民币对美元汇率经过五年的持续升值后,第一次出现连续11天的盘中跌停。国外唱衰人民币的论调甚嚣尘上,2012年4月15日,银行间即期外汇市场人民币兑美元交易价浮动幅度由5‰扩大至1%。7月20日即期市场上,人民币对美元有史以来首次1%跌停。2014年2月人民币突然贬值,并且很快抵消2013年的全部涨幅。人民币汇率的如此急转骤变,原因甚多,其中既有欧债危机的波及、世界经济低迷、中国经济的调整,也有人民币向其应有价值的理性回归,更因为人民币发行方式与国际惯例相去甚远。发达国家的货币发行大多以借款人的有价证券为抵押,央行提供短期资金融通,人民币发行则是人民银行以公众的外汇为担保,所以不会像发达国家的货币那样退出和消失。

如此人民币发行方式一定会阻滞人民币及时升值,这就会带动国际收支持续顺差和经济长期增长,以及人民币发行的相应增加,引发人民币对外升值与对内贬值(通货膨胀)。汇改以来,国际上要求人民币升值的压力不断加大,国内通胀屡创新高就是个证明。一旦国内生产成本赶上出口换汇的本币所得,国际收支就可能转为持续逆差,经济也将相应低迷。尽管政府可以采取各种方式避免硬着陆,但是这种方式毕竟有成本,并且越来越不堪承受①。此外,在经济走势掉头之际,不仅有金融大鳄的兴风作浪,更有普通经济机构的套利,这就更会加剧经济的震荡与国民财富的损失。更为麻烦的是,买外汇发人民币还制约政府可选择的政策空间。因为经济低迷,需要增加人民币供给来缓解,但是国际收支顺差减少,甚至转成逆差,人民币供给不仅难以增加,甚至还会减少。可见,要避免经济的大起大落,缓解管理层调控的困难,则必须从根本上改变人民币的发行方式,使之既不会带动经济持续增长,又不会造成经济的深幅调整,更不会束缚管理层调控的手脚。

如图 1-1 所示,在货币金融的有关变量中,货币发行方式决定货币供求,以及利率与汇率,进而决定金融市场运行,最后作用于实体经济。可见货币发行方式是经济运行的基础与前提,只要货币发行方式没有进入国际化的轨道,则所有的经济变量不仅是扭曲的,而且是难以理顺的,甚至理顺了意义也不大。因为经典理论的变量关系都以买国债和其他商业票据发行货币为前提,由此决定套利方式与套利机制,以及相关变量的含义、功能和相互关系。而买外汇发货币,则建立在买国债和其他商业票据上的一切都将被颠覆。譬如,买外汇的货币供给与利率的关系就会变得迂回模糊,市场套利方式和

---

① 2014 年 5 月 11 日李克强总理会见肯尼亚总统时,指出巨额外汇储备已经成为中国的沉重负担。

机制都会变异,金融市场的运行和对实体经济的影响也会有根本不同。在货币发行方式不变的情况下,套利方式和机制无法改变,经济变量的含义、功能和关系就无法规范。或者即便管理层竭尽全力,促使经济变量与发达国家的一致,但因为前提不同,其结果只能是形似,而不可能神似。可见,货币发行方式的重要性怎么强调也不算过分。然而我国目前对于实体经济、金融市场、利率和汇率的研究卷帙浩繁,但是对货币发行的研究却相当有限。所以本书的意义在于正本清源,在前提上避免问题的发生,而不是在支端末节上听任问题的发生,再予以解决。

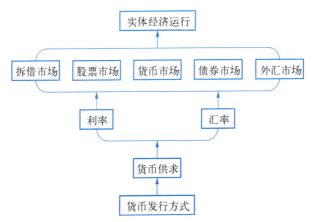

图1-1　人民币发行方式在经济运行中的基础地位

目前,越来越多的人认识到人民币发行确实过多,但是,却很少有人把这种过多归咎于人民币的发行方式,至少在本书开始写作的2011年以前,更不用说,提出用买国债的方式取代买外汇。所以本书不仅要指出买外汇发人民币的问题与局限、理论依托的陈旧、转轨的路径与时机,而且要从根本上和顶层设计上提出改革的对策方案。

本书不讨论资本账户的开放和人民币国际化等问题,因为在人民币最基本的发行方式没有理顺的情况下,资本项目开放只能是小规模的和象征性的,因为人民币汇率无法有序波动,我国就失去调节国际收支、抵挡国际金融大鳄的挑战和进攻的基本屏障。人民币国际化更是个遥远的未来,因为人民币国际化最基本的前提就是让外国人持有人民币,这就需要中国国际收支大量持续的逆差,否则,他们没有足够的人民币,就无法实现人民币国家化。而大量持续的逆差所形成的就业和社会稳定的压力,则是我国以后几十年中都难以承受的。所以本书主要注重理顺国内最基本的人民币发行机制。只有完成这个基本平台的建设之后,才可能展开国际环境大背景下的深入讨论。

第二节 文献综述

国外很难找到货币发行方式的研究,因为他们几百年来一直这样操作[①],所以无需对之做专门的讨论;更没有对人民币发行方式的讨论,因为他们对中国的情况毕竟知之甚少。而我国对人民币发行方式的思考,实际上都是从"货币流通为商品流通服务"的理论前提和基本框架展开,而这个论断被认为是无可厚非的和毋庸置疑的,所以对买外汇发人民币的方式批评比较少,尽管现在对人民币超发现实的批评越来越多了。

[①] 买国债和再贴现发行货币是从买黄金演变过来的,本书的后面将证明这种内在逻辑的一致性。

人民币发行是以全社会的财富作为发行的依据,而不是从债权债务关系的平衡展开的。如陈云同志说:"1962年货币流通量达到130亿元,而社会商品流通量只要70亿元,另外60亿元怎么办?就是搞了几种高价商品,一下子收回60亿元,市场物价就稳定了。"[1]如此操作实际上就是将全社会的财富都作为货币发行的依据。陈云同志还说:"卖高价商品,实际上是货币贬值,群众会有些不满意。但是,只要基本生活资料不涨价,就不会出大问题。如果不采取这个办法,多余的货币不能回笼,到处冲击市场,更不好办。"[2]陈云同志的讲话表明货币发行要与商品数量相适应,这实际上奠定了中国货币发行的理论与操作基础。

朱镕基同志曾经说过:"外汇储备增加500多亿美元是天大的一件好事,几辈子都没想到有这么好的事,怎么能把它说成是缺点? ……通胀的主要因素是基本建设和消费基金过度膨胀","有人说中国在输出通货紧缩,说人民币应该升值。不要听他的!不管别人怎么说,我们稳坐钓鱼台。为什么人民币要升值呢?美元是世界第一大货币,我们现在就是紧跟美元,你升我也升,你贬我也贬,我们就这么走。""我们紧盯美元的政策没有错,而且得到很大的益处。"[3]"人民币从一开始就是没有黄金储备的法定不可兑现纸币,对内靠政府直接控制货币供应维系物价稳定,应付经济波动;对外在封闭环境下,本币高估+固定汇率+强制结汇。"[4]朱镕基的观点实际上是买外汇发人民币,并且保持人民币与美元的稳定汇率。

---

[1]《陈云文选》(第3卷),人民出版社1995年版,第377页。
[2]《陈云传》(下),中央文献出版社2005年版,第1305页。
[3]《朱镕基讲话实录》(第4卷),人民出版社2011年版,第465页。
[4]《朱镕基讲话实录》(第2卷),人民出版社2011年版,第169页。

由此决定了人民币发行由以商品为依据转移到主要以外汇为依据上来,就当时我国计划经济的发展阶段,以及现在我国国际顺差的规模而言,这无疑是我国的最优选择,但是,这样的操作与市场经济的运行方式并不匹配衔接。因为在市场经济中,货币发行要受资产负债关系的约束,货币是政府的负债,商品是公众的资产,政府只能用自己的资产,而不能用公众的资产作为自己负债的担保。所以在历史上,计划经济中非常有效的做法,坚持到市场经济的今天,矛盾和弊端就越来越不容掉以轻心。特别是在计划经济中,外汇储备非常有限,买外汇发人民币的问题和局限得不到充分的表现。而在外汇储备大幅增长的今天,这种发行方式的矛盾和弊端势必会表现在人民币发行的数量过多上。

周其仁说:"人民币汇率的形成机制,在事实上已经成为货币当局被动发行人民币的机制"[1]。此外,"滥发货币是我国通胀的主因"。周其仁指出人民币的汇率形成机制是发行过多的原因,但是没有具体展开汇率形成机制的讨论。卢麒元认为:美元套利、资本对冲两个因素都不可控,"中国人说了不算,该发行多少人民币……也就做不了主了。这就意味着,我们的货币发行权严重失控"[2]。卢麒元的研究将货币失控的原因归咎于美元套利和资本对冲,却未能证明经常项目的顺差才是人民币发行过多的主要原因,而顺差又是人民币发行过多的结果。

人行研究局原副局长景学成指出,近 10 年来,我国的货币政策是被动的"倒逼机制",而这一机制形成的主要原因就是发行大量基

---

[1] http://finance.eastmoney.com/news/1371,2010081690233055.html.
[2] 外汇储备后面人民币发行权问题,http://blog.sina.com.cn/s/blog_9067917d01012mkk.html.

础货币对冲外汇占款,(主要是)对冲美元,从而累积形成了巨额的外汇储备①。复旦大学金融学系副教授陆前进指出:目前人民币的发行完全由外汇储备来决定,也就说我国基础货币的发行完全受制于外汇储备。景学成和陆前进主要是从现象上将人民币发行过多归咎于国际收支顺差,却未能在本质上反过来证明人民币发行过多导致顺差太大。陆前进进一步提出,中国的货币发行机制将来也要依赖于政府发行债券支撑,央行可以通过国债的公开市场业务来调控货币和利率。所以要逐步改革人民币汇率形成机制和外汇管理体制,央行不再承担收购外汇和管理外汇的角色,而逐步将其让给市场②。陆前进的观点与本书的研究颇为一致,但他只是提出一个基本观点,却没有展开系统、完整的论述。

财政部原部长楼继伟说:"大国央行的资产基本是国内债券,主要是国债。""外汇储备管理方式改革的方向应该是学习其他大国,用财政发债,把外汇储备买下,自然对冲外汇储备的增长。"③以避免货币供给过多引发的通胀,加剧央行发行央票、提高银行存款准备金率收回流动性的困难④。楼部长的主张与本书所要证明的观点和实现的目标基本相同,但他主要在财政开支范围的角度讨论用国债作为央行货币发行的依据,外汇应该作为财政的资产。笔者则强调买外汇的发行方式不仅是对公众财产的冒犯,更会造成经济与金融运行的紊乱,所以要解决我国货币流通的各种问题都必须正本清源,从源头做起,以国债来置换外汇。

---

① 《每日经济新闻》2011 年 6 月 1 日,http://www.nbd.com.cn/articles/2011-06-01/572133.html.
② 《证券时报》2011 年 5 月 3 日,http://news.stcn.com/content/2011-05/03/content_2595750.htm.
③ 楼继伟:"中国需要继续深化改革的六项制度",《比较》2011 年第 6 期。
④ 《新世纪》2011 年第 27 期。

第三节　研究框架与研究路径

遵循马克思研究资本主义社会的基本方法,从分析资本主义社会的细胞——商品的内在矛盾开始,推导出资本主义社会的运行机制与各种问题所在。本书研究则从人民币的源头——发行方式开始,分析推导我国货币金融运行的主要规律,证明其相关问题的所在,并将改变货币发行方式、由买外汇转向买国债作为解决我国货币金融问题的关键所在。

本书的研究框架和路径如图 1-2 所示。第一部分包括三章。第一章说明选题的意义、研究框架和基本路径等。第二章说明人民币发行方式的概况,包括演变、现状、理论依据、制度支撑等。第三章介绍发达国家与地区的货币发行方式,包括英、美、欧和中国香港与中国台湾等,他们的基本操作、主要理论、配套制度与运行机制,为第二部分的比较分析做好铺垫。第二部分是第四章,分析买外汇发人民币的主要利弊,证明它在满足计划经济对货币需求的同时,又表现并加剧我国的产权模糊,致使我国货币流通机制偏离国际惯例。第三部分是第五章,分析说明买外汇发人民币面对的压力与无奈,在理论原则出现偏差、就业压力超大、产权模糊、国家财政而不是公共财政的情况下,我国只能买外汇发人民币,而无法像发达国家那样买国债发货币。第四部分包括第六章、第七章。第六章说明我国买外汇发人民币的条件已有缺失,如社会价值观正发生巨大而又深刻的变化,产权日趋明晰,国际收支顺差不可持续,公共财政目标已经明确等,这些都决定了改革的目标是推行买国债发货币。第七章分析买国债

第一章 引言

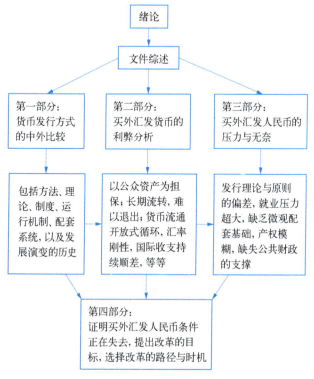

图 1-2 本书研究的框架与路径

发货币所需改革的有关方面,包括完善公共财政有关制度、健全经济金融立法、实现国际收支平衡、转换基础理论、渐进推行经济金融改革等。鉴于人民币发行改革涉及的面很广,不可能一步到位,所以提出人民币发行方式转轨的路径与步骤,包括构建货币与国债有序循环的合理框架、发国债置换央票、收回过多货币、财政核定并补足人行(即中国人民银行,简称人行,下同)的资本、消除市场分割、培育"牵一发而动全身"的基准利率、解除存贷款比例管理,等等。

不同的货币发行方式产生于不同的经济金融运行方式,并反过来决定经济金融运行方式及其运行效果,所以实现发行方式的转轨不仅是实现货币金融制度和运行方式转轨的关键和核心,而且需要在货币金融制度和运行方式转轨的过程中,将买外汇发人民币转移到买国债上来,因为改变货币发行方式需要改变所依托的理论和各种基础条件,所以货币发行方式的转轨甚至关系整个货币金融乃至社会制度的重建与再造。

本框图和路径主要表达两种体制、两种运行方式与两种因果关系的关键变量,实际涉及的变量与因果关系非常之多,也相当复杂,远远超过这里的介绍,本书将在后面的论述中逐渐加入并充分展开。

第四节 研究创新

本书的创新主要表现在以下三个方面:

一、立意创新

现在我国有太多关于利率、汇率、外汇储备和货币政策的研究,基本上依据这些变量展开分析,却很少,甚至完全没有追溯这些变量的前提——货币发行方式。本研究要证明货币发行方式有其固有的运行规律,一旦确定就会规定和制约货币金融的运行,并以外部强制的方式迫使管理层做出背离初衷的选择。所以要解决我国货币金融的各类问题,就必须从货币发行方式的前提做起,甚至可以说,不能将买外汇发人民币转移到买国债上来,我国的其他货币金融问题就无法得到解决。我国的诸多研究主要证明管理层目标与意愿本身可能的问题,而本书研究则旨在分析货币发行方式对管理层目标和意愿的外部制约和强制。

二、路径创新

本书研究不仅要运用发达国家的理论与模型,更要充分展开对这些理论模型的隐含前提的论证。鉴于我国不完全具备,甚至完全不具备运用这些理论模型的隐含前提,如产权明晰、要素自由流动和公共财政等,而发达国家的理论往往将这些前提看作是不言自明、无需论证的,以致不仅经典理论的模型论断,甚至连利率、汇率和国际收支等基本变量在我国都会发生变异,这就使我国不完全具备,甚至完全不具备经典理论所说的意义与功能。本书研究路径的创新就是要从中国经济金融的不同前提出发,按照经典理论的逻辑,重新进行推导,争取得出符合中国实际的结论。

三、视角创新

本书研究不是运用发达国家的货币发行的成功经验和论断,聚焦与解决人民币发行问题,而是从一般均衡的视角,强调整个经济金融系统,甚至更大范围的制度再造与重构,然后再回归货币发行方式的转轨。本书视角创新还在于强调时机的选择,也就是同样的方法与操作,在不同的条件下具有截然不同的意义,做早了或者做晚了,甚至比什么都不做更不好。治大国若烹小鲜,只有选好时机,才能以最小的震荡,最为平稳地推进货币金融系统和货币发行方式的改革。

第二章 人民币发行方式概述

人民币发行方式是我国经济发展的历史和现实的产物,所以既要了解人民币发行方式的历史沿革,更要认识支撑这种方式的相关理论与制度平台,才能正确地分析和研究这种发行方式的机制和效应,并做出相应的评价。

第一节 对现行发行方式的简要质疑

我国目前的人民币发行主要采取买外汇的方式,人行对有关质疑的回答是:人行获得公众的外汇,公众得到等值的人民币,外汇储备就成了人行的钱[①]。而且,人民币代表外汇,只要有足够的外汇储备,就能保持人民币币值的稳定。这个貌似无可非议的回答其实问题很大,它不仅已经造成我国目前比较严重的通胀,而且还从根本上制约我国经济的长期稳定发展。买外汇发人民币存在以下一系列问题:

首先,外汇与人民币之间的交换并不等值。外汇是公众出口创汇挣来的,其中含流血流汗等各类成本,而人民币则为人行印发,其中只有非常有限的印刷成本,买外汇发人民币为价值悬殊的不等值交换。而且,这种价值的悬殊性还会不断扩大,因为买外汇的人民币投放越来越多,通胀的发生是趋势性的。为保持充分就业和经

---

① "外汇储备是央行的钱,也代表国民财富,不能理解成一般意义上中国老百姓的'血汗钱',不能无偿使用……企业和个人不是把外汇无偿交给央行,而是通过银行卖给央行,并获得了等值人民币。"(田俊荣:"外汇储备是谁的?",《人民日报》2011年10月17日)

济繁荣,人民币与外汇的兑换比例则相对稳定。也就是人民币与外汇的交换比例变动有限,但人民币中可以买到的商品量越来越少,也就是人民币的价值含量越来越低,外汇与人民币的交换越来越不等值了。

其次,外汇储备不是人行的钱。人行是管理货币流通和实施货币政策的国家机关,而不是营利的生产企业。尽管它提供的服务也有价值,但无论如何也达不到曾经 4 万亿美元的规模,所以人行的外汇储备只能是发行人民币换得的。如果人民币是金币、银币,或者财政的税收,人民币与外汇的交换就是"银货两讫",外汇储备就是人行的钱。但实际上,人民币是人行的债务凭证,外汇储备是人行"欠"公众的资产。就像谁也不能将借来的钱当作自己的钱一样,外汇储备不是人行的钱,至少绝大部分不是,人行充其量只是获得它们的使用权,而不是所有权。

其三,货币发行要以发行银行的资产,而不能以交易对方的资产为担保。人行以外汇储备为人民币发行的担保,决定了人行有多少外汇储备就能发多少货币。任何个人和机构只要可以用人家的资产为自己负债的担保,就是用借条换人家的资产,就一定会造成自己负债的无限膨胀。宋朝民间的交子铺以自己的银两为交子发行的担保,并以此为限,币值也稳定。后来被宋朝和元朝官方用作无准备金发行,结果发行剧增,币值大跌,最终崩溃[①]。布雷顿森林体系的解体和美元的贬值,也是美元发行超过黄金准备的结果。所有这些都表明,货币发行要有发行者的足值资产,而不能以交易对象的资产为担保。

[①] 李世东:"中国两千年经济危机爆发规律史",http://baike.baidu.com/view/30120.htm.

其四,货币发行要受发行银行资本的约束。货币发行就有个"锚",约束负债规模的扩张。资本是非常重要的"锚",因为资本是个定量,特别在发达国家的货币都是从黄金白银转换过来的。在"锚"不会漂移的作用下,加上流动性管理决定的负债规模为资本确定倍数,货币发行就不会失控。人行没有明确的自有资本,银行法只说国家提供人行所需自有资本,却没有说提供多少[①]。有明确的自有资本,则人行只能"算了用";没有明确自有资本,则难免是"用了算";"算了用"有约束,"用了算"则用多少是多少,没有约束,至少是预算软约束。同时,外汇储备也不能约束人民币发行,因为外汇储备为国内产品转换,国内生产潜力很大,转换成外汇和人民币的量也非常大,"锚"既漂移,何以控制人民币发行?更何况,没有资本和流动性要求的约束,也就无法形成负债占资本的稳定规模。

其五,外汇储备不足以保障人民币的稳定。就每笔人民币都有对应的外汇而言,外汇储备多则人民币稳定,但就外汇的总量和经济系统的循环而言,则外汇储备越多,人民币越不稳。因为外汇是本国商品出口换来的,外汇储备越多,本国商品越少,人民币发行越多,商品与人民币的比例关系越恶化。加上人民币按外汇储备某个比例增长,人民币升值不到位,国际收支顺差持续存在,商品与人民币的比例关系进一步恶化。此外,出口增长致使出口商品价格趋于下降,生产要素价格则相应上升,这就从供给的角度推高国内价格。管理层使用外汇储备买进外国商品,也不足以平抑国内市场。因为我国的

---

① 《中华人民共和国中国人民银行法》(1995年3月18日第八届全国人民代表大会第三次会议通过,根据2003年12月27日第十届全国人民代表大会常务委员会第六次会议《关于修改〈中华人民共和国中国人民银行法〉的决定》修正)第一章第8条规定,中国人民银行的全部资本由国家出资,属于国家所有。

外汇储备越多,我们的买入越会推高国际市场的价格,甚至只要有传言中国人要买入,都可能推高国际市场价格,进而加剧国内市场价格的上升。

最后,买外汇及买黄金与吸收存款截然不同。也有学者说,买外汇发人民币与买黄金发人民币,与吸收存款提供活期存单一样,都是用发行者的凭证取代存入的资产进入流通,资产负债等量增加,何来负面影响?如此比较完全不能成立,简单的回答是黄金的存量为上帝所决定,黄金的有限性决定了依据黄金发纸币,不管如何都不可能过多。商业银行吸收存款再多,只要央行货币发行不过量,就不会导致通胀。外汇则与它们都不同,因为它不仅是个变量,而且是个增量,在理论上,所有的商品都可以出口,所有的出口都可以变成外汇,所有的外汇都可以变成人民币,国内的商品越来越少,而货币越来越多,其对经济的负面影响怎么估计也不算过分。

可见,目前有关人民币发行方式的主流认识和评判都失之偏颇和值得商榷。尽管受经济、政治等各方面条件的制约,买外汇发人民币或许是在现有条件下的最优选择,但却不能作为货币发行的基本规则。如果我们不能在顶层设计上,按照国际惯例改变人民币发行方式,我们就无法根本解决由买外汇发人民币所引发的各类问题,甚至可以说,我国金融的各类问题正产生于买外汇发人民币。因为货币发行处于金融体系的核心主导地位,人民币发行如果不能转移到国际惯例的轨道上,则整个金融制度无论怎样改革,有关金融变量无论怎样规范,它们都只能是形似而不是神似。所以对人民币发行方式改革的重要性,无论怎样强调都不算过分。但是,改革的第一步,则是要分析清楚这种发行方式的问题和弊端所在。

第二节 人民币发行的历史与现实

在我国的计划经济体制中,因为制度和操作与现代经济体制有根本不同,所以货币供给从概念到操作也都完全不一样。在我国目前的体制中,制度和操作与现代经济体制已经有了很多相似之处,但是,因为货币供给的基本原则仍没有根本性改变,所以对我国目前金融运行的评价,可以借用某国有商业银行原负责人的话来形容,即改变了体制,却没有改变机制,与发达国家比较,还只是形似,而不是神似。

在计划经济的货币银行体制中,货币供给就不像现代金融体系中那样,央行买进国债,增加基础货币供给,商业银行派生存款,创造出经济运行所需的货币总量。而是由人行总行编制信贷计划,逐级下达给各分支行,各分支行发放贷款,形成货币供给。各分支行不是根据所拥有的总行货币创造信用工具,而是执行总行分解的信贷计划,提供交易手段。当时的货币主要有现金和存款,公众使用的是现金,企业使用的是开支票的活期存款,现金进入银行变成存款,存款退出银行变成现金,它们之间只有1∶1的转换关系。所以在计划体制中没有基础货币的概念和功能,现金只是存款的转换形态,没有1元现金进入银行支撑存款倍数创造,以及1元现金流失造成银行存款倍数收缩的功能。加上,信贷计划与现金发行的关系是两个计划一个差额,也就是存贷差额决定现金发行。存款大于贷款为现金回笼,贷款大于存款为现金发行。所以当时的货币供给不像现代货币银行制度那样,央行的现金(基础货币)发行先于、决定和主导商业银行存贷款规模,而是各分支行存贷款规模和差额决定现金多少,现金被动地从属于贷款的发放与执行。

在当时的体制中,有三大投放和三大回笼渠道,即农产品(含外汇)收购投放、工资奖金投放、信贷投放。还有商品销售回笼、储蓄回笼、财政税收回笼等。简言之,因为农产品、外汇收购,工资奖金发放,现金进入到公众手中,就是货币投放,货币供给增加。反过来,企业销售商品、偿还借款、公众储蓄存款入行、财政税款入行,就是企业和公众手中的现金减少,即货币回笼,货币供给减少。这样的关系与现代货币银行制度中的也完全颠倒,因为在现代货币银行制度中,商业银行的货币也是流通中的货币,所以现金进入商业银行,商业银行倍数创造存款,货币供给倍数增加。现金退出商业银行,商业银行要恢复准备金与存款的比例关系,只能倍数收缩存款,货币供给相应减少。只有货币从央行出来才是投放,进入央行才算回笼,因为央行的货币是流通外的货币,而不是流通中的货币①。当时的投放和回笼还带有很强的地域与时间性,一般来说,商业比较发达的地区,如北京、上海、广州等银行是现金回笼行,因为那里卖掉商品回笼货币;而工业比较发达的地区,如西安、东北等地区,需要资金购买生产要素,则大多为现金投放行。还有在年底销售比较旺盛时,全国银行都可能现金回笼;而在年初年中的一段时间,企业都在购买原材料组织生

---

① 至今还有很多人的认识没有走出这个理论盲区,以为进入银行的货币就退出了流通,如《21世纪经济报道》2013年3月11日就有苏安的文章《货币超发的误区》说:"纸币发行是指纸币从银行营业柜台交给储户的过程,大家从ATM取款也就是纸币发行过程。"人民银行的高层领导也隐含着相同的思想,如有这样的说法:不能简单地说人民币发行比美元多,因为中国的储蓄率高。言下之意,储蓄率高了,货币流通速度就慢了,所以要多发人民币。此话符合计划经济的情况,却不符合市场经济的现实。因为储蓄的钱不会在商业银行睡觉,它们一定会被投放出去,否则,商业银行就要承担储蓄利率,而没有贷款收益。所以商业银行的钱仍然是流通中的钱,故此货币流通速度不会下降,多发人民币的理由并不充分。

产,全国银行都可能现金投放。

所以银行中的现金不是流通中的货币,只有公众手中的现金才是流通中的货币,其重要原因不仅在于当时没有中央银行和商业银行的划分,更在于货币流通为商品流通服务的理论。只有公众手中的钱才能为商品流通交换服务,而在银行中的钱则停顿下来,没有这样的功能,所以成了流通外的货币,基本不影响商品物价。所以,当时只要发生通胀,政府就千方百计加大现金回笼的力度。在现代货币银行制度中,现金只要进入商业银行,就能支撑起信用创造,通胀的压力会更大。尽管在计划体制中,活期存款也在为商品流通服务,也能影响物价,但是当时的理论和实务并没有把它太当回事,很重要的原因是:只有企业的活期存款才可以开支票,公众的活期存款却不可以开支票,而企业的商品交易在国家计划的范围内,所以它的价格、数量,甚至交易对象都为国家直接控制,而企业和公众的活期存款对商品流通的影响都非常有限。不像现金,它基本为公众持有,怎么买、买多少、谁来买等基本由公众决定。尽管政府也以凭票供给方式管制生活用品,但是货币供给过多仍然会造成通胀,这已经为计划经济的历史所充分证明。

人行总行的信贷计划按照国民经济计划来编制,也就是有多大的经济规模,就有多大的货币供给。所谓贷款的发放要有物资保证,就是要在操作层面上实现信贷计划与国民经济计划的衔接。因为各企业的物资是经济计划的分解,分支行的贷款则是信贷计划的落实,按照企业的物资发放贷款,就在微观层面上将两个计划连接了起来。在这样的框架中,容不下金融市场,因为只要有分支行进行资金余缺的调节,那么一家银行信贷规模的扩大,一定有一家企业得不到足够的资金,即便信贷计划和经济计划的总量不突破,仍然会造成结构性紊乱。更何况，各分支行的调节余缺都是从各自利益出发的，大家都有扩张的冲动，总量也一定会被突破。所以计划经济反复强调两大计划的衔接，不仅信贷计划具有法律的效应，各级银行必须严格遵守；甚至"买酱油的钱不能买醋"，专款专用。这就是说，如果实际经济并没有完全按照经济计划来运行，这就一定会使一些分支行的资金贷不掉，另一些分支行的资金不够贷。因为没有金融市场调节余缺，所以资金不足的企业生产能力得不到释放，资金富裕企业的资金只能闲置，得不到充分的利用，资源利用的效率只能是低下的。

在计划经济的框架中，没有这样一系列概念，即货币是央行的负债，货币发行要有央行资产为担保，货币总量不能突破国家资产规模限制。所以只要经济增长，信贷规模就能相应扩张，国家无需担心它是否有足够的资产来支持这个规模的信贷计划。同样的道理也表现在各级分支行中，对它们来说，存贷款也无需考虑资产负债的平衡，只要有信贷指标，它们就能发放贷款，没有存款也可以。反过来，如果没有信贷指标，则存款再多也不能发放贷款。所以我国当时的货币供给，除了现金和存款外，还有很大一块信贷计划，甚至信贷计划比现金和存款更重要。这是现代货币金融理论所无法解释的，却也是不奇怪的。因为经济变量的含义与功能，不仅取决于它们自身，更取决于它们所从属的经济系统。计划经济中的货币银行制度与现代货币银行制度的不同是系统性不同，不同系统中的变量尽管表面可能相似，但其本质和功能却完全不一样。

甚至我国当时银行记账法也与现代货币银行制度有根本不同。为了与资产阶级划清界限，我国一度将全国银行系统的财会人员集中在新疆,将传统的借贷记账法改为收付记账法,结果实行不下去。因为"收付"两个字不仅是符号,更有确定的含义,据此实行的结果账户科目收的地方是付,付的地方是收。于是又花了很大的人力与物力改成增减记账法,问题仍然没有解决①。直至1983年以后,邓小平同志说,要把我国银行建设成真正的银行以后,我国的记账法才回归到国际惯例的借贷上来。

所谓物资保证原则,并非用借款企业的资产作为向银行贷款的担保,如果不能及时偿还,就用这个资产来偿还。而是借款企业用拟买入的商品物资为担保,就是以别的企业的资产作为自己的担保,要求银行发放贷款。这样做并不意味着借款企业经营发生问题,可以用拟买入企业的商品物资来偿还,而是银行为保证商品流通与物资流通相适应。也就是在两家企业都为国家所有的条件下,拟买入商品增加了,货币也增加,两者匹配,货币流通与商品流通相适应了,物价就能保持稳定。这种关系在商业企业中表现得最为明显。商业企业用拟买入生产企业的商品为担保,要求银行发放贷款。商业企业得到贷款买入商品,然后卖掉商品,收回货币,偿还向银行的贷款。这个过程被概括为当时货币银行学和银行信贷中最为经典的话:"货进来,钱出去;钱进来,货出去。"②前半句指发放贷款,让商业企业买到货物。后半句则指商业企业卖掉货物后,偿还银行贷款。尽管这样的货币发行关系放在今天的货币银行制度的框架中几乎无法理解,但它确实能够在当时货币银行系统中,实现货币流通与商品流通的相适应。

---

① http://baike.baidu.com/view/1334047.htm.
② 《中共中央、国务院关于切实加强商业各部门财务和管理工作的决定》(1963年10月22日), http://news.xinhuanet.com/ziliao/2005-01/27/content_2514749.htm.

可以作为物资保证的除了普通商品外,还有农产品和外汇等,所以在当时的信贷计划中,有很大一块是农产品和外汇收购的现金投放,因为相对于农产品和外汇扩大信贷规模,投放货币,就是实现商品流通与货币流通的相适应。随着农产品的销售,以及外汇转换成商品实现销售后,偿还借款,物资保证和银行贷款都减少,这就再度实现货币流通与商品流通的相适应。在当时的体制中,我国的出口非常有限,所以作为外汇占款而投放的货币也相应非常有限。但是,以这种方式发放货币的思想却影响很大,一直延续到现在。按照当时的理论,买外汇发人民币,不会造成通胀,这是作为社会主义货币银行体系优越性的一个表现。因为如果发生物价上涨,国家只要用外汇买入外国商品,抛入国内市场,就可以平抑国内物价。正是因为这种思想的根深蒂固和毋庸置疑,致使我国的外汇储备达到今天这样庞大的规模,还继续进行买外汇发人民币的操作。

改革开放以来,我国的货币银行制度有了很大的变革,不仅建立了中央银行和商业银行,还有政策性银行、开发银行、股份制银行、地方金融机构,还有外资银行、保险和证券机构等,各类金融市场等也应运而生。此外,从1998年开始,我国也停止编制和实施信贷计划。我国的货币供给也开始转移到央行发行基础货币,商业银行据以进行创造存款,倍数扩张货币供给的时期。然而,因为传统理论还没有得到清理,制度建设还没有到位,金融机构之间,以及与政府之间尚未形成合作博弈,以致我国目前的货币供给方式还没有走出传统体制的惯性。它主要表现在以下四个方面:

其一,我国仍然实行买外汇发人民币的发行方式。因为,我们还没有在理论上认识到这种发行方式的问题与局限,在教科书和实际操作中,还没有对这种操作方式表示质疑;我国的国债市场还不够成熟,国债发行的数量还不足以担当买国债发货币的重任;加上我国实行的是出口外向型经济战略,需要国际收支长期顺差,以保障经济繁荣和充分就业。所以买外汇发人民币成了我国现实的选择。当然,我国也没有排除买农产品发行货币的可能,但是,在买外汇发人民币的数量已经要造成严重通胀的情况下,这就基本没有用其他方式再发货币的空间与可能。

其二,商业银行按照特殊的货币乘数进行货币创造。历史上我国准备金率较高,基本没有按存款性质与规模分类分级确定准备金率[①]。它的主要功能不是控制存款创造,而是规定存款缴纳。所以每次提高准备金率后,媒体都有说锁定或释放资金 3 000 亿元,而不是说,货币乘数缩小多少。当时还实行贷款只能占存款 75% 的存贷款比例管理,25% 的存款不能动用,相当于每吸收 100 元存款,只能发放 75 元贷款。这实际上与缴纳准备金一样,可以遏制存款扩张规模。因为存贷款比例高于 21.5% 的准备金率,在这两者同时运用时,相当于两根缰绳拉一匹马,短的起作用,长的不起作用,所以决定货币乘数的是存贷款比例,而不是准备金率。2015 年 10 月取消存贷款比例管理,从那时起至 2019 年 12 月,法定准备金率下调了 8 次,大型金融机构准备金由 18.00% 下降至 13.00%,占初始准备金率比重约 27.78%。对应货币乘数由 4.930 0 逐步上升至 6.127 8,涨幅约 24.30%。取消存贷比后,法定存款准备金变化对货币乘数影响更为直接。如表 2-1、图 2-1 所示。

[①] 2020 年 1 月 6 日起,大型金融机构法定存款准备金率 12.5%,中小金融机构 10.5%。

表 2-1 准备金率与货币乘数的关系

调整日期	大型机构法定存款准备金率(%)	中小型机构法定存款准备金率(%)	货币乘数	大型机构法定存款准备金率与货币乘数的乘积(%)
2015-09-06	18.00	16.00	4.860 0	87.48
2015-10-24	17.50	15.50	4.930 0	86.28
2016-03-01	17.00	15.00	5.100 0	86.70
2018-04-25	16.00	14.00	5.650 0	90.40
2018-07-05	15.50	13.50	5.700 0	88.35
2018-10-15	14.50	12.50	6.021 9	87.32
2019-01-15	14.00	12.00	5.957 0	83.40
2019-01-25	13.50	11.50	5.957 0	80.42
2019-09-16	13.00	11.00	6.382 4	82.97

数据来源:Wind。

图 2-1 大型机构法定存款准备金率与货币乘数的变化关系

数据来源:Wind。

其三，央票买卖是调节货币流通的主要手段。在国际收支持续顺差时，人民币一定发行过多，于是人行只能发行央票以收回过多的人民币，人民币退出流通，但停留在人行账上。央票到期要还本付息，央行又没有其他资金来源，只能发新币还旧债，退出的人民币再度进入流通。换句话说，发央票暂时减少的货币供给，最终还是要回到流通中。于是，央票越发越多，暂时退出流通的货币也越来越多，最终要回到流通中的压力也就越来越大，这势必不利于货币流通的稳定。这样货币供给的调节与美国的国债买卖，以及日本的央票买卖都不同，美国要用税款偿还国债，日本用央行盈余偿还央票，财政税款和央行盈余都是流通中货币的退出，所以到了债券和央票的偿还期，增加的货币供给不仅退出流通，而且永远消失了。

其四，两种体制与两种理论交织决定的货币供给。我国已经建立起央行发行基础货币，商业银行依据基础货币进行信用创造的体制，也引进了现代货币金融理论，但是，我们既没有随着体制的改变而放弃三种投放、三种回笼渠道的理论，更没有讨论货币流通为商品流通服务的理论的局限性。既没有说明对于改革中的体制，我国传统理论已经明显过时，更没有指出两种理论分属不同的系统，不能跨系统类比、运用和分析不同系统中的变量。以致我们将从属于计划经济的买外汇发人民币的方式运用于已经基本形成的中央银行和商业银行体制中，并以销售央票和提高准备金率等方式等来控制货币量。这就决定我国目前货币供给，以及几乎所有其他经济变量的变异，它们既不同于计划体制中的变量，也不同于现代货币金融体系中的变量。所以运用任何一种理论都不足以充分解释我国货币供给的实际，更无法按照这些理论来进行有效的调控。

第三节　人民币发行的理论依据

买外汇、买粮食、买商品发行人民币,不仅在于我国金融体系承受的经济压力,更在于我国计划经济的货币理论的支撑。如果不是在理论上认定这种发行方式的天经地义,毋庸置疑,我国不会轻易采取这样的货币发行方式。可偏偏计划经济的货币理论认为只有这种货币发行方式才是完全正确的、符合经济发展的客观需要的。

按照计划经济的货币理论,商品的自然属性、使用价值千差万别,无法作为交换的比较依据,所以需要以商品内在的无差别的劳动价值作为交换的基础。由此货币从偶然的、扩大的和一般的价值形态演变过来,作为固定充当一般等价物的特殊商品。它具有价值尺度、流通手段、交易媒介、储藏手段和世界货币的职能。既然货币产生于商品流通,也就理所当然地要为商品流通服务。所以按照马克思的货币流通公式

$$MV = PQ$$

M 为货币量,V 为货币流通速度,P 为价格,Q 为产量。在金币流通的情况下,整理后可得公式

$$M = Q \times P/V$$

即货币必要量为商品量乘上价格水平除以货币流通速度所决定。因为金币是包含劳动价值才进入流通,与包含劳动价值的商品对比交换,商品价格就是商品的劳动价值与货币的劳动价值对比的结果。金币的价值稳定,所以具有自发调节流通中货币必要量的功

能。金币多了,它能换得的商品就会少于它的内在价值,人们不愿承受这样的损失,金币就会退出流通,变成金块储藏起来;储藏的结果减少了流通中金币,其购买力回升,金块就会变成金币进入流通,金币购买力回落。所以在金币流通下,实际金币量与社会所需货币量一致,不会过多或过少,也不会造成通货膨胀。而在纸币流通的情况下,纸币没有内在的劳动价值,也不能自发调整流通中的纸币量,而只能代表金币流通,商品价格水平如下公式表示

$$P = MV/Q$$

因为进入流通的纸币不会退出,纸币发行量非常可能超过流通中的货币必要量,M 过大会造成 P 的上升,V 加快的效应也是如此。而商品量多,可以缓解物价上升;商品量少,则会导致物价上升。显然,保持物价稳定的重要条件是实现货币发行量与商品量同方向同比例变化。

尽管我国的货币制度是从银本位发展过来,而没有金本位制的传统,也从来没有能精确地计算出货币必要量到底是多少,但是我国的理论和实务工作者都一直努力要实现货币流通要为商品流通服务,货币量要与商品量保持适当的比例关系,以便保持物价的稳定。由此推导出货币发行要有物质保证,即货币发行量要与商品流通量同方向变动,商品数量多了,货币发行增加;反之,货币数量减少。这里的物资保证主要是指商品、农产品和外汇等。所以在解放初的理论认为,政府只要控制"两白一黑",即大米、棉花和煤,就能发行货币[1]。在计划经济中,更有 8 元零售商品 1 元货币发行就能保持物价

---

[1] "建国初的'两白一黑'——一场没有硝烟的战役",解放牛网,www.jfdaily.com,2011-07-07。

稳定的经验数据①。按照这样的理论,只要政府拥有足够的商品物资,就能按一定的比例发行货币;只要货币发行量与商品量之比没有过高,就不会引发严重的通货膨胀。

特别需要指出的是,物资保证不是抵押贷款,抵押贷款是以借款企业的资产为担保,如果企业还不出贷款,该资产就要归银行所有。物资保证原则则是将购货企业将销货企业的物资作为自己的担保,它只具有贷款发放与商品量增长同步的意义,却不能保证补偿贷款不能收回时的银行利益。在这种情况下,借款企业一旦卖掉商品,就要及时偿还贷款。如此操作可以实现生产规模扩大,货币供给增加;商品销售完成,货币供给减少。所以外汇可以作为物资保证,外汇多了,可以多发人民币,因为外汇等价于外国商品,如果发生物价上涨,政府就可以用外汇买来外国商品,投放国内市场,压低上涨的物价。

改革开放前,我国商品出口比较有限,货币发行主要通过农产品收购,对企业贷款等来实现。改革开放以来,国际收支顺差越来越大,货币供给相应越来越多,在它的总量大到可能引发通胀的时候,人行只能控制其他渠道的货币发行,实际货币发行也就只剩下外汇占款了。更重要的是,改革开放后的货币银行制度与改革开放前有了根本不同,除了外汇收购以外,其他农产品收购、贷款发放等主要通过政策性银行和商业银行来进行,所以不再具有货币发行的意义。

---

① http://books.google.com.hk/books? id=iPRlYy0rSO4C&pg=PA118&lpg=PA118&dq=%E6%9C%89%E5%85%83%E9%9B%B6%E5%94%AE%E5%95%86%E5%93%81%E5%85%83%E8%B4%A7%E5%B8%81%E5%8F%91%E8%A1%8C&source=bl&ots=AF0Zv7uOia&sig=OVJ9ttWwR91xbOj8fcKb9ug1o4Y&hl=zh-CN&sa=X&ei=s1gfUa3ZI4_zmAX2sIDIBg&ved=0CDkQ6AEwAg#v=onepage&q=%E6%9C%89%E5%85%83%E9%9B%B6%E5%94%AE%E5%95%86%E5%93%81%E5%85%83%E8%B4%A7%E5%B8%81%E5%8F%91%E8%A1%8C&f=false.

第四节　人民币发行的制度与机制

在计划经济体制下，所有的生产资料都为国家所有，包括土地、矿山、河流，所有的商业银行都关掉，只剩下中国人民银行一家。只有在这样的制度中，人行才能根据经济运行的要求，相应发行人民币，然后实现货币流通与商品流通的相适应。

计划经济就是全民所有制经济，尽管有部分集体所有制经济，但整个国家基本倾向于"一大二公"，公有制程度越高越好。在这样的体制中，生产资料属于所有的人，却又不属于任何一个人。个人没有明确的产权，也无需对所担当职务承担全部责任。只要不违背计划指令，能否增加财富并不重要。在这个基础上，政府编制国家和地方的生产计划，然后通过行政系统，逐级下划给各家企业。企业根据这个计划，完成各项生产任务。

计划经济将所有的银行都收归国有，唯剩中国人民银行一家，它的分支机构遍布全国，也就是国家有人行总行，各省区市有人行的分行，地区有人行支行。这样的体制没有商业银行与中央银行的划分，更没有其他金融机构和金融市场。在这样的体制中，人行根据国民经济发行计划，编制相应的信贷计划，确定货币供给的总量。然后人行总行将此信贷指标像切蛋糕一样，切块下达给各分支银行。各分支行在此指标允许的范围内发放贷款，满足有关经济单位对货币的需求。这样的体制决定了有多大的经济增长需求，就有多大的货币供给，货币流通为商品流通服务。当然，人行紧缩信贷规模，也能约束经济的增长规模。

信贷计划的重要组成部分是现金发行计划,所谓两个计划一个差额,就是存贷差额决定现金发行。也就是在贷款规模不变的情况下,存款增长不到位,现金发行增加;或者存款规模不变的情况下,贷款规模增长过快,现金发行也增加。反过来,存贷差额缩小,现金发行也可能减少。但是,在计划经济中,由于领导人的伟大战略和各类机构强烈的投资冲动,信贷规模扩张过快,现金发行失控的情况屡屡发生,却很少有信贷规模缩小和现金发行减少的情况。

各级银行按照信贷计划发放贷款,要求相关企业提供物资保证,这就能在微观层面上,将经济发展计划与信贷计划衔接起来。因为企业按照经济计划组织生产,它生产出来的产品就是经济计划的物质体现,银行按照信贷计划发放贷款,它的贷款就是信贷计划的货币表现。如此通过物资保证原则,在微观层面上,衔接经济计划与信贷计划,也就实现了货币流通与商品流通的相适应。然而,企业生产未必能严格按照经济计划进行,实际生活中有太多扰乱经济计划的外来冲击,如自然灾害、经济周期,还有政治因素等。信贷计划也往往会遭遇突破,这不仅来自政治领导人的雄才伟略,更可能由于公众持币倾向的变化等。于是经济计划和信贷计划的衔接问题实际上并没有得到解决,但是,它仍然表明计划经济的目标是货币流通与商品流通相适应,它的所有制度设定也都是为了实现这样的目标。以上关系可以表现在图2-2中。

在这样的计划经济体制中,不存在也无法加入今天的许多经济变量和运行方式,否则,计划经济体制就会运行不下去。譬如,不能有明晰的产权制度,否则,人行就不能根据经济计划编制信贷计划,不能用销货企业的物资作为购货企业的贷款担保。也不能有以中央银行为核心,商业银行主导的现代货币银行制度,因为它要用现金

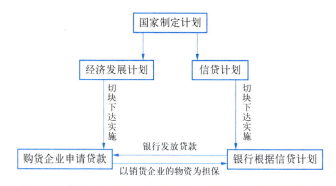

图 2-2　货币流通通过物资保证原则实现与商品流通的衔接

(含商行银行在央行的存款)发行控制贷款规模,并运行商业银行进行信用创造,这就会突破信贷计划的各类指标。更不能有金融市场,因为只要有商业银行进行的资金调节,其横向往来一定扰乱由人行总行决定的纵向资金流向。还有很多其他种种经济变量和运行方式,简言之,计划经济中不能有现代货币银行制度所有的一切。

改革开放以来,我国建立起与发达国家相似的货币银行制度,但是,因为基本理论的转轨没有完成,行政命令还占主导地位,加上整个政治经济体制的制约,以致国务院在 1983 年作出决定,由中国人民银行专门行使中央银行的职能,负责货币发行、金融监管、代理国库和进行金融结算等,但是,人民币的发行仍然停留在计划金融体制中。

按照 2003 年修订的《中国人民银行法》第一章第 8 条,中国人民银行的全部资本由国家出资,属于国家所有[1]。但是,该法却没有说明该资本到底为多少。对资本数量定位的模糊既因为历史的惯性,更因为计划经济理论的使然。因为早期根据地银行没有几家提到过

---

[1] 这个条款的上下文就很容易引起歧义,因为它不清楚到底是资本为国家所有,还是人民银行为国家所有。如果资本为国家所出,为国家所有本在情理之中,也无需强调了。

资本,甚至我们还以"马背上的银行,打到哪发到哪"为自豪,到了1949年在石家庄建立人行时,也没有提到资本[①]。这表明我国对资本在银行运作中的作用认识并不清晰。此外,计划经济的所有财富都为国家所有,人行是国家机关,国家提供人行所需的全部资本也就顺理成章。

既然该法没有明确人行该有多少资本,而只是强调有财政为人行出资,这就表明人行不是按照已有资本进行运作,而是先运作起来,资本不够再由财政提供。(实际上人行也只有初始财政拨款的资本金219.75亿元,几十年没变。)也实际上是央行将负债规模扩大在前,财政可能资本补充在后,这就无法有效地约束人行的负债规模与货币发行。从而颠倒了与现代金融体制中,先有资本,后有负债规模,资本制约负债规模的关系。如此颠倒为计划金融体制的惯性所决定,如计划金融的信贷差额决定现金发行,即先有信贷差额,后有现金发行,有多大的信贷差额就有多大的现金发行,现金发行被动服从信贷差额。而在现代金融制度中,则是现金(基础货币的一部分)发行决定信贷规模,商业银行根据所得基础货币派生存款,决定信贷规模,现金成了决定信贷规模的主动性变量,而不是随着信贷差额大小而变化的被动性变量。因果关系的颠倒势必削弱调控效果,在计划体制中,现金和信贷规模都很难控制,除非用行政命令。而在现代金融体制中,控制了现金(基础货币),也就控制了信贷规模。

财政只有对央行的出资承诺,而没有明确的出资规模,这不仅不能约束负债规模,甚至会造成负债规模的过度扩张。因为在明确资本规模的情况下,央行只能在资本约束下,运行和扩张负债规模。尽

---

① 叶世昌、潘连贵:《中国古近代金融史》,复旦大学出版社2001年版。

管各国央行的资本对负债规模的约束有些模糊,资本占负债的比例都非常小,但从逻辑上讲,只要资本不是负的,就没有一家央行能无限扩大负债规模,否则,央行公信度就会下降,通胀就可能发生。但如果没有资本约束,则央行的负债扩张会无所顾忌。如果财政承诺满足央行的资本需求,就是鼓励央行的无所顾忌。反正有财政保障资本供给,央行负债规模再大也没有问题,央行凭什么不扩大负债规模呢?在《中国人民银行法》已经激活央行扩大负债规模的冲动的情况下,加上货币流通为商品流通服务,以及买外汇发人民币有物资保证、理论支持,买外汇发人民币不仅合理合法,而且外汇与人民币一起增加,人民币升值不到位,国际收支顺差持续存在,人民币越发越多。这不仅有理论依据,而且为体制所允许,更能得到法律的保障,但是,短期的经济繁荣一定带来长期难以承受的通胀,以及其他各类成本代价。

第五节　转轨财政对货币发行的要求

改革开放以来的很长时期中,我国实行两头在外的外向型经济战略,以实现经济增长、充分就业和社会稳定。在成熟市场经济的国家,要实现这样的目标则需采取扩张性的财政政策与货币政策,最终都会增加财政的负债。如果财政资金富裕,如此操作自然没有问题。但在财政资金比较短缺的情况下,就只能买外汇发人民币来补充经济增长所需的资金。

所谓扩张性的财政政策,就是财政赤字支出,兴办公共工程,增加总需求,促使经济繁荣。而扩张性的货币政策,则是央行高价买进国债,增加货币供给,降低利率,促进消费与投资。财政赤字要用明天的税收来偿还,财政赤字越多,还本付息的压力越大。而扩张性的货币政策最终也由财政负担,因为央行买国债发货币,今天货币发行越多,就是国债购买越多,国债偿还的压力也越大。所以扩张性的财政政策与扩张性的货币政策一样,都会成为财政明天的债务,财政没有足够的未来税收,就难以承受今天扩张性的财政货币政策。或者一定要压缩明天的开支,才能推进今天扩张性的财政与货币政策。

我国恰恰面对财政资金的不足。尽管改革开放以来,财政收入增长远远超过 GDP 的增长,但是,我国财政支出的增加更快,因为我国吃饭财政的负担太重,民生支出缺口和三公消费开支都太大,对外援助也太多等,这些都决定了仅靠我国财政不足以支撑扩张性的财政政策与货币政策。而经济增长的要求又不能稍缓,于是只能充分运用我国特殊的货币发行方式,买外汇发人民币。

在买外汇发人民币的情况下,人民币发行再多,与财政无关,财政都不必还本付息,所以财政无需顾虑人民币发行得过多。同时,人行也没有顾虑,因为人民币发行多了,人行可做发行担保的外汇,更重要的是可以实现经济增长的目标。因为买外汇发人民币决定人民币与外汇一起增加,两者数量比例稳定,人民币不升值,至少升值不到位,国际收支将继续顺差。这里不讨论我国劳动力成本低、财政对出口企业的退税补贴的影响等。这就能带动经济增长和就业,实现经济持续繁荣的目标。于是,买外汇发人民币可以实现应由财政增加支出才能实现的经济增长目标。

人民币发行的增加一定会带动通胀的加剧,而通胀就是公众资产的缩水,于是本来应该由财政增加支出推动的经济增长变成了由公众资产缩水来完成。这不仅不公道,而且不可持续,但却未必是管理层将自己的责任转嫁给公众的故意。因为在我国目前的制度设定和理论框架中,买外汇发人民币在理论上没有问题,在操作上又完全可以实施,凭什么不让管理层做这样的选择呢？但是,短期的可行甚至成功隐含着长期的问题,并且会越来越严重。所以解决问题的出路必须是在理论上彻底否定买外汇发人民币,在操作上找到替代方式,然后才能从根本消除越来越严重的通胀。

第三章　发达国家与地区的货币发行方式

就操作方式而言,发达国家与地区的货币发行与人民币发行非常相似,它们都是用央行印发的货币购买公众的有价证券,如国债、商业票据或外汇,但若深入探讨这种操作背后的体制与机制,就不难发现表面相似的背后有着截然不同的含义。所以对货币发行方式的研究不仅要进行操作层面的比较,更要深入到体制和机制中去。

第一节　美元与英镑的发行方式与特点

发达国家与地区的货币发行所买的对象各不相同,如美元发行主要买国债,英镑主要再贴现商业票据,港币发行买美元,但是它们的共同点都是以央行的资本,而不是公众的资产作为发行的担保。

一、美元发行方式与特点

美元的发行主要有三种方式,一是买金证券,二是再贴现商业票据,三是买入二级市场的国债。再贴现现在已经大幅度萎缩,可以放在英国的货币发行方式中一起讨论。买金证券发行的数量也相当有限,但是,它的方式和账户影响与买国债相同,所以要具体说明这两种方式,以证明美联储的货币发行要受到很多制约。

美联储买金证券发美元的操作方式是:公众将黄金卖给财政部,财政部支付金证券给公众,公众再将此金证券递交美联储,美联储相应发行美元。只要公众有黄金卖给财政部,金证券和美元发行都增加。在这两个环节上,法律没有限制买金证券的购买量,但是,美元也不会因此多发。因为黄金的储量和产量相当有限,金证券不会很多,美元发行就不会太多。更重要的是:财政发行的金证券是财政的负债,财政将来要用税收来偿还,所以它要依据未来的税收发行金证券,这就在金证券的发行上限制美元的发行。在美联储的资产负债表中,因买金证券而发行的货币非常有限,根据美联储 2008 年和 2009 年的资料,金证券占总资产的规模只有 0.494% 左右[1]。

美国政府的国债由财政部发行,它是财政赤字的票据表现。财政部要以未来的税收为担保,经过国会批准才能发行,这就决定了国债的发行数量有限[2],至少在理论上不能滥发。2011 年 7 月 31 日美国众议院以 269 票对 61 票通过的定量宽松货币政策的框架议案就是个证明。该议案由民主、共和两党领袖经过艰苦谈判提出,为避免美国出现债务违约风险,国会同意分两次提高 2.4 万亿美元债务规模,债务上限将提高至 16.7 万亿美元,民主党同意在未来 10 年内将削减政府开支 2 万亿美元,并且不再增税[3]。这就表明美国财政部今天负债的增加以明天负债的减少为条件,今天货币供给的增加以明天货币供给的减少为保障,这就实现货币供给的长期稳定。

此外,美国法律还规定,美联储只能参与二手市场的交易。这就决定了不仅国债的发行有限,而且销售给美联储的更有限。尽管美联储参与一手市场的交易,它也不能印美元将财政部发行的债券都买下来,但不让参与一手市场交易,就更给美联储加一道制约。美国的一手国债只能卖给公众,而公众还要购买股票和私人债券等其他金融资产,所以他们可以买入国债的数量有限。美联储只能买公众

---

[1] http://www.federalreserve.gov/monetarypolicy/bst_fedfinancials.htm.
[2] 根据 1996—2007 年的资料,美国财政部发行的债券量基本不到 GDP 的 66%,引自 http://www.newyorkfed.org/markets/lttreas_faq.html.
[3] "美国国债上限",《天津经济》2011 年第 8 期。

手中的国债,但又不能将公众所有的国债都买下来①,否则就会把国债价格拉得很高,从而造成其他金融市场的低迷而萎缩。在财政部债券发行受约束、公众购买力有限、美联储只能买公众一部分国债等三道限制下,美联储可以买进的国债是有限的,它的美元发行也相应是有限的。

美联储买国债和金证券发行货币至少有以下八个特点:

首先,美联储货币发行的担保是资本,而不是买入的对象。美联储是股份制银行②,而不是我们教科书所说的不以谋利为目的的国家机关。它由12家股份制银行组成,每家储备银行的股份为所在储备区的商业银行所持有,所以美联储与其他股份制银行一样,都需要自有资本作为注册开业的前提条件。但是,与商业银行不同的是,美联储无需保持足够的资本,以保证对存款机构的兑付,因为美联储发行的纸币就是最终支付手段。而商业银行必须保持巴塞尔协议所要求的8%的资本充足率,以满足存款人的兑现需求。所以有学者认为央行不需要资本约束负债。无需顾忌存款兑现并不意味着纸币发行可以不受资本约束,美联储也要遵守股份制企业运行的基本规则,保持资本的正余额,以免有破产倒闭之虞。此外,美联储的资产负债表要由德勤公司审计,并向社会公告。如果资本比例太小,或者资本余额为负,这就会影响公众对央行的信心,加剧通胀的预期,提高宏观调控的难度。所以,美联储实际上依据资本发行纸币,尽管其发行量会远远超过资本,但是发行的担保仍然是资本。

---

① 美联储可以买入的国债只能是发行总量的30%—70%,而不是全部。引自 http://www.newyorkfed.org/markets/lttreas_faq.html.
② 1913年美国联邦储备法规定,非成员银行持有美联储的股票不得超过25 000美元,联邦储备银行的自有资本不得低于400万美元。

其次,美联储买进的有价证券是借款的抵押,而不是发行的担保。美联储买进有价证券,不管是国债、金证券,还是商业票据,都会给有国内金融学背景的人这样的印象,好像美联储以这些有价证券为担保发行货币,实际情况并非如此。因为美联储依据资本发行货币,它本身就有发行货币的能力,无需用货币需求者有价证券为担保。甚至美联储可以发放没有抵押的信用贷款,这就是它有货币发行能力,而无需用借款人的有价证券作为发行担保的证明。所以美联储要买公众的国债发货币,是因为公众手中的国债是公众给财政融资的凭证,美联储将其买下来,实际上是替公众承揽了原本由公众提供财政的融资。美联储持有的国债则是给予财政贷款的抵押,而不是货币发行的担保;是保障到期财政偿还凭证,而不是发行货币的依据。在这个过程中,央行是债权人,财政部是债务人。货币发行是财政部欠美联储的钱,而不是美联储欠财政部的钱。

其三,美元发行是美联储给政府的短期资金融通。美国法律规定,美联储不得购买股票,只能在有限范围内购买政府债券[①]。由于购买长期国债对市场利率影响有限,所以美联储主要购买3—6个月到期的国库券,这就决定了美联储给予财政的只是短期资金融通。财政及时偿还贷款表明,美联储的货币供给增加是短期的,一旦偿还,货币供给就恢复到初始水平。即便财政发新债偿旧债,从而续短为长,使得货币供给持续停留在流通中,但是,它与一次发行、长期不还仍有根本的不同。因为前者流动性强,国债在不同人手中转换,每个人都能到期收回他的债务,尽管财政的债务总额不变,但是,谁也不会在意,从而愿意长期持有。而后者不仅周转慢,风险大,而且债

[①] 美国《联邦储备法》规定,美联储可购买的资产仅限于政府支持债券。在2007—2009年的经济衰退及其余波期间,美联储将其解读为指的是美国国债和某些抵押贷款支持债券。

务为固定人群长期承担,这不仅难以接受,而且也不公道。

其四,美元既是美联储,更是美国财政的债务。美联储按照资本发行美元,美元是美联储的负债,从理论上讲,美元持有人有权向美联储要求资本,所以美元是美联储的债务。但实际上美联储无需动用资本来偿还美元,因为美联储买进国债或金证券、发行美元时,其账户表现资产为国债或金证券增加,负债则是美元发行增加。金证券与国债一样,都是财政对美联储的负债,最终由财政用税收来偿还。也就是说,美联储的资本只是保障偿还的最后防线,在此之前,有财政的国债就足以应对公众的兑现需求了[①],所以美元更是美国财政的债务。

其五,美元发行有市场退出机制。美联储买进公众手中的国债,公众凭此美元经营投资,获得收入后向财政纳税,财政以税款偿还美联储的债券。因为这税款是先前美联储买国债发行的货币转换的,所以美联储先前增加的国债资产和美元负债一起,不仅是退出流通,而且是彻底消失。美元发行表现为不断地增发和不断地消失,这就使得美元净增加总量有限,美联储能够按照法律的要求,将美元发行量控制在 GDP 的 70% 上[②]。否则,只发行不消失,或者发行后长期不消失,货币供给势必过多过快。

其六,美元发行可以保障产权的明晰。美元是美联储给美国政府的短期融资,也就是让财政提前使用它未来的税收,财政要承担偿

[①] 莱·威·钱德勒、斯·姆·哥尔特菲尔特:《货币银行学》(上),中国财政经济出版社 1980 年版,第 309—310 页。财政部买入黄金,在财政部账上,资产方黄金储备增加,负债方金证券增加;在美联储账上,资产方金证券增加,负债方美联储存款增加。在买进黄金时货币供给增加,但是在财政部平衡账户时,就要消除这个金证券带来的负债增加,也就是要用未来的税收来平衡这个金证券。

[②] 吴敬琏:"这样超发货币是隐形抢劫!",http://blog.sina.com.cn/s/blog_5b18fc6501016kwp.html.

还的责任。所以要以国债为抵押,而国债背后的税收则是美国政府的资产,以财政税收为美元发行的担保,这就实现了产权明晰。也就是作为债务人的国家,必须用自己(而不是公众)的资产为担保来偿还。否则,不仅模糊产权制度,更使得政府可以占有公众的资产,造成货币发行过多,因为公众的资产要远远超过政府可能的税收收入。

其七,美元发行之前就有价值。美元发行代表美联储的资本,资本原本就有价值,所以代表资本的美元在与国债交易之前已经获得了价值,它代表着美联储的信用资产。虽然美元发行的总量远远超过资本量,但是,每一笔美元都可以与资本对应,因为持币人不会同时要求兑现,美元超量的倍数一般就在市场可接受的范围内,所以美元以资本的稳定倍数相应扩张或收缩,通过与国债的交易获得外在的价值认可。而不是没有内在价值的债务凭证,通过交易之后,利用公众的货币幻觉,获得市场的价值认可。

其八,美联储的外汇交易不影响货币发行。为稳定美元汇率,美联储也要买卖外汇,但是,买卖外汇不影响货币发行,因为美联储使用的是外汇平准基金。而外汇平准基金为财政部发行债券所筹集,所以是流通中存量货币的转换,而不是新发行的货币。在货币供给已经为国债交易确定的情况下,美联储怎么买进外汇,都不影响货币供给量。也就是说,如果美国国际收支顺差,外汇市场外币多了,美元相对少,美元就会升值,直至消除国际收支顺差。当然,美联储也可以动用外汇平准基金打压美元汇率,但是,这种打压能力是有限的,一旦用完外汇平准基金,美联储就只能听任美元升值,而不可以用发行美元的方式来长期压低美元汇率,保持国际收支顺差。这就是说,美元的发行与国际收支状况、外汇收入状况之间没有直接、必然的联系。

特别需要指出的是,美联储货币发行的八个特点基本上也都为英格兰银行、欧洲央行,甚至香港发钞行的外汇交易所共有,只不过它们的具体操作机制各有差别而已。

二、英镑发行方式与特点

英国对于货币发行的限制及其演变的历史很能代表发达国家的货币发行机制,从中可以印证美元发行所代表的货币发行的一般原理与基本规则。

英国1844年的《银行条例》规定,英格兰银行的信用货币发行额度为1 400万英镑,并且用英国政府债券做准备。超过此限必须用黄金和白银做准备,白银的比率不得超过25%。经过1914年和1928年两次通货膨胀,在1928年英格兰银行终于独占了全国的货币发行权,成为唯一的发钞行,1931年金本位制度废弃后,其发行的钞票成为不可兑换的信用货币。1954年的法律规定英格兰银行的信用发行总额为15.75亿英镑,限额内100%以政府债券或其他证券作为发行准备,有变化须经财政部同意和国会审查[1]。1983年法案规定英镑发行的上限是135亿英镑,但也允许财政部有所突破,而这个突破的数额不能超过前两年数额的25%。1999年条例修改了1983年的法案,将新规生效时间由两年缩短为6个月(这就放宽了发行数额上限的增长速度)[2]。

英镑的发行通过再贴现和公开市场操作来进行,因为英格兰银行要求各商业银行在英格兰银行账户上余额不得为负值,而且是每

---

[1] 来自百度百科,http://baike.baidu.com/view/1325094.htm.
[2] http://www.legislation.gov.uk/ukpga/1983/9/contents. http://www.legislation.gov.uk/uksi/1999/3228/pdfs/uksi_19993228_en.pdf.

天结算,并对透支的商业银行处以很高的罚息。这就造成银行系统的银根紧张,商业银行就要向英格兰银行借款,以维持它们的流动性。再贴现因此成为发行英镑的主要方式①。英格兰银行每周进行一次公开市场业务,并在维持期的最后一天通过隔夜业务对市场进行微调。每周进行公开市场业务操作规模,主要是为了抵消预期之外的流通中现金余额变动②。英格兰银行除了通过公开操作进行14天的逆回购国债外,主要通过再贴现来发行英镑。

再贴现发行英镑的含义和特点与买国债发美元有许多相似之处。首先,英镑发行的数量有限制,如1954年法律规定英格兰银行信用发行总额,英格兰银行不能超过法律限制发货币。其次,可用作再贴现的票据不会过多。英格兰银行买进的是商业银行已经贴现过一次的商业票据,而这票据一般是购货企业根据自己的偿还能力签发,并得到开户银行的承兑担保,所以初次贴现票据的最大量为两个条件所决定:一是企业对负债的偿还能力;二是商业银行能够承兑的量,实际发挥约束作用的是两者中较小的数额。因为初次贴现的资金为商业银行提供,商业银行的资金是流通中的货币,而不是央行新发的货币,所以初次贴现不影响货币供给量。只有在头寸紧张时,商业银行才会将贴现过的票据向央行要求再贴现,这就决定了实际向英格兰银行再贴现的商业票据只是企业偿还能力的一小部分。如果再贴现的票据是国债,其造成货币数量增加的有限性与美联储买国债基本相同。所以无论是再贴现商业票据还是国债,它们带动英格兰银行货币供给的增加都比较有限。再次,再贴现票据到期也要

---

① 周荣芳、王晓蕾、方昕:"英国货币政策的基本框架和传导机制",《中国货币市场》2002年第7期。
② 朱沛:"英格兰银行公开市场操作改革",《中国货币市场》2005年第12期。

偿还，一旦商业银行将其再贴现资金偿还英格兰银行，增加的货币供给就会退回英格兰银行，货币存量回到再贴现之前的水平。不仅如此，英格兰银行接受的再贴现票据大多也是短期的，所以货币供给增加也是短期的。因为英格兰银行也按照资本发行英镑，并且要求借款银行提供商业票据为抵押，以此实现资产负债平衡，实现与保障产权明晰。此外，英镑代表英格兰银行的资本与信用资本，所以它在进入流通之前已经具有了价值。

与美元发行流通不同的是，英镑发行主要是英格兰银行给商业银行的短期融资，而不像美联储买国债是给美国政府的短期融资。所以在英格兰银行账户上的资产方为商业票据，其背后为企业的偿债能力。不像美元发行的资产方是美国政府的国债，而国债的背后则是美国政府的税收。因为再贴现的票据是企业负债，初次贴现后是商业银行的资产，再贴现成为英格兰银行的资产，它与英格兰银行的负债英镑相对应。这就无法像美元发行那样，实现政府资产与负债的平衡，但却能实现英格兰银行资产与负债的平衡。

与美元发行不同的还有，英镑发行在财政赤字上得不到充分的表现。因为英格兰银行贴现的是商业票据，而不是国债，商业票据是工商企业资金不足的表现，与财政赤字没有关系。以再贴现方式发行货币，一般也不会造成通货膨胀。因为工商企业发行票据有偿还能力，且经过商业银行承兑，受商业银行的审查，其可靠性得到保障。即便出问题，商业银行要保证兑付，所以再贴现票据大多是可靠、安全的票据。英格兰银行对之发行英镑，符合生产周转的需要，而且可以保障偿还，一般不会引发通胀。如果再贴现国债，且其数量超过财政的可得税收，多投放的货币无法通过税收回流，则难免要发生通胀了。但是，因为国债也经过商业银行再贴现，所以它是公众持有的二手国债，数量一般不会很大，加上国债数量与财政赤字相关，英格兰银行也可以提前行动，进行有效防范。

更重要的是再贴现的货币供给增加比较有限。尽管再贴现的商业票据也是含生产成本和税利在内的销售收入，对着这样的票据发货币也貌似货币供给过多，但实际情况并非如此。因为央行再贴现商业票据发行货币，票据到期要向出票人收回票据款项，也就是增加的货币供给到票据到期日后退出。如果不讨论商品价格变动造成票据金额的变化，则货币供给的净增加不仅有限，甚至可能是负的。因为央行要对贴现票据扣除到期利息和手续费后，将余款付给商业银行，票据到期后，央行收回的却是票据金额全部的货币。也就是说，央行注入的货币少，但退出的货币多。所以就每笔再贴现而言，它的短期融通并不能使货币供给有净增加。但如果央行刺激经济，则在某个时段上，集中大量地再贴现，货币供给仍然可能大幅度增加。

英镑的发行的增长速度甚至可能比美元慢，因为美联储对公众高价买进、低价卖出国债，也就是同样面额到期的国债，公众买入便宜卖出贵，其间差额是公众的国债利息收益。美联储的买入是货币发行，卖出是货币回流，不讨论国债发行总量的增长，与公众交易的每笔国债的发行和偿还是美元供给净增加。但是，美联储最终要与财政部进行交易，财政部要按照国债票面偿还，该面额大于美联储从公众手中的买入价。所以美联储每笔货币发行的净变化与英镑一样，都是货币供给减少，其数量都与利息相当，而不是票据总金额的全部。但是，美国的国债交易发生在财政部、公众和美联储之间，而英国的再贴现则发生在英格兰银行与商业银行之间。相对而言，美债的偿还要比英国票据更晚，所以每笔英镑的增长速度相对比美元要慢。

在再贴现发行货币的情况下,英格兰银行实行利率走廊调控,而不像美联储调控国债收益率,作用于同业拆借利率。因为英格兰银行通过变动它自己的存贷款利率实现对同业拆借利率的调控,所以它要关注的不是财政赤字的大小,而是英格兰银行存贷款利率与同业拆借利率的差距。经济过热时提高存贷款利率;反之则降低存贷款利率。所以财政赤字的大小不是英格兰银行的主要瞄准对象和调控目标,缺失这个指标也不影响英格兰银行的调控效果。

第二节　欧元与其他货币发行方式与特点

欧元和其他货币发行方式与英美略有不同,但是,它们的基本原则仍然一致,即货币是政府的债务,也是未来的税收,所以它与外汇没有直接的关联,所发行的货币也都要退出,货币发行也有总量限制,等等。而这些基本原则却没有表现在人民币的发行和流通中。

一、欧元发行方式与特点

按照图 3-1 的欧洲央行的资产负债表,我们不难发现欧元发行的基本机制与主要特点与美联储、英格兰银行大致相同,它们都有总量控制,都是政府要偿还的负债。

2014 年 5 月 30 日欧洲央行的资产主要有黄金和金证券(gold and gold receivables,326 477 百万)、欧元区和非欧元区居民对外汇的要求权(claim on non-euro area residents in foreign currency, 245 902 百万)、欧元区居民对欧元的要求权(claim on non-euro area

图 3-1　欧洲央行资产负债表

资料来源：http://sdw.ecb.europa.eu/reports.do? node=100000129.

residents in euro，23 788 百万）、对欧元区信贷机构的欧元贷款（Lending to euro area credit institutions in euro，679 749 百万）、欧元区信贷机构对欧元的其他要求（Other claims on euro area credit institutions in euro，57 409 百万）、欧元区居民的欧元国债（Securities of euro area residents in euro，573 745 百万）、政府的一般欧元债务

(General government debt in euro,27 267 百万)。负债项目的主要部分是流通中的货币(Banknotes in circulation,953 857 百万)、信贷机构在央行账户的存款(Liabilities to euro area credit institutions in euro,352 187百万)等,资产负债的余额为 2 197 095 百万。

黄金和金证券占资产总额的比重为 14.86%(326 477÷2 197 095,以下数据所得方法相同),欧元区和非欧元区居民对外汇的要求权占资产总额为 11.12%,欧元区居民对欧元的要求权占资产总额为 1.01%,对欧元区信贷机构的欧元贷款占资产总额为 0.91%,欧元区信贷机构对欧元的其他要求占资产总额为 2.61%,欧元区居民的欧元国库券占资产总额为 26.11%,政府的一般欧元债务占资产总额为 1.24%。对应流通中的货币比重为 42.41%,各类存款的比重为16.02%,此两者之和占负债比重超过 58%。

与前面的论证相同,买金证券与外汇发行的欧元不会过量,不仅因为各国黄金矿产有限,更因为欧洲央行用外汇平准基金购买,不带动新增欧元发行。因为欧洲央行为不同国家所组成,需要较多的黄金外汇以降低风险,保障安全,所以此两者的比重要超过美联储和英格兰银行的对应科目。鉴于货币政策操作的有价证券只能是国库券等,所以有理由认为欧元区居民持有的有价证券就是国库券,因为它们是短期的资金融通,也作为财政的负债,要财政偿还,其比重略超过资产总量的五分之一。再就是占资产总额超过十分之一的欧元区和非欧元区居民对外汇的要求权,也就是有关地域公众把外汇卖给欧洲央行,持有欧元,但仍然拥有对外汇的要求权。因为欧洲央行不实行强制结售汇制,所以出口企业得到外汇后会在市场上自求平衡,而不会都卖给央行。欧洲国家也不追求国际收支的持续顺差,只要发生逆差,央行得到的外汇就要支付出去,所以由此发行的欧元也是短期的。因为是短期发行,到期偿还,买这样的外汇带动欧元供给的增加也是短期的。此外,欧洲央行的资本占负债的比例为 4.22%(capital and reserve 92 644÷2 197 095),是美联储资本负债比例的 2 倍。

  欧洲央行的资本余额决定了欧元发行要受资本的限制。因为他们的资产负债表按照权责发生制编制,且有第三方机构审计,所以他们的所有数据都按照公允价值来计算,已经剔除了可能的亏损,所以资本余额为正是真实的。而正是因为资本和储备必须保持为正,这就决定欧元不能无限发行。其实,绝大部分国家的央行都遵循资本为正的规则[①],尽管它们的资本负债比例远远低于商业银行必须遵循的巴塞尔协议的要求,但是只要资本为正就能控制货币发行规模。或许有人会说,只要央行用负债买保持升值的资产,则货币发行再多也不会造成资本为负。此话固然很有道理,但是只要保持资本为正,则央行的货币发行必须留有很大的余地。否则,只要资产贬值缩水就要用资本来抵扣冲销,这就非常可能使得资本为负,从而违背央行也要审慎经营的规则。正因为如此,央行必须控制货币发行的规模,以免资产发生亏损,资本不足以抵扣补偿的情况发生。

  相比较而言,人行的资产负债表按照收付实现制编制,且没有第三方机构审计。因为没有剔除人民币升值的损失,所以表面为正的资本余额实际上确实是负的。只要按照公允价值计算,4 万亿外汇储备当初大约值 28 万亿人民币,而在人民币汇率上升到 6.3 元时,这些外汇储备只剩下 24 万亿多了,而人行的自有资金只有 219 亿,这就使得人行的资本实际上为负。也正因为人行的资本可以为负,人

---

① 美国、英国、俄罗斯、日本、韩国数据来自各国年报;印度数据来自 Wind 数据库。

行就不必在乎资产损失,所以可最大限度地发货币买资产,这就势必造成货币发行过多,且不受限制。

二、中国香港货币发行方式与特点

港币的发行也是商业银行买美元发港币,于是有学者用这个案例证明人行买外汇发人民币的合理性。实际上港币与人民币的发行仅形式相似,却完全不具有内在逻辑的一致性,所以不能支持买外汇发人民币的合理性。两种发行方式的根本不同,主要表现在以下几个方面:

港币发行的主体不同。香港没有央行,也没有独立的货币政策,港币由三家发钞行(汇丰、渣打和中国银行)发行。作为联系汇率制,港币发行与美元挂钩。其发行方式是三家银行将美元交给香港金融管理局,不管此美元是发钞行的自有资产,还是吸收的存款。获得负债证明书后,可以按1美元发7.8港币,金管局也承诺发钞行按7.8的比例赎回1美元。人行实行结售汇制,公众按照市场汇率将外汇卖给人行后,也可以按市场汇率,买回部分,而不是全部外汇。且其汇率也不是固定的,而是随行就市地波动。

港币发行的依据不同。港币发钞行都是商业银行,它们不仅都有明确的资本,并且要按照巴塞尔协议的要求将合格资本占风险资产的比例控制在8%上,也就是说其风险资产规模只是资本的12.5倍。而不像一般央行,因为没有兑付的压力,所以资本比例不受巴塞尔协议的束缚,而远远低于8%。固然三大发钞行也可以将吸收的外汇存款交给金管局发行港币,但若其负债规模未达到资本比例管理的要求,就不能进一步发行港币。因为扩大负债规模的依据不是吸收存款,而是发行股票,追加资本。即便存款数量很多,但资本不足,也不能进一步扩大贷款,发行港币。所以港币发行与人民币不同,它有内在资本约束,而不像人民币发行那样,因为,没有明确的资本约束,所以有多少外汇就能发多少人民币,且不负责按固定汇率换回。

港币发行有套利稳定的机制。香港金管局决定的汇率为1美元可以发7.8港币。如果港币市场汇率下跌到1∶8.0,发钞银行就可以用7.8港元从金管局赎回1美元,在市场上抛出,赚取0.2元的汇价。这就增加市场美元供给,减少港币供给,促使美元与港币的汇率回到1∶7.8上去。如果港币的市场汇率上升到1∶7.6,发钞行就可以从市场买入美元,交给金管局,获得发钞许可,发行7.8港币。市场港币供给增加,美元供给减少,美元与港币汇率回到1∶7.8上去。如此操作表明,港币只能在对美元的汇率为7.6—8.0(假定数值)的有限范围内发行,达到8.0后,发钞行就不愿再发港币。可见,港币汇率稳定主要通过市场套利的均衡来实现,人民币的汇率则主要靠人行的法规和政策操作来保障。尽管在一定的范围内,人民币汇率和供给也受市场供求的影响,但在根本上,还主要取决于人行调控外汇的意向与力度。

港币发行一般不会有外部持续顺差。如果香港发生外部顺差,港币发行就会按比例与美元一起增加,港币发行相对商品偏多,商品价格上升。市场要相对便宜的外地商品,不要较贵的本地商品,带动市场港币供给增加,需求减少,市场港币汇率相对下降。低到一定程度,发钞行就会用港币从金管局换取美元,在市场抛出,美元供给增加,港币供给减少,港币升值,促使实现外部平衡。如果香港出现外部逆差,港币与美元一起减少,香港物价下跌,市场港币升值。到一定程度,发钞行就从市场买进美元去金管局获取发港币的许可,港币供给增加,美元供给减少,港币汇率下降,向外部顺差移动。除非有金融大鳄发起冲击,港币汇率小幅波动一般能保障香港的外部均衡,可能的顺差或逆差既不会太大,也不会持续太久。人民币没有及时调节国际收支的功能,因为买外汇发人民币决定了国际收支顺差带动人民币按美元的稳定比例增加,人民币难以升值,即便升值也难以到位,国际收支平衡难以实现。

港币发行会趋于某个最大值。按照港币的套利与作用于外部平衡的机制,港币对美元汇率达到下限时,发钞行用约定汇率向金管局赎回美元,抛向市场,获得更多的港币。此时即便市场上有美元,发钞行也不会收美元发港币,因为市场美元汇率高于金管局的美元汇率,发钞行低买高卖的结果就是收港币抛美元,港币发行就此停顿下来,不再增加。也就是说,港币发行将中止于港币汇率处于市场汇率下限之时。而不像我们这样,国际收支长期顺差带动人民币发行,人民币与外汇同比增加,人民币无法升值到位,国际收支顺差将持续存在,人民币将持续发行下去,而没有自发停止的可能与机制。尽管人行会进行干预性操作,但是要受到外向型战略的牵制,其效果难免相当有限。

港币发行受制于发钞行的资本。在资本充足率和汇率下限的约束下,发钞行早就将负债规模扩大到资本充足率所允许的上限。在这个基础上,仅有外汇存款,并不能发行港币,而必须要有新的资本,才能发港币。如此论断的重要佐证是,2008年渣打银行发钞行的地位面对挑战,渣打银行集团摆脱困境的选择是发行股票,追加资本[①],也就是说,发钞行并不能仅仅根据存款人的美元发港币,而要用属于

---

① http://futures.hexun.com/2008-11-26/111674353.html.

发钞行资本的美元发港币。即便港币市场汇率没有达到下限,发钞行仍有发钞的动机,但是,资本不足就不能继续再发港币。所以港币在很大程度上代表发钞行资本,而不完全是存款人的美元。不像人民币发行,代表的只是公众的美元,而与人行的资本无关。

港币发行的抵押是美元。香港发钞行依据资本发行港币,港币是发钞行的负债,为了保障这个负债的偿还性,金管局要以发钞行的美元为抵押,这既能以美元可得的有限性约束发钞行发行的规模,又能在关键时候保障港币的可兑换性。因为作为抵押的美元的大部分又是发钞行自己的,发钞行自有美元有限,决定了港币的发行有限。不像人民币发行,不是用人行的外汇,而是用公众的外汇做担保,公众的外汇潜力无限,人民币发行也就难以有止境。

港币发行实现发钞行的资产负债平衡。因为发钞行主要根据自己的资本,而不是公众的存款美元发行港币,所以能实现产权明晰和资产负债平衡。因为发钞行要依据资本运作,所以港币进入流通之前已经代表了美元的价值。尽管在派生存款机制的作用下,发钞行的存款规模以稳定的倍数大于资本数量(为了简便,不讨论汇率),但是在公众兑现时,发钞行要按照票据金额的1:1支付,剩下的负债资本比例将大于安全比例,发钞行必须倍数收缩负债。所以,港币发行归根到底与发钞行的资本相对应。而不像人行那样,人民币发行与资本无关,而与公众的外汇对应,所以不会有随货币的兑现而发生的负债资本比例的调整。

港币发行与财政赤字无关。作为联系汇率制,港币与美元保持固定汇率,并代替美元流通,而不是给财政或工商企业提供融资,所以与财政赤字和企业借贷的关系并不那么直接,也无需考虑短期偿还问题。在市场套利机制的作用下,港币到了汇率下限就发不出去,港币发行量由市场和国际收支状况决定,而不是由管理层决定。所以香港金管局的主要任务不是防范通胀,而是调控港币利率,稳定港币汇率。不像人行要在保增长和控制货币量之间进行艰难的选择,往往为了经济增长,而不得不多发货币。

三、中国台湾货币发行方式与特点[①]

中国台湾货币发行的历史和现状有着更加鲜明的资本控制负债的特征,这不仅是货币发行基本原则的重要佐证,更可以作为人民币发行制度改革更为贴近的重要参照。

南京国民政府时期的中央银行在1928年成立于上海,资本额为2千万,由当时的国库拨款。1935年,国民政府公布中央银行法,明定中央银行为国家银行,隶属于总统府,资本额为银本位币1亿元。台湾银行在1945年被国民党政府的央行接收。1993年资本为300亿新台币,1998年增为550亿新台币,到了1999年,又将以前年度资本公积转列资本,资本额扩增到800亿新台币[②]。

南京国民政府时期发行金圆券,其初始方案是用5亿准备金做担保,准备金中黄金、白银及外汇占40%,有价证券及指定之国有事业资产为60%,然后发20亿金圆券。最后,因为战争筹款,实际超发金圆券为原定数额的2 500多倍,此是后话,不在初始方案中[③]。这就表明金圆券发行也一定要以中央银行的资产为担保,发行过多甚至会危及政权的稳定。

[①] 根据中国台湾地区货币政策、教育事务、文化事务、财政事务、法务等主管机关和部门及世新大学在网络上公布的相关资料整理。
[②] 根据中国台湾地区行政管理机构公布的预算资料。
[③] 张皓:"王云五与国民党政府金圆券币制改革", http://lib.cqvip.com/qk/83014X/200803/26807883.html.

中国台湾新台币发行可以追溯到日本殖民统治时期的台湾银行,该银行成立之时就以日本政府、皇室、贵族认股方式筹措 500 万日元的资本①,成立之后又平价收购台湾出产的黄金作为发行银行券的准备金。通过这种方式,确立了在台湾流通的货币的价值。

1945 年抗战胜利后,台湾光复,台湾银行亦转由台湾省政府接收②。因为战乱,商品供应量赶不上货币发行速度,台湾岛内通胀加剧。1949 年国民政府曾进行币制改革,其主要内容有:1949 年 2 月,中央政府拨还台湾银行历年垫款 80 万两黄金,并另拨 1 000 万美元外汇作为币制改革基金③。同年 6 月 15 日宣布币制改革④,主要内容为:以 4 万旧台币换 1 万新台币,以黄金、白银、外汇及可换取外汇的物资作为发行新台币的十足准备金;发行总额最高为 2 亿元新台币,设立黄金及外汇稳定基金;出口所得外汇除 20% 必须结汇新台币外,80% 则发给结汇证,结汇证可自行在市场出售或进口商品使用。可见,新台币的发行从一开始就以政府提供给货币发行银行的资本作为货币发行的担保,而不像我们用公众的资产——外汇——作为人民币发行的担保。他们为预防货币发行过多而导致通货膨

---

① 1897 年 3 月日本国会通过《台湾银行法》,规定需要 500 万元以上资本额方能设立,11 月成立台湾银行创立委员会,开始展开筹备台湾银行的工作。由于募股情况不佳,1899 年 3 月开始施行由日本第十三届帝国会议通过之《台湾银行补助法》,由日本政府出资 100 万日元,并且在五年内不分红。同年 6 月,正式成立了"株式会社台湾银行",资金总额 500 万日元,分别由日本政府、皇室、贵族认购股份,并于同年 9 月 26 日开始营业。
② 根据《台政字第 2 号命令》,由陈仪任行政长官的台湾省政府于 1945 年 10 月 31 日起接收日产台湾银行,进而改组旧台银及其他各银行和各金融机关。历经半年多检查与监理,"株式会社台湾银行"于 1946 年 5 月 20 日正式改组为台湾银行并发行(旧)台币。
③ 1949 年 6 月 15 日公布之《台湾省币制改革方案》指出:"中央以决定划拨经费来源抵付在台军公垫款,进出口贸易及外汇管理交由台湾省统筹调度,并拨黄金 80 万两为改革币制基金,另拨借美金 1 000 万元作为进口贸易运用资金,是则改革币制之条件至此已臻完备。"
④ 据《新台币发行办法》《台湾省进出口贸易及汇兑金银管理办法》《修正台湾银行黄金储蓄办法》《新台币发行准备监理委员会组织规程》。

胀,规定最高发行额,而我们至今没有这样的明确规定。他们在尚未建立外汇市场的时候,以自由买卖结汇证的方式,防止过多的外汇影响货币发行量。并成立外汇平稳基金,让货币政策主管机关买卖外汇或黄金,以支持新台币的价值。而我们有关建立外汇平准基金的讨论还没有深入展开。

随着地区金融市场的成熟,台湾实现了利率自由化、浮动汇率制等,因为公众可以自由买卖外汇,这就大大降低了货币政策主管机关为稳定汇率而参与市场交易的压力。同时,台湾地区货币政策主管机关可以运用外汇平稳基金进入外汇市场控制汇率,维持新台币币值的稳定。虽然台湾地区并不采取买公债的方式发行货币,但公债仍会影响市场上的货币。依照他们目前的有关规定①,台湾地区的公共债务存量与每年举债额度分别受到过去几年经济增长率以及当年总预算的限制。因此,公共债务对整个市场的影响也能受到约束。

虽然台湾的货币发行在表面上与我们也有相似的地方,如也买外汇发货币,但是货币发行的担保却有本质的不同。台湾地区从日本殖民统治时期开始,就以货币发行银行的资本作为发行货币的担保,延续到1945年国民政府接管后,新台币的发行一直有相应的资本为担保。所以,台湾的货币政策主管机关要根据新台币的市场供求状况,以及资本所能支持的限度进行货币数量的调节。此外,也是最重要的,其买进外汇所动用的是外汇平稳基金,此基金为发行股票债券所筹集,它们原本就是流通中的钱,而不是依据外汇新发行的货

---

① 1950年时台湾地区的有关规定,新台币限外发行额以5 000万元为限。后来由于经济发展的需要,限外发行额逐年增加,1954年白银从发行准备中剔除,发行担保改为"得以黄金、外汇及可资换取外汇物资抵充准备",发行额可视准备金情况而增减,新台币的最高限额限制已名存实亡,目前已无上限规定。

币。台湾地区货币政策主管机关要在这个基金的范围内,滚动使用外汇,自负盈亏,用完就不能再买外汇。所以新台币的发行不会发生像人民币发行那样的情况,随外汇供给增加而相应增加。

特别需要指出的是,台湾地区货币政策主管机关外汇资产所占的比例甚至高于人行的[①],但是,这并不意味着他们的外汇资产与人行的一样,都会带动货币的增发,因为他们外汇资产的含义与人行的不同。台湾地区货币政策主管机关的外汇资产是外汇稳定基金转换的,所以外汇资产增加就是外汇稳定基金的减少,表现在台湾地区货币政策主管机关账上一定是别的资产减少,而负债方的新台币发行则始终保持不变。人行的外汇则是通过负债转换的,所以外汇资产增加,就是人民币发行增加。从表面上看,两种账户结构好像都一样,都有外汇资产与本币发行的对应,但实际上,台湾地区货币政策主管机关外汇资产的增加并不会带动新台币的发行,而人行的外汇资产增加则一定带动人民币发行的增加。

四、日元发行方式与特点

日元发行实行现金准备弹性比例发行制,规定日元发行最高限额,超过限额征收发行税。发行准备是金银、外汇、3个月到期的商业票据、银行承兑票据以及其他票据,但金银和外汇以外发行准备品的比率由大藏大臣决定。贷款担保,包括对政府贷款担保是票据、国家债券、其他有价证券、金银、商品。

日本央行的外汇操作由日本央行中的财务大臣代理人实施,所

---

① 据 Wind 统计,2015 年 6 月台湾地区货币政策主管机关外汇资产总额 13.16 万亿新台币,占货币当局资产总额的 87%。同期,中国人民银行外汇资产总额 26.71 万亿元人民币,占货币当局资产总额的 79%。2019 年 12 月,中国人民银行外汇资产 21.23 万亿元人民币,占货币当局资产总额的 57%,占比有所下滑。

用资金为政府的"外国外汇资金特别储蓄"(以下简称为"外汇储蓄")。该资金是政府为进行外汇买卖所设立的资金,含外汇买卖盈余的积累,主要由外币资金和日元资金两部分构成。需要买进美元和卖出日元时,政府通过发行和卖出"政府短期证券"来筹集日元并买入美元。而在需要卖出美元和买进日元时,则将外汇账目中的美元在市场买入日元。可见,日本央行的外汇操作所用的也是流通中的货币,而不是新发行的货币。所以日元升值以来,日本央行外汇储蓄的增加与日元的卖出相等,此外汇储蓄可以为财务大臣正常运用,因为此日元为国债转换,一般不会造成流动性过多问题①,或者至少不会多到我们今天这个份上。

日本是仅次于我国的外汇储备最多的国家,他们的 GDP 还少于我国,但是他们的通胀并不严重。2013 日本央行在安倍晋三的压力下终于屈服,承诺 2014 年将无限量买入资产,尽早将通胀提高至 2%②。而我国则要将目标通胀控制在 4% 下,实际操作却屡有突破。所以他们的通胀提不高、我们通胀难压下的重要原因之一就在于他们不是用新发行的日元买外汇,因为"外汇资金特别储蓄"实际上是由"政府短期证券"筹集的,政府证券到期要偿还,偿还的钱又来自财政税收,税收的钱得自公众的缴纳,公众的钱又为央行以前的发行。如此绕一圈,货币又回到央行,总量没有明显增加,或者增加比较缓慢,通胀的压力就不会累积放大到我国这么大的地步。更重要的是,他们增加的外汇都是用财政支出买的,属于财政的资产,几乎可以为

---

① 来自 http://www.boj.or.jp/intl_finance/outline/expkainyu.htm/#kaikei 日本银行官网。
② 2013 年在日本首相安倍晋三数周无休止向央行施压,以求更大力度对抗通缩和促使经济摆脱衰退后,日本央行终于屈服,于 1 月 22 日在货币政策会议上通过旨在结束多年经济停滞的举措,承诺明年将无限量买入资产,并尽早达至倍增后为 2% 的通胀目标。《东方信邦》2013 年 1 月 23 日。

财政自由支配。不像我们的外汇储备都是用新发行的人民币购买的,所以是已发行人民币的担保,而不是政府的资产,一旦被财政用掉,就会置已发行的人民币于"裸奔"境地。

第三节 主流货币发行方式的理论演变

发达国家和地区的主要货币方式不仅是历史和现实的选择,更是理论的推导与支持。它们的货币发行在产权明晰的大环境中展开,这就一定要以发行者的资产为货币发行的担保。它们的货币理论更强调货币供给与货币需求的平衡,所以调控的重点是利率,而不是货币流通与商品流通的相适应。这就使得他们的发行理论和实务都走在与我们截然不同的轨道上,从而使得它们的货币发行不会多到我们今天这样的程度[①]。

20世纪初,美国经济学家欧文·费雪在《货币的购买力》一书中提出了现金交易数量说,也就是在考察了货币总量(货币供给)与整个经济的最终产品和劳务支出总量之间关系的基础上,建立了著名

[①] 《东方信邦》2011年4月29日刘振华的文章"中国经济增长的真相"指出:在过去14年间,中国的广义货币(M_2)数量以(几何)平均17.5%的增长率在增加,最高速度为2009年的29.4%,最低为2000年的12.3%;而且在绝大多数时间里(在过去14年时间里有11年),货币数量增长率都高于GDP增长率。美国在过去20年间,只有7年的时间M_2增长率高于GDP增长率,而这7年时间都是经济危机期间,比如1998年的亚洲金融危机,2001年的网络泡沫破灭,2007年的次贷和金融危机,最高时仅有10%多一点(2001年的10.6%,及2008年的10.4%)。除此之外,美国M_2增长率都比较平稳,且比较低,大部分年份低于6%,1994年时甚至接近零。过去20年美国M_2的平均增长速度为4.9%,远低于中国的17.5%。由此可以得出一个简单的结论:宽松的货币政策在美国属于非常措施,只有在极端情况下才能使用,比如金融和经济危机期间。而在中国,宽松的货币政策则属于常规操作。与美国相比,中国的经济增长在很大程度上属货币推动。

的费雪交易方程式,揭示了名义收入与货币数量和流通速度之间的关系。

$$M \times V = P \times Y \quad (3-1)$$

在这个方程式中,M、P、Y、V 分别代表流通中的货币量、价格水平、总产出和货币流通速度,PY 为名义总收入。货币数量乘以给定年份中货币流通的次数必定等于名义收入,在货币流通速度 V 为制度条件决定而相当稳定,Y 为人口、资源、技术条件及其他社会因素决定,不会轻易发生变化,这就决定了货币数量 M 和价格水平 P 同方向同比例变化。费雪的理论只讨论货币的交易媒介的功能,而不涉及它的价值储藏功能。所以货币量供给量只决定和影响商品的价格,却不影响商品、劳务的产量、货币流通速度和流通中的货币数量。

剑桥学派的庇古根据他的老师马歇尔的观点,提出了现金余额数量说,他们认为人们之所以持有货币,就是因为货币具有交易媒介和财富储藏功能,因为货币也是一种财富,货币需求中由财富引起的部分也与名义收入成比例。他们的剑桥方程式是

$$P = K \times R / M \quad (3-2)$$

其中,P、R、K 和 M 分别表示货币购买力、财富商品、货币占财富的比重和货币量。该公式表明货币量 M 越多,货币购买力就越低;反之就越高。人们持有的货币占财富的比重 K 越大,则币值越高,因为退出流通的货币越多,追逐商品的货币就越少;反之,退出流通的货币越少,追逐商品的货币越多,则币值就低。

该等式也表明货币需求与财富呈同方向变动,因为该等式可以整理成

$$M = K \times R / P$$

在 K 和 P 保持不变的情况下,R 的大小关系到 M 的多少。虽然剑桥经济学家常常将 K 看作是常数,并同意费雪的货币数量决定名义收入的观点,但他们的理论却允许个人选择愿意持有的货币数量,所以短期中 K 存在着变动的可能性。如果其他资产的回报率和预期回报率发生改变,这就决定了货币需求并不与财富同方向同比例变化。

费雪与剑桥学派的比较:费雪和剑桥货币需求公式的数学意义基本相同,但是,经济意义有很大的差别,剑桥的公式比较费雪的有新的发展。

费雪交易方程式(3-1)可整理成

$$P = M \times V/Y$$

因为该方程式中的 P 表示商品的价格,而在剑桥方程式(2)中的 P 则表示货币的购买力

$$P = K \times R/M$$

于是这两个公式具有倒数相等的意义。

$$Y/(M \times V) = K \times R/M \tag{3-3}$$

等式(3-3)左边是费雪的货币需求公式的倒数,右边是剑桥货币需求公式,将两边都除以收入和货币量,就只剩下

$$1/V = K$$

也就是货币流通速度的倒数是货币占财富的比重。K 与 V 的倒数关系表明货币占财富的比重越大,也就是货币流通速度越慢,反之,流通速度就越快。该计算结果表明这两个公式的数学意义颇为相似,其经济意义却有很大的差别。费雪的交易方程式着眼于货币

交易媒介的职能,强调流通中的货币量对物价、币值的决定作用。剑桥方程式不但考虑了货币的交易媒介功能,还着眼于货币的储藏手段职能,强调人们手中所持有的货币量对物价、币值的影响。

更重要的是,剑桥方程式相对于费雪方程式是货币需求理论的一大进步,因为介绍货币流通速度只是描述现象,研究货币占资产的比重才是探讨决定货币流通速度的原因,是货币占财富的比重决定货币的流通速度,而货币占财富的比重则取决于人们的持币倾向,人们的持币倾向就是货币需求。这就开启了后来凯恩斯和弗里德曼的货币需求公式的基础,因为他们沿着庇古的方向,研究 K 具体化,也就是有哪些因素决定对货币的需求。

按照凯恩斯的货币需求理论,货币供给 M_s 等于货币需求 M_d,货币需求为交易性需求、预防性需求和投机性需求所决定,交易性需求和投机性需求加起来 $L_1(Y)$ 都为国民收入所决定,与国民收入同方向变动;而投机性货币需求 $L_2(i)$ 为利率所决定,并与利率反方向变动。凯恩斯的货币需求公式表现为

$$M_s = M_d = L_1(Y) + L_2(i)$$

弗里德曼的理论则列举了所有影响货币需求的变量,其公式为

$$M_d = f(p, r_b, r_e, \frac{1}{p}\frac{\mathrm{d}p}{\mathrm{d}t}; Y, W, U)$$

其中,M_d 为名义货币需求量,f 代表函数关系,p 是物价水平,r_b 是债券利率,r_e 是股票利率,$1/p \cdot \mathrm{d}p/\mathrm{d}t$ 是对物价求时间的导数后的物价变动率,Y 是恒久性收入,W 是非人力资本对人力资本的比率,U 是反映主观偏好和风尚,及客观技术与制度等因素的综合变数。

按照微观经济理论关于商品供求决定价格的均衡分析,原来就有储蓄等于投资决定利率和可贷资金供求决定利率的理论,至此演变成货币供求决定利率,利率调控可以调节货币供求。凯恩斯以后的学者,不管是否同意凯恩斯的论断,实际上都按照这样的脉络展开研究。于是,由货币流通速度延伸出货币占资产的比重,以及货币需求问题,再研究决定货币需求的变量,并通过利率调节货币供求等。买卖国债是调控利率的最好抓手,因为国债最安全,时间也可以最短,而且国债收益率处在利率体系的最低点,买卖国债可以带动整个利率体系的变动。此外,买卖国债也可以保障私有财产的神圣不可侵犯,因为买卖国债是以交易,而不是命令来改变利率,它不会损害交易各方的利益。更重要的是,买卖国债就是在改变货币供给量,于是利率调控与货币供给量的变动联系在一起了。为了不让央行买卖国债的数量太大,也为了国债市场的稳定,发达国家又提出相应的合格票据要求,并规定美联储只能参与二级市场的国债交易,等等。次贷危机后,这个约束有所放松。

当然,基本理论只是描绘出各国货币发行方式的基本原理和主要脉络,实际操作选择还要受到各国历史和现实因素的制约而变异。本书只能简要地指出,之所以美元发行要买国债,主要与美联储要为南北战争时期的政府提供融资有关。英镑发行主要再贴现,因为英格兰银行的初始功能主要是为商业银行融资,而不是为国家融资,所以它的主要发行方式是再贴现商业票据。但是,随着国家信用的介入,英国的贴现票据也越来越多地是国债了。香港只是个地区,基本没有独立的货币政策,货币发行由发钞行通过金管局来实施。因为港币发行与美元联系在一起,保持港币币值稳定主要通过发钞行的套利来进行,此外,还有金管局对利率的调控,等等。

货币供求理论的发展演变主要以对货币本质的认识为基础,也就是从效用论,而不是劳动价值论出发,强调货币对人们主观感受的影响,而不是货币内在的劳动价值。所以认为货币是在商品和劳务的支付中或债务的偿还中被普遍接受的一系列东西,而不是某一样东西。人们之所以需要货币,就是因为人们需要它。凯恩斯认为货币是国家信用,是连接现在和将来的纽带[1],参照前面有关买国债发货币的阐述,实际上就是财政将未来的税收提前到现在使用。弗里德曼则将货币定义为:购买力的暂栖所。也就是现在买国债形成货币购买力,明天财政偿还债券,货币购买力就消失了。"拉德克利夫报告"则认为,货币实际上就是流动性,货币的范围,不仅包括央行发行的货币,而且包括银行和非银行的金融机构所创造的所有短期流动资产,因为它们始终处于一种形态向另一种形态的转换过程中。

正是基于这样的理论认识和总结,决定了货币发行只能短期周转使用,而不能长期持续地停留在流通中。而且所谓信用就是偿还能力,国家信用就是国家的偿还能力。有偿还能力才能发行货币,没有偿还能力就不能发行货币,不管对国家还是对商业银行都是如此。所谓连接现在和将来的纽带,实际上是将未来的购买力提前到现在使用。因为国债是国家未来的税收,现在不能使用;商业票据是企业现在的负债和未来的资产,同样现在也都不能使用,一旦被央行买入和再贴现后,就变成现在的购买力。货币因此将现在的负债与将来的资产连接起来,并使之提前得到实现。国家和商业银行的信用是有限的,而且也不能永久,所以货币是购买力的暂栖所,以及货币是流动性等都决定了货币进入流通后都要退出流通,货币发行数量不

---

[1] 凯恩斯:《就业利息和货币通论》,商务印书馆1983年版,第253页。

能太多,期限也不能太长。否则,就既不是暂栖所,也不是流动性。只要国家和企业能够偿还它们的票据,央行发行的货币就会以税收或者票据款的偿还等形式退出流通,这就不会发生通胀。但如果票据发行人失去偿还力,增加的货币供给只能滞留在流通中,甚至越来越多而无法退出,国家和企业都会失去信用,并早晚会引发通胀。

第四节　主流货币发行方式的制度支撑

发达国家与地区的货币发行方式虽然各有不同,有关银行制度的安排也有很大的差别,但其基本制度却是相似的,正是在这个基本制度上发展出各自的货币发行方式,以及有关的货币银行制度。这些基本制度主要表现在以下方面:

第一,产权明晰,私产不容侵犯。发达国家和地区共同的基本制度是产权明晰,私有财产神圣不可侵犯,国家不能凭借它的权力侵占公众的财产。在产权明确归属的基础上,央行就不能以公众的资产——外汇,而只能以自己的资产——资本,作为货币发行的担保。因为央行的货币发行以发放贷款或再贴现的方式来进行,这就从根本上决定了借款机构必须提供有价证券为抵押,才能获得央行的货币。如美联储买国债发货币,英格兰银行贴现商业票据。因为借款人到期都要偿还票据款项,否则,央行可以卖掉用做抵押的有价证券,所以央行是债权人,公众是债务人,货币发行是公众欠央行的钱,而不是央行欠公众的钱。因为央行资本有限,至少大大少于公众的资产量,这就制约了央行的货币发行,使之可以超过资本,但不能超过太多。这就能从产权明晰的角度避免以公众的外汇为担保,可能造成的货币供给过多。

第二,微观均衡,市场调整灵敏。发达国家和地区的企业都要遵循利润最大化的原则运作,这就决定了央行与公众的交易都要以打破它们的既有均衡来完成,所以可以高价买进国债,低价卖出国债,打破企业原来利润最大化的选择。此时,企业持有国债的收益大于国债的边际成本,而不是原来已经实现的所有资产的边际成本都等于边际收益。企业在新的条件下,要恢复原来的均衡,就要进行资产重组,卖掉涨价的国债,买进其他相对便宜的资产,这才促使国债交易的实现。也正因为有这样的资产调整的恢复均衡,才能将买卖国债的效应通过其他所有资产价格和收益率的变动,传导到整个经济的所有环节上去,带动整体经济的相应调整。可见,微观均衡是买国债发货币的基础和保障,如果企业不追求利润最大化均衡,就只能按照计划指令来运行,所有的市场调整和传导行为都不会发生,买外汇发货币也就顺理成章了。

第三,自由交易,价格信号准确。自由经济的交易以价格为唯一依据,价格合适则成交,不合适则不成交,一般没有其他附带条件。这就决定了求大于供,价格上升;供大于求,价格下降,价格可以反映市场供求,也可以灵敏地调节市场供求。所以央行可以高价买国债,低价卖国债,将央行的政策意图充分地表现在资产的价格上,并有效地传导到所有的资产价格上去。如果交易没有自由,不准高价或低价,或者受到抑制的高价或低价,这个价格就不能充分、准确和有效地反映和调节要素的供求。在这个基础上的买国债发货币,既没有必要,也没有效果。所以只能买外汇发货币,因为汇率有管制,其他资产价格也不能自由浮动,影响经济运行的是其他变量,如行政命令等,价格本身的作用则是相当有限的。

第四,公共财政,央行代理国库。央行代理国家金库,所有财政收入都进入央行,所有财政支出也出自央行,财政赤字也表现在央行账上。在这个基本前提下,实行公共财政,财政的所有收支都要受到国会的制约,一般不会有太悬殊的多收少支,财政收支状况比较符合实际,财政赤字也比较真实。由此形成的国债有真实税收为担保,此时买国债发货币,增发的货币会提高企业的经营效果,并随着公众的纳税而退出流通。因为财政支出很大部分用于民生,财政赤字也与民生相关,所以买国债投放的货币,将随着纳税流回财政,最后偿还央行国债而消失。而且与民生相关而增发的货币,与经济增长所纳的税相差不大,财富一般不会向政府部门集中,所以货币循环可以持续地进行下去。而在国家财政的情况下,财政收支缺乏必要的制约,难免会有不该收入的收入了,不该支出的支出了,该支出的却没有支出。譬如,我国多年来财政收入的增长速度远远超过经济增长速度[①],而社会保障和教育经费的支出却处于世界较低水平[②]。如果参照发达国家的财政收支结构进行调整,扣除不该收取的,加上应该支出的,则我国的财政赤字要远远超出目前的水平。按照低估的财政赤字,买入少发的国债,不仅不能满足经济对于货币的需求,而且会造

[①] 中国社科院财贸所的财税专家计算出,2010年中国政府的宏观税负又进一步增加到34.5%。按照世界银行的标准,低收入国家的宏观税负较宜为13%左右,中上收入国家应该是23%左右,高收入国家是30%左右。中国目前还是一个中低收入国家,宏观税负已经达到了34.5%。韦森:"为什么中国税收连年超高速增长?",《新经济》2011年第8期。

[②] 发达国家的"社会开支"(医疗保障、退休金、教育等福利)占GDP的比例:瑞典为32%,法国为29%,加拿大、澳大利亚、日本都在18%左右,福利最低的发达国家美国也有将近17%。而"中国的'社会开支'2007年仅为GDP的5.8%。也就是说,我们和发达国家的贸易竞争,是在省下了11%—24%的'社会开支'的情况下进行的,中国货当然便宜了"。刘畅:"'超日'、'超美'与大国之惑",《书屋》2009年第10期。

成货币循环持续不下去。因为央行买国债投放的货币少,而政府征税收走的货币多,不仅财富向政府部门集中,而且流通中的货币量会越来越少,甚至持续不下去。可见,公共财政是买国债发货币的重要前提与保障。

第五,票据发达,市场容量很大。买国债发货币,需要有非常发达、深不可测的国债市场,这才能保证央行在这个市场上买入期望数量的国债,投放相应数量的货币,也可以发行所需的国债,实现必要的货币调控。2008—2010年,美国国债上限分别为10.61万亿美元、12.10万亿美元和14.29万亿美元,分别占GDP的比重为70%、84.1%和92.1%[1]。而我国2009年到2010年的国债余额分别为62 708.35亿元和71 208.35亿元[2],同期中国的GDP分别为340 903亿元和397 983亿元[3],国债余额占GDP的比重分别为18.39%和17.89%。至2011年3月,中国的广义货币M_2已经达到75.8万亿,折合美元约为11.55万亿美元,而美国的同期的M_2为8.98万亿美元[4]。不求时间完全对等的粗略计算,14.29万亿国债交易,发行8.98万亿货币,国债数量是货币发行量的将近2倍。而在我国国债交易只有7.120 835万亿元,货币发行达到75.8万亿,国债发行量是货币发行量的十分之一,如此有限的国债规模很难胜任买国债发货币。更不用说,国债的品种少,期限长,交易方式呆板,收益率难以灵活变动,还有其他资产市场远不够发达,等等。所以,买外汇发货币是我国目前条件下,不具备买国债发货币条件的不得已选择。

第六,套利无限,利率自由波动。买国债发货币需要在一体化的

---

[1] http://zt.blog.sohu.com/s2011/meiguoguozhai/.
[2] http://finance.ce.cn/rolling/201003/25/t20100325_15650692.shtml.
[3] http://www.8pu.com/.
[4] 国泰君安2011年5月10日。

市场中进行,也就是所有的市场参与者都可以自由套利,资金可以自由流动,利率可以自由波动,所有的市场因此都连接了起来。在这个基础上,买国债发货币,提高国债价格,降低国债收益率,可以将所有其他市场资金吸引过来,并带动所有市场收益率的相应变化。由此不仅可以形成正常、有序的价格参照,而且可以将央行的政策意图传导至所有的市场。缺失市场主体自主套利的基本条件,资金无法自由流动,利率就无法自由波动,整个市场就会被分割,而无法成为统一的系统。此时任何一个市场价格的变动对周边市场的影响都非常有限,甚至是扭曲的。此时,市场缺乏统一、合适的定价参照,央行只能以扭曲的定价参照买卖国债,国债价格随之扭曲,央行的决策依据出现偏差,据以制定和实施的政策就会有问题。如果这种影响因为市场分割而只是停留在某个市场中,这倒问题不大。但如果管理层依据市场一体化的理论,认为国债买卖会有什么影响,但实际上却没有,或者是扭曲的,则政策实施的紊乱将更加严重。可见,市场自由套利和利率自由化是买国债发货币的重要前提和根本保障。

第四章　买外汇发人民币的利弊分析

买外汇发人民币是从计划经济延续过来的。在计划经济中,这个方式聚集的外汇有限,不会造成货币发行过多,所以表面的成功掩盖了理论和操作的内在局限。现在外汇的规模很大,经济机制也有了根本的不同,问题就变得严峻了。但是我们的思路还停留在原来的轨道中,而没能及时地认识到这个越来越严重的问题。

第一节　满足计划经济的货币需求

改革开放前的我国计划经济,主要靠行政命令和服从来实施和运行,所以需要相应的货币供给方式,否则,计划经济得不到必要的货币补充就运行不下去。而且,在经济运行市场化程度不高的情况下,换种货币供给方式,不仅容易感染外国的金融危机,甚至会加剧金融危机在中国爆发的力度。

计划经济不是以企业利润最大化、而是以服从上级指令为目标的经济。只要有上级指令,没有利润,甚至亏损也得干;反过来,没有上级指令,有利润,即便很大也不能干。所谓"宁要社会主义的草,不要资本主义的苗",并非空穴来风的荒谬,而是有着特定制度基础的逻辑表现。尽管谁也说不清楚这个主义、那个主义的确切内涵,但是纳入计划的可以生产,不在计划内的就要停产,不管它的收益或利润,这样的思路和运作则是毋庸置疑的。而且,它不仅不像看起来那么荒谬,甚至还包含不少合理的成分。

确实,在产权不明晰、价格机制还不能充分反映公众需求的情况下,听任企业追求利润、配置资源、组织生产,则难免使产出背离社会需求,资源使用低于社会满足程度,所以非常需要用行政命令来纠偏补弊。而且当时国家也面临很多政治压力与挑战,政府不能不牺牲一部分公众的消费与利益,以实现更为宏大、更为长远的政治目标。更不用说,当时的体制也阻挡不了领导人为他认定的远大目标而突破价格引导与利润追求的束缚。尽管今天看起来这种体制有很多不足,但它确实能够集中力量办大事,在很短的时间内,高效地实现在市场中分散决策所无法实现的目标。

以命令与服从为基本特征的经济运行需要同样特征的货币供给方式,这就产生了以信贷指标的切块分配为基本操作的货币供给方式。可以肯定,如果经济按计划运行,而货币供给则由市场导向,货币不能顺畅地进入计划要求的领域,则经济一定运行不下去,经济计划也就无法实现。当时的货币供给方式是有贷款指标就可以贷,没有存款也不要紧;没有贷款指标,有存款也不能贷。而且,银行不同的分支机构之间不能调节资金余缺,以免横向的资金融通扰乱纵向的经济与信贷计划,从而保证资金从不符合国家计划但有利可图的领域退出,进入符合国家计划却无利可图的领域。可见,换一种货币供给方式,如现代货币银行制度的货币供给,就无法满足计划经济的货币需求,不能保证计划经济的正常有序运行。因为现代货币银行制度以个体利益为核心,以讨价还价为基本操作,以追求利润最大化为目标。在这种情况下,货币只能停留在有利可图却不符合国家计划的领域,无利可图的领域就得不到必要的货币补充,计划经济就运行不下去。具体地说,中央银行买国债发行货币,商业银行有利可图,卖出国债,获得货币后,为赚取实物产品与金融产品的利差而发放贷款,为获得金融产品的利差而进行资金融通。而不可能倒过来进行无利可图的投资和资金融通。

买外汇发人民币可以保障出口外向型经济战略的顺利实施。我国内需不足,就业压力很大,刺激外需,加大出口势在必行。如果不是采取买外汇发人民币的方式,本币就不会随外币相应增加,国际收支顺差,外币进入增加,本币与外币的数量之比下降,外币贬值,本币升值,出口减少,甚至国际收支平衡,出口顺差无法持续,出口外向型战略也就走到头了。只有本币发行与外币一起增加,本币与外币数量之比保持不变,或者变动有限,国际收支顺差则本币升值不会到位,国际收支顺差长期存在,出口可以持续,外向型经济战略的实施就有了重要保障。如果出口企业得到的外汇不能全部卖给央行,它们就不能及时得到人民币的全额补充,也无法按原来的规模购买生产要素、支付工资,再生产循环就会收缩,甚至中断。可见买外汇发人民币对于外向型经济战略的实施的重要性,怎么强调也不算过分。

特别是在金融危机爆发,并在世界范围蔓延、加剧的情况下,我国的货币供给方式可以有效地将金融危机阻挡在国门之外。因为金融危机无非是大量境外资金通过套利进入境内,赚得钵满盆满后再突然撤出,股市、汇市、债市都随之大幅走高后突然崩塌。而在我国当时的信贷分配体制中,根本没有股市、债市和汇市这一说,资金也不可能跨国境自由流动,所以国际金融危机无法对我国产生大的影响。即便在今天金融体制已经有了重大的变化、金融市场已经基本成型、投机性特别强的情况下,管理层仍然可以通过行政命令,阻断资金的流动,将金融危机的危害降到最低限度。尽管我国传统的货币银行制度可以保持计划经济的稳定有序运行,降低金融风险,但它也是我国经济与金融运行的呆板低效的根本原因。

第二节 货币供给扭曲货币需求

在买国债发货币的情况下,央行拥有买或不买国债的主动权,因为货币需求为央行所决定,并且很有弹性。而在买外汇发货币的情况下,货币需求不仅不为央行直接决定,而且具有刚性。而要使央行摆脱被动满足货币需求的尴尬,提高央行货币政策的主动权和有效性,就必须首先规范货币供给,然后才能实现对货币需求的规范。

一、货币供给规范货币需求

无论是凯恩斯的理论,还是弗里德曼的理论,他们都强调货币供给影响投机性货币需求,然后作用于交易性货币需求。投机性货币需求的满足与否对实体经济的影响相对较小,因为央行不买国债,不会使实体经济运行不下去,央行只是承受不买国债的有限社会成本,所以可以自主决定买与不买、买多买少。

凯恩斯的货币需求是交易性货币需求加投机性货币需求。

$$M_s = M_d = L_1(Y) + L_2(i)$$

$L_1(Y)$为交易性货币需求,其自变量是国民收入,与国民收入同方向变动。$L_2(i)$为投机性货币需求,其自变量是利率,与利率反方向变动。在这种情况下,央行高价买入国债,利率下降,刺激投机性货币需求,带动货币供给一起增加。利率下降刺激投资,通过投资乘数,总需求和国民收入倍数增加,然后带动交易性货币需求增加。反过来,央行低价发行国债,利率上升,投机性货币需求与货币供给一起减少。通过投资乘数,总需求和国民收入都倍数收缩,交易性货币需求相应减少。在这个过程中,央行不增加货币供给,利率保持不变,投资不增加,国民收入和交易性货币需求也都不增加,经济仍可运行在原来的水平上,既不扩张,也不收缩。因为央行不增加货币供给,企业可以使用原来的货币量,将生产规模保持在原来的水平上,既不扩大,也不收缩。如果央行减少货币供给,流通中的货币减少了,企业的经营成本提高,经济才相应地收缩。

弗里德曼并不认可凯恩斯的货币传导理论,他认为货币供给直接通过货币供给量在不同市场中的流动,作用于最终产出,而不是通过利率影响投资,再通过投资乘数影响总需求。但是,在央行高价买进国债、国债收益率下降、货币需求增加、货币供给也增加的意义上,两个理论如出一辙。只不过弗里德曼强调国债收益率下降,拉开了与其他金融资产收益率的差距。这就打破了原来各金融市场收益率的均衡,国债市场的资金就会向其他收益率高的市场转移,把各个市场的收益率逐级打下来,最后提高产成品的价格。

在生产要素的价格没有上升之前,企业的边际收益大于边际成本,企业家扩大生产规模。货币供给增加会刺激产出的扩大。但是,这只是短期效应。一旦所有金融资产价格上升,推高生产要素的价格,如工资等的上升,赶上产成品价格的上升,企业家没有超额利润,生产规模就回归原来的水平上。在这个过程中,央行不增加货币供给,商品价格和成本都不变,企业保持原来的生产规模,既不扩大也不收缩,因为原来的货币供给能够支撑既定的经济规模。反过来,央行低价发行国债,货币需求减少,公众买进国债,提高的收益率也会由一个一个市场溢出,带动所有市场货币供给的均衡减少。这样的传导溢出很像九寨沟和黄龙的水塘,层层叠叠,上面的水塘满了,规则有序地向下面的水塘溢去。不会有一个水塘的水位特别高,别的水塘的水位特别低。只要不持续注水,这个溢出的过程就终止了下来。

两种货币供给影响产出的理论机制虽有不同,但仍有以下四大共同特点:其一,货币供给起始于金融市场。央行在金融市场上买卖国债,打乱金融市场的既定均衡,经济主体恢复均衡的资产调整,将金融市场的非均衡传导至实体经济。其二,货币供给决定货币需求。央行高价买进国债,利率下降,投机性货币需求增加,才有货币供给的增加。尽管此两者在时间上几乎同步,但是在逻辑上仍然有因果。没有利率下降,就没有投机性货币需求的增加,货币供给就无法增加。反过来,没有利率的上升,就没有投机性货币需求的减少。其三,货币供给影响实体经济的运行环境——利率,然后作用于实体经济。如果货币供给和利率不变,货币需求也不变,实体经济可以保持原来规模运行;反过来,货币供给减少,利率上升,货币需求减少,实体经济的运行成本上升,但仍可以运行。其四,央行货币供给的增量有限。因为公众持有的债券是用原来的货币转换的,现在央行再加几个百分点把它们买回去,也就是将原来退出流通的货币再注入流通,货币供给的净增量也就是央行加价买回的几个百分点。但若财政赎回债券,则货币供给不是增加,而是净减少了。

二、买外汇发货币会扭曲货币需求

凯恩斯与弗里德曼的理论大体也能说明我国的货币需求,但是,因为我国的货币供给与他们不同,这就扭曲我国的货币需求,使之不仅需求量大,而且具有很强的刚性。央行不相应增加货币供给,企业的货币需求得不到满足,经济就会运行不下去。面对如此格局,央行货币供给的主动权大为削弱。

我国公众也有交易性和投机性货币需求,交易性货币需求与经典理论所说的相同,也与收入同方向变动。而投机性货币需求则与经典理论所说的相反,与利率同方向变动。所以如此的原因在于交易性货币需求主要与人们的心态相关,受制度的约束较少,所以在不同的制度下,收入的多少与交易性货币需求都同方向变动。而投机性货币需求则直接与货币发行方式有关,在买国债发货币情况下,投机性货币需求与利率反方向变动。在买外汇的情况下,投机性货币需求与利率同方向变动。

在买国债发货币的情况下,利率上升,国债价格下降,公众买进国债,投机性货币需求减少。利率下降,国债价格上升,公众卖掉国债,投机性货币需求增加,所以投机性货币需求与利率反方向变动。在买外汇发货币的情况下,利率由行政命令决定,而与国债的价格无关。所以利率上升是银行存款利率上升,公众卖掉国债,存款于银行,投机性货币需求增加。银行存款利率下降,公众买入国债,投机性货币需求减少,所以我国投机性货币需求与利率同方向变动。

在买国债发货币的情况下,货币发行在投机性货币需求上,也就是货币供给的变动影响利率,进而造成投机性货币需求的变化。而利率变动影响企业的融资条件,却与企业基本运行关系不大。因为企业用自己的资金进行运作,利率上升,借钱的成本高,它们可以不借,保持原来的生产规模,却不至于运行不下去,所以货币需求具有较大的弹性,央行拥有是否增加货币供给的较大自主权。而在买外汇的情况下,货币发行在交易性货币需求上,即企业出口商品,换来外汇,人行对之投放人民币。如果人行不能投放相应的人民币,企业就无法收回投资,也不能发工资、买原材料,再生产循环就会中断。此时货币需求具有完全的刚性,不管人行愿意不愿意,都只能增加人民币供给。

在买国债发货币的情况下,货币发行影响利率,而利率变动影响消费、投资和汇率等其他各种经济变量,进而遏制货币需求。特别是买国债的货币发行与外汇数量无关,国际收支顺差,外汇供给增加,本币供给不变,本币需求增加,本币升值,外币贬值,国际收支顺差缩小甚至消失,对本币需求减少甚至消失。在买外汇的情况下,没有人行的行政命令,货币发行与利率无关,所以不影响消费、投资和汇率等其他经济变量。特别是国际收支顺差带动对人民币需求的增加,但是,因为人民币供给相应增加,人民币升值有限,甚至不升值,国际收支持续顺差,人民币需求越来越旺盛,人行不得不相应增加人民币供给。

概括起来,人民币发行方式扭曲的货币需求具有以下几个特点:首先,人民币供给起始于实物市场。出口企业通过商业银行将外汇卖给央行,外汇为出口商品转换。央行增加人民币供给,出口企业用以购买生产要素,支付工资,然后流向金融市场上。其次,人民币供给影响实体经济的运行。因为人民币供给不影响利率、汇率和其他经济变量,而只影响企业资金的可得性,所以人民币供给不是通过市场环境的变化,而是直接作用于实体经济运行。再次,货币需求旺盛、刚性。不仅因为出口企业需要得到人民币以支付费用,购买生产要素,得不到满足会造成再生产循环中断,更因为人民币发行方式造成国际收支顺差,并反过来要求增加更多的人民币。2013年6月的钱荒在某种程度上就与央行坚持不注水有关[①]。简言之,人民币发行方式的不同决定了以货币发行方式为前提的论断都不能直接为我

[①] 《福布斯》一篇文章分析,李克强经济学(Likonomics)的三大核心虽然宣称不刺激、去杠杆和结构性改革,而央行只会维持市场流动性在适度水平,(银行)要多少有多少时代已终结。但实际上,在6月下旬的钱荒危机,央行于6月21日和25日两度暗中出手挽救融资困难的银行。引自《东方信邦》2013年8月21日。

国所用,因为前提的变异决定无论推导的逻辑多么严密,其论断都将与中国的实际情况大相径庭。

三、货币需求被扭曲的弊端

诚如上述分析所指出的买国债发货币,是货币供给决定货币需求,央行有调节货币供给的主动权。而买外汇发货币则为货币需求决定货币供给,央行的货币供给处于被动从属的地位。由此引发宏观调控的一系列弊端,特别是货币的流向往往与央行的期望相悖,所以人民币发行方式一定要转移到买国债上去。

按照凯恩斯和弗里德曼的理论,所有市场参与者的套利一定实现各市场间的价差和利差的相对稳定,也就是与资金使用的风险和期限对称。此时央行高价买进国债,利率下降,打破国债市场与其他市场的既定均衡,显示其他市场更有利可图。公众卖掉国债,买进其他价格相对便宜的有价证券,这就造成其他有价证券的价格渐次上升。如此套利及其效应最终要传导至产成品的价格上和收益率上。一旦所有生产要素价格都上升,所有市场的价差和利差就都会回到原来的水平,货币供给增加造成价格上升和收益率下降的效应终止下来。反过来,央行低价发行国债,提高利率,其他市场的资金就会向国债市场流动,造成所有市场的价差和利差都回到初始水平,货币供给减少的效应也终止下来了。

如图4-1所示,因为有价证券价格与利率反方向变动,所以左边纵坐标代表有价证券价格,越往上,价格越高;右边纵坐标代表有价证券收益率,越往下,收益率越高。为简便讨论,仅以国债、外汇和产品市场为例,初始均衡在国债价格最高、收益率最低,而产品价格最低、收益率最高的位置上。它们的收益率排序为4%、6%、8%,因为国债可以期限最短,安全性最强,而产品生产周期长,不确定性大。它们之间稳定的利差反映市场对它们风险差和期限差的评价。如果央行高价买进国债,国债价格上升,国债收益率下降,这就拉开了与另外两个市场价格和收益率的差距,使另外两个市场的价格相对较低,收益率相对较高。国债市场的资金就会向这两个市场流动,这两个市场在价格上升的过程中,收益率下降,货币需求增加。这个过程也可以逆向传导,造成所有资产价格下降,收益率上升。

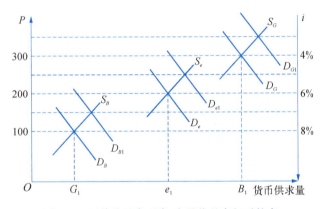

图 4-1 国债收益率下降,产品收益率相对较高,外汇市场资金向产品市场流动

此时的宏观调控具有以下特征:首先,央行处于调控的主导地位。也就是调控利率,调控投机性货币需求,实现对整体经济的调控。没有利率变动对投机性货币需求的影响,就没有货币供给的变动对实体经济的影响。其次,调控机制启动于成本变动,最后作用于价格。即先有利率调整,然后才有商品价格的波动,也就是企业成本与收益差距变动,带动企业生产规模的调整。最后,货币供给变动影响所有行业和领域。因为一个行业或领域价格或收益率高于或低于别的行业或领域,则资金就会流入或流出别的行业或领域,从而造成

所有行业或领域收益率的趋于一致。一般不会有资金在某个领域或行业过度集中、运行过热,别的行业或领域资金短缺、运行过冷,从而有价格畸高畸低等。特别是货币需求对利率比较敏感的房地产业,利率下降,房地产业货币需求增加,房地产繁荣,以房地产贷款收益为担保的金融产品也相应扩张。而一旦利率上升,房地产业货币需求减少,有关金融产品就会相应收缩。这就是一个领域或行业资金供给变动,带动相关领域和行业的调整。货币政策的效果比较充分,一般能够有效调节经济的运行。

在买外汇发货币的情况下,只要国际收支顺差,企业就要用外汇兑换人民币,货币需求几乎趋于无穷大。为了保障出口企业的再生产循环,央行只能满足出口企业的货币需求,收购出口企业的外汇,并给予出口企业人民币。正是货币需求趋于无穷大,所以货币供给难以遏制,才有人民币被动发行之说。因为人民币以某种比例随外汇一起增加,所以汇率不会轻易变动。利率不易下降,投资增加有限;汇率市场收益率的变动对其他市场收益率影响有限(且不论我国微观非均衡,原本就没有市场均衡的收益率),难以向其他市场蔓延传导。此外,出口厂商的收入增加远大于工资,因为我国工人的劳动议价能力比较低,一度连应得工资维权都很困难,更不用说随出口增加而加工资了,所以工资上涨幅度低于 GDP 增长幅度,利润和其他所得的比重增加。

经营者将出售外汇的主要货币收入用于再生产,剩余的部分被投向于其他有利可图的领域或行业。因为货币供给增加,没有以利率为代表的生产成本的下降,所以他们一定要投资于价格上升幅度比较大的领域或行业,这在拉动其他生产要素价格上升的同时,也推动房地产价格的上升,而且后者上升的幅度更大、更持久。因为房地产价格关系到地方政府的收入和商业银行贷款的安全,最不容易下降,所以在外汇市场增加的货币供给进入房地产领域,推高房地产价格,并且屡打不下。

如图 4-2 所示,在买外汇发人民币的条件下,货币供给从收益率体系的中部切入,因为外汇风险大,牵涉面广,不能轻易变动,但实际上,汇改以来,人民币一直在升值,也就是外汇收益率持续下降。假定原本信贷、外汇和房地产的收益率分别为 4%、6% 和 8%,如果外汇市场收益率下降 1%,就凸显产品市场和国债市场收益率相对高了 1%,资金理应向这两个市场流动。但是,在货币供给不为国债交易所决定的情况下,存贷款利率只能为行政手段锁定,产品价格为国外同类产品锁定,资金在信贷市场的回报有限,所以向房地产市场流动。因为房地产价格高低关系到财政税款的征收和银行贷款的偿还,公众预期它有进一步上升的空间。于是金融机构还会创造各类信托产品和理财产品,这不仅将央行买外汇发行的人民币吸引过来,甚至将信贷市场的资金也都吸引过来。即便房地产融资成本上升,

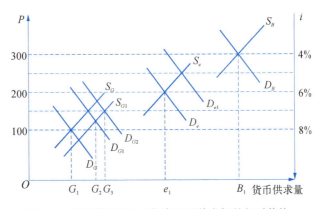

图 4-2　尽管外汇买入也提高了国债市场的相对价格,但存贷款利率被锁定,资金流向房地产市场,房地产资金供给增加,价格上升的冲动很强

房地产商也不在乎,因为只要房地产价格小有上升,就足以补偿融资成本的上升。于是在房地产资金供给和资金需求的交互作用中,S_H 向 S_{H1} 和 S_{H2},以及 D_H 向 D_{H1} 和 D_{H2} 移动,这就逐步推高房地产价格,使得房地产市场汇聚大量的资金。同时,其他产品领域却越来越承受不起被房地产市场资金需求推高的利率,贷款的需求越来越得不到满足,造成实体经济的生态环境的恶化,以及挥之不去的钱荒梦魇。

在这样的发行和传导机制中,即便管理层大幅度提高利率,也不足以使房价下跌,因为利率提高的幅度有限,而出口创汇转换人民币并流向房地产数量却没有止境。只要房地产价格上升幅度大于利率上升幅度,房地产价格就会不断创出新高。此时不管管理层如何大声疾呼,也不管鬼城的阴影如何逼近,房地产过热问题终究难以得到根本解决。随着通胀的来临,央行早晚要抽紧银根,让人民币升值和发行央票,这两种做法虽然没有直接提高存贷款利率,但是,一定会使同业拆借利率上升,并将资金引入房地产领域,这就更加剧实体经济的融资困难。

显然,在我国金融市场和产品市场收益率都非均衡的情况下,货币供给的松紧无法均衡地影响所有的市场,从而造成一部分市场的过热与另一部分市场的过冷,这种情况不仅不是央行愿意看到的,而且也是难以扭转的。之所以如此的重要原因之一在于买外汇发人民币,因为这样的操作决定货币需求趋于无穷大,货币供给的变动,不能影响市场收益率。这种情况在计划体制中问题还不大,因为当时没有像样的市场,更谈不上均衡的市场收益率。现在市场已经形成,但经济主体却不能自主套利,资金不能自由流动,收益率不能自发波动,这就阻碍均衡收益率体系的形成。所以管理层要限制这"三自",

则因为允许"三自",会造成资金更加严重的无序流动和收益率的畸高畸低。而要享有"三自"的好处,避免"三自"可能的弊端,就必须给一个作为基准与参照的收益率,使得市场在"三自"的过程中,形成均衡的收益率体系。

按照发达国家的经验,我国也一定要走向买国债(或商业票据)发货币,因为国债的风险最小,期限最短,国债市场的收益率才能成为所有其他市场的基准与参照,其他市场按照自己风险和期限相应加点数,整个收益率体系才能有序趋近于均衡。一个市场收益率和货币量的变化可以逐级传导至所有的市场中去,而不会有不同市场的冷热不均、资金多少的悬殊,更不会有房地产市场的高烧不退。此外,买国债发货币将国债收益率与货币供给量连接成一个铜板两个面,央行可以通过国债买卖,调节货币需求,进而实现货币供给的变动,然后才能作用整个利率体系。更重要的是,央行因此处于调控的主导地位,而不是被动地满足趋于无穷大的货币需求。

第三节 妨碍外汇储备有效使用

我国外汇储备的增加确实能增强我国经济实力和国际支付能力,但是,因为我国外汇储备形成的特殊性,决定了这种实力和能力增强的有限性,如果高估的话,则会给我国金融的运行留下很大的隐患。

一般来说,国家的外汇储备是用外汇平准基金购买的,而外汇平准基金形成于财政的发债券。购买债券的资金来自公众,包括各类企业和金融机构,这种资金属于流通中的货币,而不是央行新发行的货币。而流通中的货币代表央行的资产,有财政税收做担保,并最终要用税收来偿还。因为,外汇平准基金在本质上属于财政的资产,所以用外汇平准基金买外汇,就是用财政未来的税收买外汇。该外汇为财政所有,财政不用,它是财政账户上的资产,财政用掉它,就是账户上少掉这部分资产。它的数量与央行的负债无关,与货币流通也无关。如果财政使用外汇储备发生损失,也仅仅是财政的这部分资产的损失,一般也不会对经济金融造成更大的负面影响。

我国的外汇储备形成于人行买外汇发人民币,外汇储备是已发行人民币的担保,而不是财政的资产,人民币依据外汇储备的价值进行流通。在理论上,人民币与外汇的可兑换性是人民币流通的基础和保障,尽管这种可兑换性实际上并没有完全做到,但是,长期中理论的要求会强制地表现出来,造成人民币的贬值。因为外汇储备要作为担保,所以外汇储备就不能使用,如果用掉的话,流通中的人民币就没有担保,已发行的人民币就裸露出来。此时再有兑现需求,人行不能保证兑现,这就非常有可能引发金融危机。国外学者往往不理解我国外汇储备与货币发行的特殊性,所以有著名学者在次贷危机时,主张将 2.4 万亿外汇储备分给每个中国人 1 万人民币,其所拉动的内需比动用 4 万亿财政资金更好。这就是把中国的外汇储备当作政府可以动用的资产,而不是不可动用的货币发行的担保。他不理解,中国外汇储备进来时,已经发了 14 万亿人民币,现在再发一次,就是"一女二嫁",后患无穷。

正是出于同样的原因,我国的外汇储备也不能用来投资,因为投资有风险,投资的损失就是已发行人民币失去担保。购买安全性好和流动性强的美国政府债券还说得过去,一旦发生兑现需求,从理论上讲,只要把美国国债变现就可以保障兑付。但也有买入卖出时价格不对称的风险。如果投资风险较大的黑石债券,则非常可能有血本无归的风险,已发行的人民币就失去相应的担保。即便是对外投资发生价格下跌的损失,人民币仍会面对担保不充分的问题。外汇储备也不能购买不能在国内市场抛出的商品,否则,外汇变成并不为国内公众需要的商品,而国内已发行的人民币却失去了担保。所以外汇储备只能用来购买关系民生的商品,因为外汇储备减少,变成国内公众所需的商品。卖掉这些商品,收回已发行的人民币,外汇储备与已发行人民币一起减少,剩下的外汇储备对应剩下的已发行人民币,整体的担保能力不变。

此外,我国外汇储备的更大风险还在于管理层并没有充分考虑它的不可用性,以致我国大量的外汇储备不仅用于购买美国政府的债券,还有风险较大的黑石债券,以及政府借款甚至援助项目,这就意味着我国发行的人民币并没有足够的担保。在政府的公信度很高、行政管理能力也很强的情况下,人民币没有足够担保,也能有效地流通周转,因为公众不会要求人民币的兑现,但如果国际金融市场风险迭起,外汇就会变成公众的避险手段,人民币担保不足的问题就会暴露出来。固然,政府可以灵活地进行资产风险管理,将兑付风险降到最低限度,但其终究不符合构建金融稳定框架的要求,所以不应继续买外汇发人民币这样的货币发行方式。

第四节 人民币发行过多的机理

在主流的货币发行方式中,央行的购买对象都是有限的,由此带动的货币供给也趋于收敛,所以买国债和再贴现的发行方式,一般不

第四章　买外汇发人民币的利弊分析

会造成货币供给的持续过多。而买外汇发人民币的方式却难以避免发行过多的问题,因为外汇有无限增长的潜力,加上货币创造趋于发散,人民币发行势必持续过多。

买外汇发人民币就是人行收进外汇,支付人民币,表现在人行的账户上,资产方是外汇储备增加,负债方则是人民币发行的增加。因为人民币是央行的负债,所以人行实际上用自己的负债购买公众的资产,这就与一般交易规则相悖。因为对绝大多数交易者而言,他们都只能用自己的资产换人家的资产。连去饭店吃饭也必须是用自己的资产——货币,去换饭店的资产——食品,更不用说其他复杂的交易。如果可以写借条买饭吃,并且无需偿还,则不仅可以将饭店吃空,甚至可以把整个饭店都买下。人民币正是这种无需偿还的负债,以致党报有文章认为,外汇储备是央行的钱①。因为无需考虑对公众的偿还,所以缺乏偿还的自我约束机制。

或许有人会说,发达国家的货币发行也是发货币买资产,也是用央行的负债买公众的资产,为什么他们的货币供给不会像我们这样超发呢?从表面上看,他们买的资产数量有限,而且到期都要偿还(详见第三章"发达国家与地区的货币发行方式")。如美联储只能买二手市场的短期国债,英格兰银行只能再贴现商业银行贴现过的短期商业票据。一旦偿还,则增发的票据与增发的货币一起消失。在本质上,他们的货币发行依据央行的资本,而我们的人行法至今没有确定资本到底为多少,他们资本的有限性决定货币发行的有限性,我们资本数量的模糊性决定人民币发行无限性。于是,他们看起来与我们相似的用负债换资产的货币发行,实际上与我们人民币发行有

---

① 2011年10月17日,《人民日报》有文章说,外汇储备是央行的钱,不能无偿分给民众。

根本的差别：他们是有限发行、短期融通，而我国的货币供给方式与国际收支顺差联系在一起。从 1990—2013 年，只有 1993 年有逆差，这就不仅决定了人民币随外汇储备一起增加，而且持续使用 20 年以上无需偿还。如此发行方式与以下一些条件结合在一起，造成目前诟病甚多的人民币超发现象。

企业出口创汇潜力无限。目前我国已经成了绝对的制造业大国，从钢铁到晶硅，从水泥到平板玻璃，从汽车到造船，还有很多商品，我国都占有世界最大的份额，产能几乎都严重过剩。其重要原因之一在于买外汇发人民币，因为这样的发行方式制约了人民币的升值，从而刺激了外国对我国产品的需求。生产企业出口后又能得到人民币的补充，这又反过来刺激有关行业的生产潜力，并使人行可以得到的外汇远远超过政府可能拥有的资产规模。如果人民币发行绑定于外汇的某个比例，则外汇增加，人民币发行也增加，政府可能发行的货币量不仅远远超过社会的真实财富量，甚至可能没有止境。

国际收支顺差长期存在。经典的经济金融理论都认为，一国国际收支顺差将导致该国国际收支平衡，因为外汇进来多了，外汇贬值，本币升值。这种论断的隐含前提只能是本币不会随国际收支顺差和外币的增加而多发，外币相对本币为多，然后才有外币贬值和本币升值。但如果本币可以随外币一起增加，则本币难以升值到位，国际收支顺差将持续存在。如图 4-3 所示，纵坐标表示人民币汇率，横坐标为人民币数量，以及在其背后的通胀压力。D 为人民币需求，而 S 为人民币供给。如果初始的交点在 A 上，央行增加人民币供给，S 移动到 S_2，人民币汇率降到 e_2。出口增加，得到的外汇要转换成人民币，D 移动到 D_2，汇率会升到 e_1。央行买进外汇，人民币供给移动至 S_3，人民币汇率下降至 e_2。此过程持续发生，不断上升的人民币汇率会被持续增加的人民币供给打下来,人民币可能不升值,至少升值不到位,国际收支顺差就难以消失。

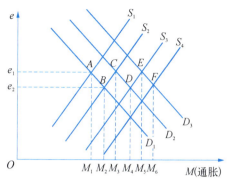

图 4-3　买外汇发人民币制约了人民币的升值

所以,人民币发行可以与外汇一起增加,关键为买外汇发人民币的机制所致。如图 4-4 所示,在买国债发货币的条件下,货币供给不会随外汇而增加,本币可以升值到位,国际收支顺差缩小,甚至消失。但人民币发行则如图 4-5 所示,顺差带动外汇供给和成人民币发行增加,人民币就无法升值到位,顺差持续存在,人民币越发越多。所

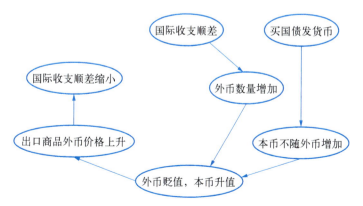

图 4-4　买国债发货币,国际收支自我调节,货币供给不能持续增加

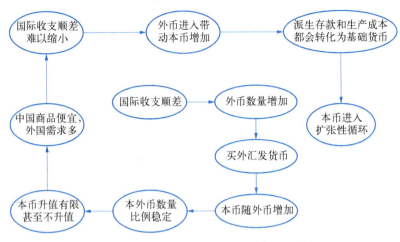

图 4-5　买外汇发人民币导致人民币扩张式循环

以从表面上看,诚如人民银行的高管所言①,是国际收支顺差带动人民币被动发行过多,但是在本质上,则是人民币发行过多造成国际收支顺差持续存在。否则,人民币升值,国际收支顺差消失,人行想要增发人民币也做不到。

出口成本上升带动人民币发行增加。以企业外汇为依据发行人民币,实际上有很大一部分人民币是对着生产成本发行的。因为外汇是企业销售收入,含一大块生产成本。生产成本是已经消耗掉、不复存在的资源。对着生产成本发行货币,而没有社会财富对应支撑,其发行一定是过多的②。更重要的是,出口越多,货币发行越多,通胀越严重,生产要素价格越高,也就是生产成本越大,人民币发行进一步增加,这就形成一个自我扩张的循环。比较美元与英镑不断发

---

① 时任中国人民银行副行长易纲说,国际收支顺差太大,为了保持人民币汇率相对稳定,央行必须购回美元,从而被迫投放基础货币。《凤凰网资讯》载"央行副行长易纲:贸易顺差过大是通胀源头",见 2011 年 2 月 28 日《成都商报》。
② 与美联储发行形成鲜明对照的是,它们的发行以国债为依据,国债要用税收偿还,税收则是扣除生产成本和企业利润之后的净财富,以这种方式发行的货币没有水分。

行、不断退出,净增加量只是有价证券买卖的差价,则人民币多发不仅过多,甚至难以遏制。更重要的是对着国债或偿还能力发货币,就是对着税收或未来的利润发货币,税收和利润都是扣除生产成本后的余额,这样的货币发行实际上是与国民纯财富对应,要比对着含生产成本在内的销售收入少很多。

货币乘数无法趋于收敛。按照经典理论,货币乘数形成于基础货币在贷款发放和回流过程中的逐级减少。因为商业银行每流转一次就要缴纳一定比例的准备金,且没有央行的许可,不管存贷款怎样流转,基础货币始终是个定量。于是,每交一次准备金,可以用作贷款的基础货币就相应减少,最后所有的基础货币都变成准备金,贷款不能增长了。存款总额与基础货币的比例就是货币乘数,存款余额大于基础货币的部分为商业银行创造的派生存款,贷款在资金循环的过程中逐级减少表明商业银行派生存款的能力趋于收敛。在买外汇发人民币的情况下,商业银行发放贷款,派生存款给企业,企业据以购买原材料,生产商品,出口换取美元,向央行兑换成人民币。在这个过程中,美元和作为基础货币的人民币中都有相当一部分是派生存款转换的,于是,银行每发放一次贷款,促进商品出口一次,基础货币就会扩大一次。基础货币越来越多,货币乘数也越来越大,两者乘积的人民币供给量不仅不会收敛,而且不断趋于扩散。货币供给因此不是处于封闭式循环,而是扩张式循环之中。只要有央行初始基础货币供给增加,在买外汇发人民币的作用下,央行只能被动地满足基础货币需求,致使基础货币供给自发地越来越多。

行政当局会迫使央行多发人民币。买外汇发人民币,实际上是赋予人行拥有买多少外汇和以怎样的比率买外汇的权力,这就一定会引来行政当局对央行的挤压。因为增加人民币供给可以带动出口增加和经济繁荣,缓解眼前的社会矛盾。尽管它会造成以后的通货膨胀,但在眼前的压力比较急切,且行政领导的任期都相对短暂,他们势必对央行施加压力,要求其增加人民币供给,因为未来的通胀后果无需现任领导承担。而在买国债,或再贴现商业票据发货币的方式中,央行只能买合格票据,法律又对合格票据有很多规定。这就决定了央行的货币发行权要受到合格票据的限制,也就是央行发多少、怎样发,甚至在什么时点上发都有严格的规定。行政当局一般不能要求央行在法律规定的范围之外买国债、再贴现商业票据发行货币,所以也就不会对央行施加压力。这就决定了买外汇发人民币的数量会远远超过买国债和再贴现商业票据的货币发行量。

第五节　汇率逆向波动的机制与利弊

在现代国际金融理论中,有这样三个为金融理论和实务界人士所耳熟能详的经典论断,即国际收支顺差国家的货币升值,国际收支逆差国的货币与通货膨胀国的货币都贬值。然而,在我国,这三个论断似乎都有颠倒。于是,按照经典论断推断人民币汇率的含义,则非常可能误导我国的金融实践与宏观调控,包括对通胀压力的低估。

一、汇率逆理而动的机制

这三个经典论断似乎都有颠倒的主要原因在于我国不具有央行买国债,或者其他与外汇无关的金融资产发货币的前提条件。要证明这个前提的重要性,则要从这三个论断的形成机制说起。

只有在不买外汇发货币的条件下,一国国际收支顺差,才会使该国外汇供给增加。外币对本币的需求增加,但本币数量不变,所以外币贬值,本币升值。假定A国初始国际收支平衡,如图4-6所示,纵坐标是用B元表示A元的价格,横坐标表示A元的数量,D_A是对A元的需求曲线,S_A为A元的供给曲线,两者的交点决定初始的均衡汇率为e_A。随着国际收支顺差,外币进入增加,兑换本币的需求增加,D_A上升到D_{A1}。本币的供给却会减少,因为央行不发新币,但公众预期到本币要升值,他们不肯抛出,S_A上升到S_{A1}。但是S_A保持不变,A币汇率由e_A上升到e_{A1},所以国际收支顺差导致该国货币汇率上升。

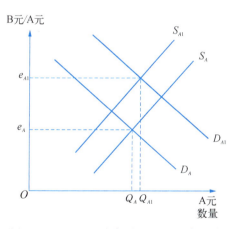

图4-6 A国国际收支顺差,A元汇率上升

反之,一国国际收支逆差,该国公众要用本币去换外汇,以支付逆差。市场上的本币供给增加,该本币是央行以前买国债,而不是新买外汇后发行的。所以市场外汇供给减少,外币升值,而本币贬值。如图4-7所示,假定A国初始国际收支均衡,A元汇率也在e_A上。一旦A国国际收支逆差,A国公众要用A元换外汇,以保证对外支付,此时央行保持货币供给不变,但市场上的A元供给将增加到S_{A1},而

市场预期 A 元将贬值,所以对 A 元需求减少到 D_{A1},A 元汇率下降到 e_{A1},相对的是 B 元汇率上升。国际收支逆差导致该国货币汇率下降。

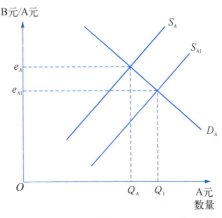

图 4-7　B 国国际收支逆差,B 元汇率下降

按照购买力平价理论,一国通胀导致该国货币贬值的机制为①:在央行货币供给不变的条件下,对一国货币的需求派生于对该国商品的需求,一国货币的供给派生于对外国商品的需求。如果一国发生通胀,就会使该国商品价格比外国为贵,国内外公众对该国商品需求减少,带动对该国货币需求的下降,同时本国公众对外国商品需求增加,导致该国货币供给增加。其图像表现为图 4-8 所示。初始均衡在 e_A 上,通胀发生导致 A 元需求减少到 D_{A1},A 元供给增加到 S_{A1},汇率由 e_A 下降到 e_{A1}。一般来说,通胀的国家经济趋于繁荣,进口大于出口,国际收支逆差,本币汇率下降,则国际收支趋于平衡,本币汇率下降,并趋于稳定。

---

① 中国的利率还没有市场化,并不完全具备利率变动带动汇率变动的基本条件,所以这里的解读是按照购买力平价理论,而不是利率平价,或者这两者的结合展开的。

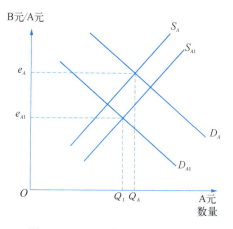

图 4-8　A 国通胀，A 元需求减少，
供给增加，汇率下降

在我国买外汇发货币的情况下，本币供给将与外币同方向同比例变化，而不是像在买国债的条件下，本币供给与外币无关，这就势必导致三个经典论断的变异，人民币汇率难免逆理而动。其重要原因是买国债的货币发行，央行一般不轻易参加外汇市场的交易，外汇和本币的供求主要发生在进出口商之间，也就是出口商将外汇卖给进口商，汇率波动实现他们之间的平衡。本币供求的变化只是发生在外汇市场上，而不是整个社会的。不像我们的外汇交易发生在央行与进出口商之间，人民币供求的变化是央行主导的，而不仅是外汇市场的。

我国发生国际收支顺差，人民币汇率却很难及时上升。因为外币对人民币需求增加，但同时央行实行结售汇制，外汇兑人民币需求的增加带动人民币供给增加，被人民币需求增加拉高的人民币汇率就会被打压回原点。如图 4-9 所示，进口顺差带动外币换人民币的需求增加到 D_{A1}，汇率应该上升到 e_{A1}，但是人民币供给也增加到

S_{A1},人民币汇率回到 e_A。尽管汇改以来,人民币实际汇率也在逐步提高,但是反应滞后,而且也是内外部压力推动的结果,而不是人民币供给不变情况下自发作用的结果,所以人民币汇率迟迟没有达到国际收支均衡所要求的高度。

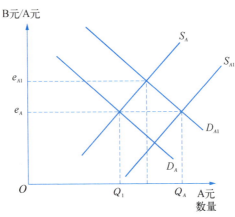

图 4-9　A 国国际收支顺差,A 国货币供给增加,A 元汇率回到原点

如我国发生国际收支顺差缩小,甚至发生逆差,人民币汇率难以及时下降。因为公众会用人民币向人行兑换外汇,人行向市场投放外汇。于是市场上的人民币供给减少,外汇供给增加,表现为商业银行储蓄存款减少和外汇储蓄增加,民间借贷资金短缺,甚至出现钱荒。民间借贷利率会上升,周边市场资金就会进来套利,人民币需求增加。人民币汇率有上升压力,人行投放人民币,人民币供给增加,人民币汇率上升压力缓解。公众预期到人民币汇率可能上升,他们进行资产人民币、负债外币的调整,也就是向商业银行借入外汇,买入外国商品,在国内市场上抛掉,持有人民币,等人民币升值,用其中一部分还清所借外汇。人民币汇率上升的压力更大。

如此逻辑关系可以如图 4-10 所示,公众用人民币换美元,就是市场上人民币供给减少,S_1 移动至 S_2。人民币汇率上升到 e_2,外资进入套利,人民币需求增加,D_1 移动至 D_2,人民币汇率上升到 e_3,人行收购外汇,增加人民币供给,S_1 回到 S_3。公众进行资产人民币和负债外汇的调整,获利后用人民币偿还外汇,人民币供给减少到 S_4,人民币的升值预期吸引外汇进入,增加人民币需求到 D_3,这就是中国国际收支顺差缩小,逆差初始阶段可能导致货币升值的逻辑。

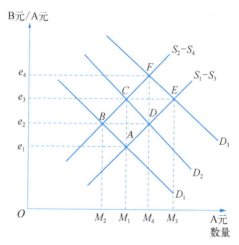

图 4-10　中国国际收支顺差缩小,或逆差初期人民币汇率上升

国际收支顺差缩小反而导致人民币汇率上升的逻辑关系可以为 2013 年年初的经济形势所证实。在此期间,国际收支顺差缩小,经济增长低于预期,1—3 月,金融机构外汇存款分别为 4 103.24 亿美元、4 178.89 亿美元和 4 415.65 亿美元①。公众美元存款的增加就是用人民币转换的,这可以从四大行 4 月首周存款流失高达 1.7 万亿中

---

① 中国人民银行,http://www.pbc.gov.cn/publish/diaochatongjisi/4035/index.html.

得到证明①。人民币供给的减少将导致人民币利率的上升,如图4-11所示,回购利率和shibor利率都有明显上升,4月初人民币兑美元汇价不仅在6.1616至6.1675的高位波动,甚至还不断创出新高。在人民币离岸市场,人民币兑美元已累积升值1.1%,但市场却对赌未来一年人民币汇率下调1.2%②。此外,1—3月储蓄增长17%左右,明显是有外汇资金进来,兑换成人民币后导致储蓄存款大幅度上升。尽管人民币汇率逆向波动的现象是许多力量综合作用的结果,但是其中一定有买外汇发人民币造成汇率异动的逻辑力量。

图4-11 利率走势

数据来源:中国外汇交易中心,http://www.chinamoney.com.cn/fe/Channel/2790.

我国发生通胀,人民币汇率也不是经典理论所认定的贬值,而是升值。这种情况已经为我国很长一段经济运行的实际所证实,所以如此的理论逻辑如图4-12所示。中国通胀之初,公众用人民币去人

---

① 汇金网,http://www.gold678.com/f/20130412/201304121258272741.html.
② "人民币汇价走向,还看热钱去留",《东方信邦》2013年4月28日。

行换汇,买外国便宜商品,人民币供给减少,S_1减少到S_2。老外不要中国高价商品,带动对人民币需求减少,D_1下降到D_2。进口的增加和出口的减少,会造成国际收支逆差和失业,为避免这种状况,财政会给出口企业补贴,于是出口继续顺差,对人民币需求就会增加到D_3,公众又会进行资产人民币、负债外汇的套利,人民币供给减少到S_3,人民币汇率回升至e_3。这就是人民币通胀与对外升值同时并存的机制,除非财政用完补贴,国际收支顺差消失,人民币的对内贬值才能传导到对外贬值上。

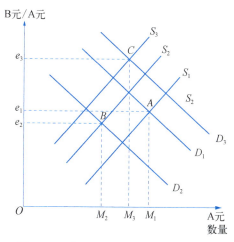

图 4-12 中国通胀,人民币升值的机制

二、汇率逆理而动的利弊

人民币汇率逆理而动肯定可以带来短期好处,但一定会有长期危害,而且逆理而动的持续时间越长,长期危害也就越大。所以管理层一定要充分认识这种格局,只有在不得已的情况下,才能将汇率的逆动作为解决紧急问题的权宜之计,但绝不能作为长期的常规操作。

在短期中,人民币汇率该升不升的好处是增加总需求和就业,该降不降也能刺激进口,更重要的是可以阻遏国际炒家对人民币的攻击,使得人民币汇率在他们计划下降或者计划上升的时点上不下降或者不上升,然后让国际炒家承担调集资金的成本,甚至遭受本金的损失。但是,在长期中,汇率变动最终要与理论判断一致,否则,在两者背离的过程中,势必集聚各类经济金融风险,最终在各类指标突然逆转时爆发,这就可能卷走我国辛辛苦苦几十年积累起来的财富。其过程与机制表现如下:

按照经典理论,国际收支顺差的货币要升值,国际收支顺差很快缩小,甚至趋于平衡。货币发行不会过多,通胀的压力不会太大。且汇率升值越及时,国际收支顺差消失得越快,国际炒家越没有兴风作浪的机会。而人民币汇率不能升值到位,则国际收支顺差长期存在,人民币发行越来越多,通胀将不可避免。为了减少通胀的损失,人行最终只能提高人民币汇率,然后才有国际收支顺差缩小。人行提高汇率越迟缓,货币发行越多,通胀压力越大。虽然在此期间,我国也能享受经济繁荣和充分就业的好处,但是,真正为公众所得的福利却比较有限,因为国际炒家非常可能卷走我们的财富。具体地说,当他们在美元兑人民币 1∶8.27 时进来,买进价格尚未高涨的房子,然后持有房子,到美元兑人民币 1∶6.27 时将房子卖掉,并将人民币换成美元。其中房价上涨不止 4—5 倍,而汇率上升则有 24%,此两者之和的收益远远超过我国企业可能的最大生产能力。而且,人民币升值越是滞后,投机者可以得到的好处就越大。

按照经典理论,国际收支逆差的货币要贬值,但人民币却不仅不贬值,甚至还在升值。这种情况也只能是短期的,因为财政补贴出口企业的能力是有限的,最终资源会告罄,通胀的顺差就难以持续。此外人行满足公众用人民币换外汇的需求,如前所述,人民币就有升值压力,外币会相应贬值。但是,人行的外汇储备毕竟是有限的,随着逆差的持续,人行外汇储备终究会减少,于是人行只能中止人民币兑美元,此时人民币的贬值难以阻遏。人民币由升到贬的骤变也会引发国际炒家的冲击,2013年4月四大行首周存款大量流失就是公众用人民币兑换美元的信号。如果国际炒家参与其间借入人民币换入美元,等到人民币贬值了,他们只要用很少一点美元就能偿还人民币的全部债务,结果必然是我国公众承受巨大的损失。更不用说,在国际收支逆差、人民币升值的过程中,人民币供给减少,利率上升,所有资产价格都可能趋于下降,持有升值的美元不仅可以换成更多人民币,而且还可以在各类资产上再赚上一大笔。但如果是买国债发货币,国际收支逆差,人民币马上贬值,国际炒家无机可乘,我国经济的损失就有限了。

按照经典理论,通胀的货币要贬值,而通胀的人民币却在升值,这样的升值也不可持续,最终还要回到经典理论的轨道中去,而正是这个偏离又突然地回归的过程,同样会给我国经济造成巨大的损失。因为在人民币对内贬值、对外升值的情况下,出口企业的生产成本都上升,但出口换成美元可兑换的人民币减少,企业势必承受亏损。为了保障经济繁荣和就业增加,财政只能向出口企业提供补贴,但财政终究要中止补贴。此时企业出口下降,国际收支顺差缩小。同时,因为通胀作用,本币汇率不下降,就会使外汇价格比较其他商品相对便宜,这就刺激公众购买外汇,直至外币汇率上升比例与通胀率持平。如果听任通胀货币对外贬值,财政就无需通过补贴出口企业,而让外国人实际受惠。此外,在人民币汇率突然由高变低之际,国际炒家非常可能重演前述借人民币买美元,等人民币贬值后,再转换成人民币的故技,从而在汇率变动和资产价格下降上赚上很大一笔。

尽管人行可以采取主动性操作,扰乱市场的预期,提前或推迟汇率骤变的时间,抵御国际炒家的打压,让国际炒家偷鸡不成蚀把米,但是,随着国际金融市场的成熟,国际炒家调动资金实力的增强,人行的应对难度和成本都将越来越大。所以,与其等到问题发生后再提出解决对策,不如构建金融稳定框架,变人民币发行方式由买外汇为买国债,我国经济变量的含义和运行都与经典理论一致了,这才能从根本上杜绝外国炒家掠夺中国财富的机会。

更重要的是,套利不仅有国际炒家,更有我国自己的国有企业。在人民币升值而外币贬值的情况下,实现资产人民币和负债美元化是企业的最佳套利之一,其中一个重要的操作是进口企业向银行开出信用证,并以此为抵押要求美元贷款,然后买进铁矿石和铜矿石,卖给生产企业,收回人民币货款。这就实现了资产为升值货币,负债为贬值货币,进口企业套取两者之间的差价。社会为之承担重负,如铜和钢的生产企业成本上升,钢和铜的价格下跌,利润空间受挤压,价格信号更加紊乱。人行持有外汇,而外汇贬值造成人行资产负债结构的恶化。2013—2014年2月的经济形势可以证明这个论断。

我国历来否定会对经济造成负面影响的套利活动,所以有要求企业家血管里流着道德血液这一说。然而,套利不仅是企业的天职,而且是企业的权利,不善于套利的企业甚至不配是个企业。所以,政府的管理不能剥夺和侵犯企业的套利权利,而是创造一个良好的构架,使得企业的套利结果能够促进和实现社会的利益。如果把人民币发行方式转移到买国债上去,企业的套利可以促使均衡的实现,人民币汇率就不会异动,企业不会进行资产硬币化和负债软币化的套利,扭曲价格机制,造成严重的社会损失。

三、汇率逆动的通胀机制

人民币汇率的逆动促使我国积累了大量可支配外汇[①],这些外汇有增强我国经济实力、应对外来冲击的一面。但同时这些外汇也是引发通胀的原因,并且随着时间的推移和外汇规模的增长,这后者的影响甚至会越来越超过前者。

大量的可支配外汇会导致人民币与商品数量关系的恶化。适度的外汇确实如我国传统理论所言,有助于买入外国商品,投放国内市场,平抑国内物价。但若外汇储备过多,特别是停留在货币形态上,那就意味着国内市场商品供给不仅没有增加,甚至还在减少。因为增加的外汇是国内商品出口换来的,对外汇发行人民币则使人民币供给增加,两者比例恶化势必加剧通胀。难怪郎咸平要说,出口得来外汇比出口不要外汇对中国经济的危害更大[②]。3.5万亿美元的外汇储备要多发25万亿的基础货币,相对于50万亿多的GDP,如此规模人民币所能形成的通胀的压力是可以想见的。

大量外汇的购买力将随着它的使用而下降。3.5万亿美元确实是个庞大的量,但一经使用就会大幅缩水。因为用掉2万亿,所有商品价格都可能涨起来,剩下的外汇就很难买到原来值1.5万亿美元的商品。而让国际市场价格抬高后的商品进入国内市场,则不仅无法抑制国内价格,甚至要成为加剧国内通胀的重要原因,因为进口商品成本都上升了。更何况,这3.5万亿储备是用等值的商品出口换

[①] 中国央行持有的外汇是用新发货币买下来的,不同于发达国家用税收或基金买下来,它不是政府的资产,而是政府的负债,不是严格意义上的外汇储备,所以本书称其为政府可支配外汇。
[②] 郎咸平:"中国低工资高物价的惊人秘密",2011年3月8日。来源:凤凰网财经。

来的，如果不讨论贸易条件的变化，则势必是我国出口的商品多，而进口的商品少，如此循环则会导致国内商品减少，而人民币发行却越来越多，货币流通形势趋于恶化。

大量外汇可能推高国际市场的价格。有限的外汇对国际商品的需求不足以推高国际市场的价格，但是，大量外汇的购买情况就会有根本不同。中国的购买不仅拯救了国际奢侈品市场，而且推高大宗商品和原材料，甚至是外国房地产的价格。也就是说，大量外汇不仅买什么就可能使什么涨，而且会引发国际炒家的炒作，他们只要散发中国将要买什么的流言，就能炒高相关国际商品的价格，并把责任转嫁给中国。届时，中国政府将百口莫辩，不是我们的责任也会被认为是我们的责任。而且，发达国家为了本国的就业和经济繁荣，也会多发货币，让他们的货币贬值，这就会导致世界性货币发行过多。可见，拥有大量外汇，不仅不能遏制通胀，而且会引发和加剧通胀，并使之向世界范围蔓延。

大量外汇产生于人民币发行方式的不合理。曾经有这样得到普遍认可的说法：新兴经济国家对原材料大宗商品需求的增加是世界性通胀的重要原因。这种说法乍一听好像很合理，但稍微一推敲则完全不能成立。因为需求是购买能力和购买欲望的统一，没有货币支持的需求只能算欲望，而不是需求。能够推高国际市场价格的关键不在于新兴经济国家的欲望，而在于他们拥有大量的外汇。如果新兴经济国家的货币发行与外汇收入无关，那么他们的国际收支顺差就会引发他们货币的升值，国际收支顺差就消失，这些国家就不可能积累起大量的足以推高国际商品价格的外汇量。可见，与其说是新兴经济国家对大宗商品原材料需求的增加推高国际商品的价格，不如说是新兴经济国家货币发行制度出了问题，即买外汇发货币，使得他们可以积累足以加剧世界性通胀的外汇量。

有种流传甚广的"阴谋论",即美国趁我们拥有大量的外汇储备,不断逼人民币升值,然后赖掉他们的部分债务。以目前我国3.5万亿的外汇储备计算,美元每贬值1%,我国资产损失就要有3百多亿美元,这是我国承受的巨大损失,也是美国的额外所得。这样的分析也很有道理,但更能证明人民币的发行制度有问题,因为苍蝇不叮无缝的鸡蛋。如果不是买外汇发人民币,国际收支顺差就只能是短期的,我们的外汇储备就不会积累到今天这个规模,美国人再搞阴谋,也会像狗咬刺猬那样无处下口。更何况美国未必会这么做,他们发行的14万亿美元的相当部分在境外,他们不会为300亿的好处而承受作为国际货币信誉的损失。

规范人民币发行比放开汇率管制更加重要。有一种意见认为,只要实现人民币自由浮动,人民币汇率就能升值到位,国际收支顺差就会消失,人民币就不会继续发行过多,与人民币汇率异动有关的问题就能得到解决。然而,实现人民币自由浮动的前提是切断人民币与外汇的直接联系。否则,人民币供给不规范,作为人民币的外汇价格——汇率也不会规范,无论怎样自由浮动也无法实现国际收支平衡。所谓规范的货币发行就是与外汇数量没有直接关系。然后才有国际收支顺差,外汇增加,但本币数量不变,本币升值,出口减少,国际收支趋于平衡。如果继续买外汇发人民币,则人民币供给随外汇的增加而增加,二者比例关系不变,或者变动有限,人民币就不能升值,或者升值不到位,国际收支顺差还是不能消失,有关弊端仍然会存在。可见,只有先规范人民币供给,才能允许其自由浮动,这与理顺商品供给后才能放开价格管制是一样的道理。

第六节　产权模糊的表现与加剧

在大一统的计划经济体制中,所有生产资料都归国家所有,贯彻货币发行的物资保证原则自然无可厚非,但是,随着经济改革的深化,我国社会加入越来越多的现代经济的基本元素,如产权明晰、债务人要以自己资产作为负债的担保等。根据物资保证发行货币将面对越来越严峻的挑战,因为它既是产权不明晰的表现,又将加剧我国的产权不明晰。

货币流通为商品流通服务并不认可私有产权。无论是陈云同志还是朱镕基同志的讲话都是强调政府掌握商品物贸,对应发行货币,可以保持货币流通的稳定。在这样表述的框架中,所有的商品和货币都属于国家,为满足国家的商品流通的需要,相应发行人民币,似乎也很说得过去。然而,这是一套与现代金融系统截然不同的话语系统,其中并不包含以国家的商品为担保资产,发行负债货币,以实现资产负债的平衡,尽管表面此二者也很相似。因为在计划经济的话语系统中,没有明晰产权制度,也就没有资产负债概念,更不会有两者的平衡。所以政府可以将所有的商品当作自己的,并为了保障商品的顺利流通而发行货币。一旦经济运行进入产权明晰和保护私有产权的阶段,资产负债平衡就成为最基本的运行规则,所有经济主体都必须以自己的,而不是别人的资产作为自己负债的担保。而人民币发行却仍然停留在原来的轨道中,仍然是货币流通为商品流通服务,这就事实上用公众的资产作为政府负债——人民币发行的担保。于是人民币发行成了资产负债平衡系统中的异数,在它的扰动下,正在走向资产负债平衡的系统非常可能不断地背离这个平衡。因为货币发行可以不受资产负债平衡的束缚,则企业很难保证自己资产的完整,就很难实现资产负债的真正平衡。

买外汇发人民币颠倒债权债务关系。在买国债或贴现商业票据发货币的体制中,央行账户的资产方是国债或商业票据,负债方则是货币发行。国债和商业票据都是商业银行的有价证券,商业银行据此为抵押,要求央行提供贷款,发行货币。这样的货币发行决定了央行依据自己的资本向商业银行提供短期资金融通,到期借款人必须偿还。此过程是商业银行欠央行的钱,而不是反过来。而在买外汇发人民币的体制中,人行的资产(外汇)与负债(人民币)一起增加。因为人民币是国家的债务凭证,公众持有人民币就是持有对外汇的最终要求权,尽管人行有权不还,但是在债权债务上人民币发行实际上是央行欠了公众的外汇。所以从表面上看,发达国家央行与我国央行一样,发行货币的担保都是有价证券,但是,他们的债权债务关系正好与我们相反[1]。

买外汇发人民币将公众的资产当作国家的资产。计划经济中虽然没有国家与公众各自资产负债及其平衡的概念,但是,它的实际操

---

[1] 2011年8月中国人民银行外管局认为外汇储备不是人民的血汗钱,因为公众把外汇卖给人民银行,持有人民币,所以外汇是人民银行的资产,结果引来网上一片喧骂。外管局发言人没有理解,写借条借来的钱并不真正属于自己。人民币就是借条,外汇只是暂时为人民银行所用,而不是所有,最终仍要偿还。外国央行的外汇是用自己的资产,而不是公众的换取的,所以为外国央行所有,不欠公众。外管局用外国逻辑解释中国的情况显然说不过去,因为外国央行的货币发行是使公众欠央行,而我国的货币发行则使央行欠公众。

2011年10月17日《人民日报》有文章称:外汇储备不全是百姓"血汗钱",不适合分给民众。文章开头第一句话说:"外汇储备是央行的钱,也代表国民财富……"这就是产权模糊,央行不是生产单位,哪里来的钱? 它只能用人民币换外汇,而人民币是国家的债务凭证,是央行打的欠条。谁可以说它用借条换来的钱是它自己的呢? 所以公众对外汇有最终要求权,央行的外汇储备还是公众的资产,是公众持有人民币的担保。

作却基本符合这样的要求,因为当时所有的资产都是国家的。遵循物资保证原则,就是用国家的资产作为人民币发行的担保,不管这个资产是棉花、大米、煤,还是其他物质产品或外汇。公众持有人民币就有权向国家要求资产,国家提供各类商品,实际上就是承担了对负债的偿还责任。但是,随着改革的深化,外汇资产越来越不为国家所有,甚至主要为外资、民企和其他非国营企业出口创汇所得。特别是2005年以后,国际收支顺差越来越大,买外汇成了人民币发行的主要方式。这实际上是用公众的资产作为国家的负债——人民币发行的担保,也就是用公众的资产偿还政府的债务。所以,人行继续按照结售汇制发行人民币,就是在理论和实践上没有充分意识到外汇已经不再是国家的,而是公众的资产,这就使得政府有可能占有公众的资产。在货币发行的环节上留下这样的缺口,它就会成为错误的参照,不仅使得政府占有公众资产的操作合法化,而且还会让政府在其他环节和领域中占有公众资产。从高速公路收费,到商品不合理加价,还有各种名目的征税和摊派等,都是产权模糊的表现。

买外汇发人民币是人行与公众的不等价交换。因为外汇是企业产品出口换来的,它包含着各类生产成本,而人民币却只含印刷成本,买外汇发人民币因此是严重的不等价交换,也就是人行用成本很低的人民币换取成本很高的外汇。假定公众用价值100元人民币的外汇兑换100元人民币,这100元人民币的外汇含各类生产成本和新创造的价值,但是百元人民币的印刷成本却只是几毛钱,完成与外汇的交易后,企业获得100元的价值认可,人行得到99元多的额外收益,企业好像也不亏。因为他付出的是值100元人民币的外汇,得到的是100元人民币。但是,这人民币的价值是"货币幻觉",公众按照存量人民币的价值推断增量人民币价值,一旦只有印刷成本的增量人民币进入流通,存量人民币的价值也会降下来,也就是长期人民币的名义价值一定会向其内在价值回归,高估的人民币一定会贬值、通胀。于是,公众持有的人民币购买力越来越低于 100 元,不等价交换的结果将在长期中越来越明显地表现出来。所以人行可以进行如此不等价交换,关键在于人行并没有将外汇当作公众的资产,尽管实际经济改革已经走到了外汇是公众资产这一步。

买外汇发人民币会降低人行的公信度。人行外管局发言人否认外储是老百姓的血汗钱,并强调它是"企业和个人按照等价和自愿原则将外汇卖给人行"后形成的,"人行通过投放基础货币在外汇市场购汇形成的。外汇储备直接体现在中央银行资产负债表的资产方,与相应的央行负债对应"[1],结果引来网上一片愤怒的声讨声。且不论在目前个人可以年购入 5 万美元外汇的条件下,"等价和自愿原则"仍然说不过去,否则,就不需要强制的结售汇制[2];更重要的是,人民币是国家的债务凭证,它的担保是外汇储备。公众持有人民币,就是持有对政府的债权,也就是对政府的外汇储备有要求权,所以外汇储备在本质上不是国家的,而是公众的。外管局说外汇储备不是老百姓的血汗钱当然要引起公愤了。在发达国家,外汇储备是央行用流通中的资金,如外汇平准基金,而不是新发行的货币购买的,这个外汇储备就变成政府的或政府可以支配的资产。人行按照发达国家外汇性质的逻

---

[1] 2011 年 7 月 26 日,外管局网站发布《外汇储备热点问答(二)》,回答社会公众关注的外汇储备相关问题。外管局在问答中否认了"外储是老百姓血汗钱"的说法,称外储形成过程中,企业和个人是将外汇卖给国家并获得等值人民币,交易出于等价和自愿原则。
[2] 现在的强制结售汇制据说已经走向了意愿结售汇制,也就是说,企业有权决定不把外汇卖给银行,所以现在企业将外汇卖给银行都属于符合他们利益的自愿决定。在别无选择条件下的自愿仍然是强制。因为我国仍然存在大量的国际收支顺差,进口企业所需外汇远远少于进口企业能够提供的,这就决定了出口企业无法在市场全部卖掉它的外汇收益,多出的部分,不管愿意不愿意都只能卖给银行。可见,只有实现了国际收支平衡才有真正的意愿结售汇制可言。

辑，却没有意识到我国用新发货币买的外汇是人行的负债，而不是资产，难怪会说不得体的话，引发不必要的麻烦。人行对外汇产权认识的模糊，不仅引发公众的不满，还会损害人行的公信度。

买外汇发人民币进一步稀释公众的财富。随着买外汇的人民币发行增加，国内通胀势必相应加剧，同时，国际收支顺差的持续，决定人民币升值也不可避免，尽管不会很快到位。于是出口企业的生产成本随国内生产要素的价格上升而提高；但出口企业创汇换得的人民币，却随着人民币的升值而越来越减少，出口企业因此陷入非常不利的收缩性再生产循环之中。因为出口企业用越来越贵的价格购买等量生产要素，得到外汇换取的人民币则相应越来越少，再买进的生产要素更少，如此格局还会造成公众财富第二轮、第三轮，乃至更多轮的流失。公众资产越来越不完整，产权关系越来越模糊，财富越来越被稀释，政府所能聚集的财富却越来越多。当然，为了继续保持顺差，政府不能不补贴出口企业，这种补贴的结果最后成为外国人压价的理由，于是政府聚集的财富最终可能被外国人廉价获得。

用公众的资产作为政府负债担保的权力非常可能被滥用。尽管有理由认为，在国家黄金有限、国债发行不足和商业票据很少、金融市场不成熟的情况下，买外汇发人民币不失为一种可行选择，但这是操作上有弊端、理论上有局限的选择。所以需要界定：人行在什么条件下？为什么目的？在多长的时期内？可以将这种权力用到什么限度？否则，就会给社会一个错误的信号，即但凡有权的部门就可以以公权的名义，用公众的资产作为自己负债的担保。这不仅会诱使别的机构追求这样的权力，更会模糊人家与自己以及资产与负债的边界。于是有欠债不还，白条绿条乱飞，公私产权被侵占，国有资产流失，甚至还有"强拆""血拆"等。所有这些都是产权模糊的表现，在这些背后都可以看见政府用公众资产作为自己负债担保的影子。所以要保障经济金融运行的规范有序,就必须从国家的核心部门,从货币的发行环节明晰产权制度,才能昭示天下,从根本上促使社会运行机制的转轨。

外汇产权认识模糊具有制度的普遍性。在人民币持续升值和发行过多的背景下,人行高管提出要"藏汇于民"[①]。比较计划经济中将所有的外汇都集中于国家,这样的提法无疑是一大进步,而且还可以缓解人民币发行过多的压力。然而,正是这个"藏"字表明人行认为这外汇不是"民"的,而是国家的,它只是暂时"藏"在"民"这里而已。如果外汇是"民"的,那就不是个"藏",而是个"归"或"还"的问题。"藏汇于民"是从"藏富于民"演变过来的,而"藏富于民"的话语背景是"普天之下,莫非王土",所以"藏"的对象所有权属于国家。如此产生的新问题是在人民币贬值的情况下,不让"藏汇于民",而在人民币升值的情况下,却要公众持有贬值的美元,也就是无论人民币的汇率升降,政府永远持有升值的财富,这无疑是对公众财产权的冒犯。"藏汇于民"不仅不应该,而且做不到,因为公众不会傻到去持有贬值的外汇。所以要明晰外汇的产权,就要从明晰所有财富的产权做起,不能"藏汇于民",而应"还汇于民"。因为"藏富于民"是明君思想,"还富于民"才是公民意识。

第七节 阻碍人民币流通的规范有序

改革开放以来,我国已经建立起中央银行为核心、商业银行为

---

① http://baike.baidu.com/view/6182144.htm.

主体的货币银行制度,但是,因为我们的货币发行方式还停留在原来的计划体制中,所以人民币的含义与经典理论有着根本的不同,以致它始终停留在流通中,形成扩张式自我循环,而不会完全退出和消失。

一、人民币发行的大量铸币税

且不论人民币的定义原本就与发达国家的货币大相径庭①,就买国债与买外汇的方式而言,也一定会使人民币运行在截然不同的轨道上。发达国家的货币是以国家信用为担保的财政负债,而人民币则是人行无需偿还的收入。由此带动发达国家铸币税有限,而我国的铸币税则相当的惊人。

所谓铸币税是指铸币的流通面值扣除其铸造材料的差异,因为它是政府的额外收益,所以被称为铸币税。贵金属掺杂的贱金属的成分越高,则铸币的内在价值越低于它的面值,铸币发行者——财政——所得的收益就越多。按照这样的逻辑,纸币的铸币税就等于纸币的面值扣除它的印刷成本,其间铸币税就相当可观了,因为百元纸币的印刷成本不过区区几分钱②。所以有论文甚至认为基础货币

---

① 在我国传统的货币定义中,货币是固定充当一般等价物的特殊商品,人民币代表黄金或者商品进入流通。尽管这样的定义完全得不到现实生活的支持,但是,不仅国内所有学金融的人都在这么说,而且它还在影响我们的思考和判断。在凯恩斯的理论中,货币是国家信用,在弗里德曼的理论中,货币则是购买力的暂栖所。尽管我们对之已经不陌生了,但是,它们也就是停留在说说而已的阶段,并没有成为我们思考、判断和决策的基本依据。

② 这是美元作为主要国际货币的结果。二战结束后确立了以美元为中心的布雷顿森林体系,美国利用美元"嚣张的特权"向世界各国征收"铸币税",美国印制一张百元美钞的成本不过区区几美分,但其他国家为获得这张美钞必须提供价值相当于一百美元的实实在在的商品和服务。(国务院新闻办公室:《关于中美经贸摩擦的事实与中方立场》白皮书,2018年9月24日)

发行都是铸币税,因为纸币以面值流通表明财政凭空得到了额外的收益①。如果仅从货币发行的操作层面上看,这样的论断好像还说得过去,但若将其放入货币发行与循环中,则不难发现其中明显的逻辑破绽。

铸币税的定义中包含两个要点:一是铸币发行以其名义价值流通。如果铸币发行掺杂其他贱金属仍然可以流通,则其内在价值低于它的价值,铸币流通可以得到额外的收益。二是铸币为国家发行,铸币税的所得为财政所有。根据这两个要点,买国债发货币基本没有铸币税,而买外汇发货币,却有着并不符合铸币税严格定义的大量铸币税。

按照前文的分析,央行买国债发纸币,这纸币发行是有税收担保的,也就是今日央行买进国债发行纸币,明日财政要用税收偿还纸币。这就表明纸币并非像黄金一样独立发挥货币的作用,而是代表着未来的税收与公众进行交换。既然纸币代表未来的税收,它就只是政府担保将来偿还债务的凭证,所以它不是以有限的印刷成本支持票面价值流通,而是以未来足值的税收作为交换的基础。尽管未来的税收并非黄金,但它与黄金一样都是社会的真实财富,因为它是销售收入扣除成本、利润后的余额。所以纸币只是政府提前使用的未来等值的税收的凭证,而不是以印刷成本发行、按照面值流通的货币。政府只是提前使用未来税收,而不是得到低价发行、高价流通的额外收益。

按照加拿大央行网站的观点②,金属货币的铸币税＝金属货币

---

① 张红地:"'铸币税'、央行资产负债与赤字融资",《西安金融》2002 年第 10 期。
② Bank of Canda: Seigniorage March 2013.

的面值－铸造成本,贱金属掺入的越多,铸币成本越低,铸币税就越多。纸币的铸币税＝偿还成本－印刷流通成本。纸币是信用货币,信用货币的基本特征是偿还,所以纸币的铸币税必须是扣除偿还成本后的余额。加拿大的纸币以买国债的方式发行,而国债贴现发行,也就是财政到期偿还100元,现在央行以90元买下,其中10元差额既是央行贴现财政票据的收益,也是它发行纸币的铸币税。可见,纸币的铸币税非常有限,远远低于人民币的实际操作和我们的想象[①]。

当然,提前使用税收对政府也有其他好处,但是,政府要在国债到期时支付利息,此利息与政府提前使用税收的好处大抵相当,所以政府并不能从纸币发行的过程中得到很多额外的好处,尽管买国债发货币,纸币发行并不能使政府得到铸币税,尽管纸币的印刷成本远远低于它的流通面值。但如果政府发行的国债超过它的偿还能力,央行多发的货币无法通过税收偿还而及时退出流通,这就会成为财政无需偿还的额外收益。而只要纸币发行总量超过政府税收总量,则相当于单个货币成本低于面值的加总,由此政府得到的额外收益才是纸币流通条件下真正的铸币税。可见,并非只要发纸币就有铸币税,而是要有政府有搞通胀的故意,纸币发行超过其税收偿还能力,政府才能获得铸币税。

需要指出的是,确实有相当一部分纸币停留在流通中,而不要求偿还,而成为政府的收益,但这不是铸币税,而是纸币的信用升水。

[①] Maurice Obstfeld, Notes on Seigniorage and Budget Constraints, Economics 202A, Fall 2012.加拿大纸币的铸币税是其购买国债的收益扣除印刷和流通的成本。譬如20加币买政府国债可得2.25%的收益,年收益就是0.5元。印制20元纸币的年成本,投入流通和替换成本共4.5分,则铸币税为50分－4.5分＝45.5分,占票面额的比例为2.275%。而按照我们对铸币税的理解,20加币的生产、流通和替换成本4.5分,则铸币税应为20－0.045＝19.955,铸币税的收益率则高达99.775%。

因为铸币税用不足值的铸币换取公众足值的财富,这在本质上是政府对公众的掠夺。但如果是公众对这个纸币的偿还有足够的信心,他们不要求偿还,这就不是对公众的掠夺,而是公众的自愿选择,央行获得公众信心后的价值上升。对于沉淀的纸币属于信用升水,而不是铸币税的论断适用于所有买国债的纸币发行。

在买外汇发人民币的情况下,中国特色的铸币税就会大大地增加。因为买外汇发人民币,财政并不对人民币承担偿还的责任,央行只有国际收支逆差才会用外汇偿还已发行的人民币,但这种情况要在十数年甚至数十年后才可能发生,所以人民币发行实际上是长期不还。在此不还期间内,人民币不是其他资产的代表,而是低价发行、高价流通的货币,其中的差额为人行所得。尽管从表面上看,这不符合铸币税为财政所得的条件,但实际上,人行法规定人行的收益都要缴纳财政。此外,原来的货币发行是财政应该偿还的债务,现在转变为人行承担,财政的负担因此减轻,它可以使用的资金增加,铸币税最终实际上还是归财政所有。

可见,"纸币的印刷成本可以忽略不计,所以基础货币的发行都是政府的铸币税"①。这样的论断只有在买外汇发货币的条件下才能成立,而在买国债发货币的条件下,却完全不是如此。所以买外汇发货币形成的铸币税要比用贱金属替代贵金属所可能获得的铸币税多得多,也远远超过在正常情况下买国债发货币。

二、人民币进入扩张式循环

按照经典理论,中央银行买进国债发行基础货币,商业银行获

---

① 吕旺实:"国债、国币发行与汇率关系研究",《财政研究》2007年第3期。

得基础货币后发放贷款,派生存款,因为商业银行要缴纳准备金后将余款贷出,这就决定基础货币在不同银行之间逐步减少,派生存款规模趋于收敛,从而形成稳定的货币乘数。而我国的派生存款可以转换成外汇,外汇又变成基础货币,这就造成人民币流通的扩张式循环。

发达国家的基础货币在不同银行间转移,不管是产生于与国内还是与国外的交易,基础货币增加的银行存款倍数扩张,基础货币减少的银行存款倍数收缩。没有中央银行主动买进国债,流通中的基础货币量不变,基础货币乘上货币乘数的货币供给总量也不变。因为基础货币与派生存款泾渭分明,各行其道,它们就不会在货币流通的过程中变得扑朔迷离,失去自己的基本特征,并且相互支撑对方的滚动扩张。然而,在买外汇发人民币的条件下,尽管我们已经建立起与发达国家相似的货币银行制度,但经典的货币流通关系还是被颠覆扭曲了。

在买外汇发人民币的条件下,企业出口创汇,获得人民币,存入商业银行,商业银行据以发放贷款,这就造成存款倍数扩张。出口企业获得的贷款中有很大部分是派生存款转化的,它还要进一步转化为企业买入的生产要素和产成品,最后出口,转换为外汇。出口企业将外汇卖给人行,人行据以发行人民币。商业银行拿到基础货币后,发放贷款,派生存款。企业得到贷款后,又重复前述过程,贷款中的派生存款继续转化成基础货币,并成为进一步派生存款的基础。这个过程如图4-13所示,只要央行一次性向流通中注入货币,整个货币供给就可以进入扩张式自我循环之中。因为,基础货币无法随贷款的发放而在不同银行之间逐级减少,货币乘数不仅无法收敛于某个数值,甚至可能趋于不断地放大之中。

第四章 买外汇发人民币的利弊分析

图 4-13 买外汇发货币的扩张式循环

在发达国家买国债发货币的条件下,外汇进来要在国内市场抛出,因为买入的主要不是央行,而是其他企业或商业银行,所以它们动用的都是流通中的货币,而不是新发行的货币(即便央行买入也不能用新发行的货币)。于是,买入外汇的企业或银行基础货币减少,存款倍数收缩。卖出外汇的企业和银行的基础货币增加,存款倍数扩张。如此增加与减少相互抵消,扩张与收缩实现平衡,基础货币和货币供给总量都保持不变。如此货币供给的封闭式循环如图 4-14 所示。在买国债发货币的情况下,国债是货币发行的担保,国债的背后则是财政税收,所以从根本上讲,货币发行以财政税收为担保。这就决定货币供给增加是暂时的,一旦公众纳税,财政用以偿还国债,增加的货币供给就会退出流通而消失。

三、人民币难以退出并消失

在发达国家的操作中,货币的退出流通就是货币的消失。而在

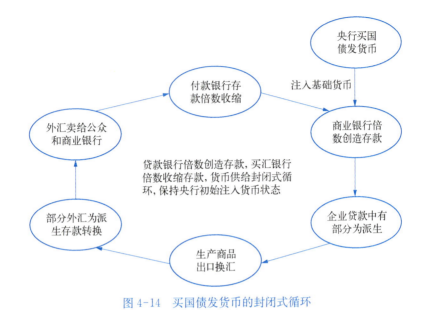

图 4-14 买国债发货币的封闭式循环

我国,人民币可以退出流通,但是却不消失。为了避免把人民币退出流通误解为彻底消失,需要将货币退出与消失分开来讨论。从框架上比较货币退出的机制,从账户上分析货币消失与不消失的表现。

(一) 货币退出的基本框架

按照发达国家的规定,央行一般只能买进 3—6 个月的国债或商业票据,这就决定了他们的货币发行基本都是短期融通,到期会退出流通。而人民币一旦进入流通,则很难退出,除非国际收支逆差,而这个时间非常之长。从 1990—2013 年的二十多年中,除 1993 年以外,我国国际收支全部顺差,这就表明人民币投放二十多年没有退出,更不用说消失了。中外货币发行退出机制的表述如下:

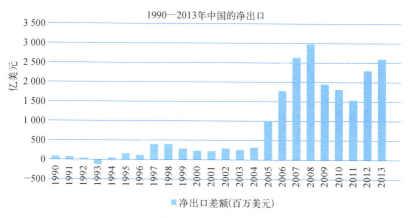

数据来源：国家统计局。

美国的货币发行与回流如图 4-15 所示。

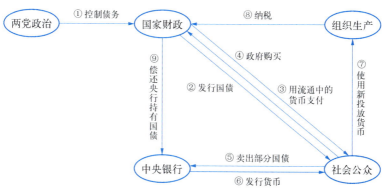

图 4-15　美元的发行与退出机制

①两党政治控制债务总规模,②③④财政发行国债,公众用流通中的货币购买国债,政府债务筹集的资金购买公众的商品,货币供给不变。⑤⑥⑦⑧⑨公众卖出部分国债,央行发行货币,公众使用新发货币组织生产,然后纳税。财政将此税款,也就是新投放的货币偿还央行持有国债,美联储新发货币与国债一起消失了。

英国的货币发行与回流如图 4-16 所示。①②③④为购货企业提供短期银行承兑商业票据,生产企业据以要求贴现,商业银行发放贷款。⑤⑥商业银行依据票据要求央行再贴现,央行发放货币。⑦票据到期,出票企业偿还票据款,至此央行投放的货币退出流通。可见,英美国家的货币发行实际上都只是短期融通,只不过美联储给政府提供融资,而英格兰银行则主要向商业银行提供信用。

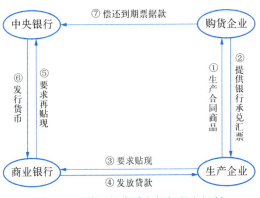

图 4-16　英国的货币发行与退出机制

中国的货币发行无回流机制,如图 4-17 所示。①②③④为企业出口获得美元,卖给商业银行。⑤⑥为商业银行结售汇,央行发行货

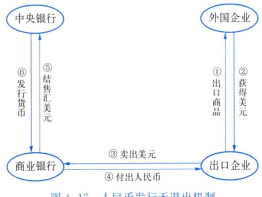

图 4-17　人民币发行无退出机制

币。此货币进入流通后,短期不会退出,除非出现国际收支逆差,企业用流通中货币去购买外汇。然而,我国二十多年国际收支顺差,甚至未来很长时期内也不易出现逆差,因为这会造成严重的失业和巨大的社会震荡,所以我们的货币供给很难在短期中退出。

从货币循环的意义上,我国目前的货币发行退出机制甚至还不如计划经济的年代,因为那时确定了信贷规模后发放贷款,要遵循"货进来钱出去,钱进来货出去"[1]的原则,如商业企业根据物资保证原则,按照要买入的生产企业产品,要求银行发放贷款,货币进入流通,这就是"货进来钱出去"。商业企业买进生产企业的产品,再将其卖出,收回资金后,把钱还给银行,货币退出流通,"钱进来货出去"。尽管计划经济的货币发行和银行制度不能简单地与现代货币银行制度比较,但无论如何,计划银行中所投放货币基本都能及时退出流通。

即便加入财政的运作,买外汇的人民币发行,也不能使人民币及时地退出并消失。因为公众拿人民币组织生产,纳税给国家财政。财政并没有欠人行的钱,所以不会用税款偿还央行的债券,而是用于其他财政支出与投资,于是进入财政的税款再度进入流通。在这个过程中,已经发行的货币并没有流回人行的理由和渠道,而只能停留在流通中。目前人行用发行央票来收回过多的人民币,但央票与人民币一样,都是人行的负债,且到期也要还本付息。人行没有其他资金来源,所以只能发新币还旧债,央票发行只是让人民币暂时退出流通,而不是永远消失。央票发行越多,退出流通的人民币作为债务累积在人行账上也越多。终究要重新回到流通中,如果有一天倾泻而出,则非常可能引发严重的金融危机。

---

[1] 财务管理,2004 年 10 月 10 日,来源:http://www.sjz.gov.cn/col/1275395500893/2004/10/10/1275396630190.html.

(二) 货币消失的账户表现

所谓货币消失是指它退出流通,而且在央行账户上也不复存在,发达国家和地区的货币大多有这样的消失机制。人民币发行在国际收支逆差之前,只能退出流通,却不会消失,而是累积在央行账上,越来越多,消失的成本相应越来越大。

1. 发达国家货币消失的账户表现

在发达国家的操作中,不管是买金证券、外汇、国债,还是再贴现商业票据,都是买进票据时货币供给增加,卖出偿还票据时货币供给减少。因为买卖的标的都是短期票据①,所以买卖间隔时间短,到期时间分散交错,偿还数量有限,这就不易造成经济的大起大落。而在我国买外汇发人民币的方式中,买进外汇货币供给增加,卖出外汇货币供给减少。因为外汇交易并没有确定的偿还时间,所以人行并不承担卖出所有外汇的责任,即便非卖出不可,时间也会拖得很长,我国持续二十多年国际收支顺差就是个证明。

在此期间,人行持续买外汇发人民币,结果资产与负债持续增加,通胀压力会越来越大,经济早晚要走到无法承受的地步。一旦国际收支出现逆差,人行就非卖出外汇不可,人民币供给减少,且此过程一旦启动,则势必持续很长时间。甚至买外汇发人民币持续的时间有多长,买入量有多大,则卖出外汇收回人民币的持续时间,以及减少的规模也会与之对应。即增发人民币的好处有多大,人民币减少时付出的代价就有多沉重。2013年6月发生的钱荒可能就是这个代价的开始。正是因为退出的代价越来越沉重,人民币的退出就越

---

① 根据目前的资料,从2003年开始,美联储也购买长期票据,甚至有30年的,但这不影响我们这里的讨论。因为美联储为保证盈利,不会持有长期债券到期,而是在适当价位上,未到期就抛掉,所以债券是长期的,持有是短期的,接盘债券的人将货币给美联储,美联储的货币投放仍然是短期的。

来越困难。如此论断不难从发达国家和地区央行货币发行和退出机制的比较得到证明。

美联储主要以买金证券、国债的方式发行美元,尽管它们也买外汇,但是因为不增加货币供给,所以不能算作货币发行。买金证券和国债的账户表现有所不同,但在本质上都是用财政的税收购买这些资产。如表 4-1 所示,美国财政部买入公众的黄金,支付金证券给公众,表现在财政的资产负债表上,就是财政部的资产(黄金)与负债(金证券)都增加。在美国历史上,金证券可以纳税。政府收到以金证券缴纳的税收,就销毁金证券,账户平衡表现为财政部黄金与所有者权益的增加,最终黄金的增加实际上为税收转换。在公众卖出黄金之前,黄金是公众的资产,税收是政府的资产,金证券只是财政提前使用未来资产的凭证。财政买进黄金后,金证券消失,黄金与税收的增加对应,或者说,黄金在本质上是以税收的形式购买的。

表 4-1 财政部的资产负债表

资产		负债	
① 黄金	+1 000	金证券	+1 000
②		税收	+1 000
		金证券	−1 000
余额:	+1 000		+1 000

在现代货币银行制度中,金证券成了美联储发行货币的依据。出售黄金的公众得到金证券后交给美联储,美联储发行美元,美联储的账户表现如表 4-2①所示。因为金证券是财政的负债,所以它早晚要偿还,而偿债资金来自税收,于是财政的税收存款减少。财政收回并销毁金证券,账户上只剩下税收与黄金的增加相对应,此过程决定财政的黄

金是税收,而不是负债转换的。如表4-1所示,最后财政部黄金与税收一起增加。尽管,美联储余额增加,这与黄金的增加无关,因为买黄金的钱来自税收,税收代表着公众创造的财富,但是货币则来自美联储的买入国债,它是流通中原有货币的应用,而不是新发行的货币。如果金证券也属广义货币,那么这样的货币供给增加是短期的,它将随着公众的纳税而消失。更重要的是,黄金的存量和售量终究有限,所以金证券的发行有限,退出或不退出对经济的影响可能都很有限。

表 4-2　美联储的资产负债表

资产		负债	
① 金证券	+1 000	财政部存款	+1 000
② 现金	+1 000	财政部存款	+1 000
③ 金证券	-1 000	财政部存款	-1 000
余额:	+1 000		+1 000

美联储买外汇对货币流通的效应与买黄金相同。1934年《黄金储备法案》还为美国财政部设置下属机构外汇平准基金(Exchange Stabilization Fund, ESF)提供法律依据,它允许财政部为稳定汇率,买卖外汇和其他信贷工具。所以财政通过美联储买进外汇,所用的基金是原来流通中的货币,所以财政的外汇增加就是平准基金减少,外汇的减少是平准基金的增加。其在财政部和美联储账户上的反映如表4-3和表4-4所示,都是资产换资产,负债没有增加,基础货币供给不变。更重要的是,美联储买卖外汇的目的是为了调节美元汇率,不是为了实现国际收支顺差,所以买卖的只是市场交易的一小部分,而不是全部,因为数量有限,加上用流通中的货币,其经济的负面影响比我们小得多。

表 4-3　EFS 换汇对财政账户的影响
财政部(EFS)资产负债表

资产	负债
−US＄100 ＋HK＄778	

表 4-4　EFS 换汇对联储账户的影响
美联储资产负债表

资产	负债
−US＄100 ＋HK＄778	财政存款：−US＄100 　　　　　　＋HK＄778 余额　　　　　—

与买黄金外汇相同,美联储买国债的货币供给也将随着国债的偿还而消失。正如本书前面所反复提到的,美联储买进短期国债,如表 4-5 中所示,资产方国债与负债方美元一起增加。公众用此货币经营,纳税给财政,财政用此货币偿还美联储的国债,美联储资产负债表上的资产(国债)与负债(美元)一起消失,余额为零。在表 4-6 中,央行买国债,货币发行,财政还钱,货币供给回到原来水平,余额也是零。在表 4-7 中,公众买卖国债,进行生产经营活动,最终纳税存款减少。美元不仅是从公众手中退出,回到美联储,而是彻底消失。更重要的是,美联储买进的二手短期债券很快就要到期偿还,增加的货币供给很快就退出,一般不会积累到对经济造成巨大负面影响而难以退出、消失的地步。即便国债偿还造成货币退出太多引起经济低迷,美联储还可以逆向操作,相应买入国债,抵消货币退出可能的负面影响。鉴于美国的国债市场深不可测,几乎随时可以抛出任意数量的国债,这就进一步降低了货币退出的难度。

表4-5　财 政 账 户

资产 Assets		负债 Liabilities	
① 央行存款(央行发货币)	+1 000	① 应付债券(发行国债)	+1 000
② 央行存款(弥补赤字)	−1 000	② 应付账款	−1 000
③ 央行存款(税收收入)	+1 000		
④ 央行存款(偿还债券)	−1 000	④ 税收支出	−1 000
		权益 Equities	
		③ 税收收入	+1 000
余额	0	余额	0

表4-6　央 行 账 户

资产 Assets		负债 Liabilities	
① 国债	+1 000	① 货币发行	+1 000
① 银行存款(代理财政)	+1 000	① 财政存款	+1 000
② 银行存款(弥补赤字)	−1 000	② 应付账款	−1 000
③ 银行存款(代理收税)	+1 000	③ 财政存款	+1 000
④ 银行存款(偿还国债)	−1 000	④ 财政存款(偿还国债)	−1 000
④ 国债	−1 000	④ 货币发行	−1 000
余额	0	余额	0

表4-7　公 众 账 户

资产 Assets		负债 Liabilities	
① 国债	+1 000		
① 银行存款(买国债)	−1 000		
② 国债(卖给央行)	−1 000		
② 银行存款(卖国债)	+1 000		
③ 银行存款(生产经营)	−1 000		
③ 银行存款(经营收益)	+1 000		
③ 银行存款(纳税)	−1 000		
		权益 Equities	
		1) 税收支出	−1 000
余额	−1 000	余额	−1 000

英格兰银行的货币供给通过再贴现来进行,再贴现的对象是商业企业签发的、被商业银行贴现过一次的短期商业票据。在商业票据还没有到期偿还之前,英格兰银行持有商业票据,商业银行持有英格兰银行发行的货币。一旦票据到期,出票企业就要用他们的货币来偿还票据,也就是英格兰银行先前发行的货币退出了流通。表现在英格兰银行账户上,商业票据与增加的货币供给一起消失。增发的货币供给不仅流回英格兰银行,而且完全消失。与美联储操作同样的道理,英格兰银行再贴现的也是短期票据,增加的货币供给会很快退出,一般也不会积累到造成经济大幅度收缩的地步。即便有可能造成经济低迷,英格兰银行也可以相应贴现新的商业票据,缓解甚至抵消货币供给减少和利率上升的压力,所以不会有货币退出的越来越难和成本越来越高。

在以上所有与货币供给相关的交易中,央行买进短期有价证券,包括黄金外汇等,货币供给增加。因为只是短期资金融通,所以货币供给增加有限,持续时间较短,不会有货币供给大幅持续地增加。没有货币供给过多推高物价、利率和就业,就不会有货币供给逆转后带动有关变量的急剧下滑。在经济比较平稳情况下的货币退出,不会有因经济的深幅调整而相关的代价越来越大。特别是他们的货币退出就是直接消失,而不是先退出流通,积聚央行账上,超过一定限度后再真正消失,其所可能造成的经济波幅也要小得多。

2. 我国人民币退出不消失的账户表现

在我国的买外汇发货币中,人民币供给随国际收支顺差而增加,并随国际收支逆差而消失。因为我国在很长时期内很难承受经济低迷和较多的失业,所以政府难免将国际收支顺差的政策坚持到通胀无法承受的地步,这就决定了增加的人民币供给很难退出。于是经济热度、充分就业和通货膨胀都会越过货币有限增加和及时退出的水平。一旦经济出现逆转,则前期累积的压力都要释放出来,于是经济指标的跌幅一定超过货币供给没有过多的水平,这就是人民币退出越来越困难的含义所在。而管理层越认识到在这种情况下货币退出的代价,就越要阻止这种情况的发生,而这种情况的发生越被推迟,则其将来引爆的危害越大,人民币退出的成本就更大了。

如此论断可以为前些年钢铁价格的剧烈波动所证实。如果市场不认为钢铁价格会持续上升,所有生产环节对钢铁的需求就相对有限。一旦需求减少,各生产环节可抛量有限,价格的下跌也就有限。但如果大家都预期钢铁价格还要进一步上升,所有生产环节的仓储就会爆满。一旦预期钢铁价格逆转,所有仓储都会倾巢而出,价格下跌就会远远超出没有投机时的幅度。钢贸大起大落的原理也同样表现在货币供给的大起大落之中,但是钢贸的损失只涉及一个行业。而货币供给的大起大落则影响所有行业的所有环节,其所可能造成的损失更大,货币供给就越发难以退出。

在制约人民币退出中有个重要的环节,那就是人行提高准备金率,发行央票,吸收流通中过多的人民币。其结果是人民币退出流通,但是,并没有消失,而是停留在人行账上,越积越多。准备金锁定流动性自不待说,但是,其比率要受到限制,否则将降低商业银行经营效率。最受管理层推崇的收回流动性的方式是发行央票,据说发央票的效果与发国债相同,但实际完全不是一回事。因为央票与人民币一样,都是央行的负债,所以发央票收回人民币,人行的负债总额不变。只不过是现在流动性退出,明天央票到期还本付息,更多的流动性再进入流通。也就是说,现在发行央票,吸收流通中的货币越多,明天重新进入流通的货币也越多。与发国债根本不同的是国债到期还本付息用财政税收偿还,财政税收是公众用流通中的钱缴纳的,所以国债到期表现在央行账上,就是国债与货币供给一起消失。

如表4-3与表4-4所示,特别值得强调的是它不仅退出流通,而是彻底消失。所以不会像发央票那样,人民币退出流通,但是作为负债仍然挂在人行账上,不仅累积扩大,并且随时还要进入到流通中去。

如表4-8和表4-9所示,这里为了避免兑换引发讨论的麻烦,假定人民币兑美元1∶1,公众出口得到外汇,卖给央行得到人民币,人行发行央票收回人民币,其过程为表4-8①到⑤所示,最后公众资产负债表上的外汇变成了央票。对应的在表4-9的步骤为①到③,人行的资产负债表则是外汇与央票一起增加,也就是央票的发行并不减少央行的负债,只不过是人民币变成央票。而一旦人行偿还央票,则如表4-10的④⑤所示,央票减少,人民币回到原来水平。可见,提高准备金率和发央票并不能像国债发行那样,可以使货币彻底消失,而只是暂时退出流通。这在缓解短期通胀的同时,累积长期通胀的能量,致使货币越来越难以退出流通。

表4-8 公众的资产负债表

资产		负债	
① 外汇	+1 000	商品销售收入	+1 000
② 外汇	-1 000		
③ 人民币	+1 000		
④ 人民币	-1 000		
⑤ 央票	+1 000		
余额:	+1 000		+1 000

表 4-9　人民银行的资产负债表

资产		负债	
① 外汇	+1 000	人民币发行	+1 000
②		人民币发行	−1 000
③		央票	+1 000
④		央票	−1 000
⑤		人民币发行	+1 000
余额：	+1 000		+1 000

3. 人民币退出与消失的难度递增

买外汇的货币发行不仅要退出流通，而且一定会彻底消失，因为国际收支顺差早晚要走向平衡，甚至逆差。即便政府坚定地实行外向型经济政策，其财政负担最终也将不堪承受。因为长期顺差导致人民币对外升值与对内贬值的压力相应上升，也就是等量出口创汇能够换取的人民币越来越少。同时，国内所有生产要素的价格都上升，出口企业的收益相应下降，没有财政的退税补贴，国际收支顺差不仅缩小，甚至可能转为逆差。此时，公众不再卖外汇换人民币，而是卖人民币换外汇。在央行的资产负债表上，表现为外汇储备和人民币发行一起减少。人民币的消失带动各项经济指标逆转，经济运行呈现出与国际收支顺差时相反的态势。问题的关键不仅在于各类经济指标的逆转，更在于逆转的程度。如果只是小幅逆转，经济可以调整吸收，这就不会发生大的震荡。但如果要消化二十年顺差所积累的全部压力，其可能造成的经济震荡则怎样估计都不算过分。可见，顺差持续越久，人民币就越难以退出。

人民币越来越难以退出还表现为：在国际收支顺差时发行的人民币要远远超过国际收支逆差时退出的人民币，也就是即便当初进入的美元后来全部退出,仍然会有很多人民币沉淀在流通中,而且当初进入的美元越多,沉淀在流通中的人民币量就越大。如 2005 年,1 美元兑换 8.27 元人民币进入,2015 年 1 美元兑换 6.2 元人民币退出,流通中仍然有将近 2 元的人民币无法消失。以我国目前 4 万亿美元外汇计量,如果某天全部被公众兑现,只要差不多 25 万亿人民币就够了,但是,当初人行买入时用了 28 万亿,这就会有 3 万亿人民币停留在流通中。这就是说,国际收支顺差进入的外汇越多,将来逆差外汇退出后,沉淀在流通中的人民币也就越多。不仅于此,沉淀货币的比率并非稳定,而会随着顺差的规模而上升。顺差越大、越久,越表明人民币汇率被低估,将来的反弹越有高度,沉淀人民币占外汇的比率也就越大。如此货币汇率的先高后低具有必然性,因为货币汇率偏低时,一国国际收支顺差,阻遏其升值一定会积累起大量的外汇储备,汇率早晚要上升。升到一定的程度,国际收支势必出现逆差,而逆差到一定的程度,汇率也要下降。所以顺差时进入外币少,本币发行多;逆差时外币退出多,本币消失少。买外汇发人民币越多,将来退出的难度具有必然性。

所幸人行仍然按照收付实现制记账,只要不发生实际兑付,外汇汇率就按照当时交易额记账,不管现在的市场汇率下跌到什么幅度。这样的记账固然不能反映人行资金运行的实际状况,但也避免了过早暴露人行资本已经为负(219 亿—3 万亿),也就是人行倾其外汇所有也不足以满足公众的外汇债权。如果按照权责发生制记账,人行就随时要按照市场的实际汇率调整损益,这就不仅表现出人行亏损 2.8 万亿,甚至显示人行实际上已经破产了。账户的虚假平衡在短期中对市场信心的稳定有一定的好处,在长期中一定会导致管理层和公众误判市场的实际风险。

在买外汇发人民币，再发央票吸收过多人民币的过程中，如果经济变动偏离管理层预期，人行可以调节买卖的方向和力度，从而将经济变动调节到期望的范围内。但如果国际收支发生了逆差，而经济低迷又要求较多的货币供给，与美联储和英格兰银行随时可以买进国债和贴现商业票据不同，人行想增加货币供给也没有可以买入的标的，于是经济低迷势在难免，这也是人民币退出的另一个难度和成本所在。

简而言之，发达国家的货币发行一般不会过度，所以既不会有过度发行所积累的经济压力，更不会有货币退出的成本与困难。而在我国的货币发行中，人民币发行过多势在难免，这就会带动经济过热，并提高货币退出的压力和成本。可见，要避免货币退出给我国经济造成的尴尬，就不仅要在人民币退出上做文章，更要在人民币的发行上与国际接轨。

(三) 人民币存量的意义不同

无论货币发行能否退出，最终都会形成一个巨大的存量，就这个存量而言，都是政府没有偿还的债务。所以就有人质疑，两种货币发行方式的最终结果是一样的，与其改变人民币发行方式，让货币不断进入和不断退出形成货币存量，不如一步发行到位，并且不还，至少操作上可以简便许多。

按照凯恩斯的债务哲学，政府可以不断借新债偿旧债，只要政府信用不垮台，就能将债务续短为长。也就是先发10年期债券，到期还不出，再发10年期的债券，偿还到期债券，于是借款可以延续为20年。此过程可以不断延续，上代人的债务可以让下代人还，子子孙孙没有穷尽，欠本国人民的债事实上可以不还。就这个现象而言，买国债发货币与买外汇发货币一样，都是借债不还。但是，只要稍加分析,就不难看出此两者之间的根本不同,即买国债的货币发行是总量不还,但每笔都还。买外汇的货币发行不还则是因为没有一笔还,所以总量也都不还,除非发生国际收支的持续逆差。

美联储买公众持有的财政部短期国债,公众持有货币,这货币是对财政部的债权,公众用此货币缴纳税款,财政相应清偿了它的债务。因为美联储买国债,货币供给增加,财政用税款偿还债券,新增货币消失,所以货币的存在期限与债券的存在期限相对应。因为国债持有是短期的,所以货币投放也是短期的,财政要发债券将资金续短为长,既是债券在不同的人之间换手,也是货币为另外一批人手中流转。在任何一个时点上,流通中都有大量债券与货币存量,它们的偿还时间短,到期时间交错,且要有利可图才会交易转让。市场就不会在意债务总量的增长,因为国债的流动性强,有偿还的保障。所以买国债发货币的存量是一江活水,既在不同所有者之间流转,又不断进入和不断退出,所以水的总量保持相对的稳定。

买外汇发人民币的结果则与之有截然的不同,且不论我国公众卖外汇并非公众完全自愿的选择,否则,就不需要强制结售汇制了。即便现在放松了外汇管制,但在外汇顺差的情况下,没有选择,就没有意愿结算制。且不论外汇交易的平台、变量和方式与国债交易有太多的不同,更重要的是人民币一经发行,在国际收支顺差的很长时期内不会退出消失。当然,人民币也可以用来纳税,但是,财政收到税款后用于其他支出,而不是偿还人行债务,因为人行与财政之间并没有债权债务关系。财政收到税款后还要重新进入流通,不像国债偿还那样,央行收回货币后与国债一起彻底消失。这就决定了买外汇的人民币发行为一次发行,长期甚至永远不还,而不像买国债发行那样,货币不断发行和不断偿还。可见,买外汇发行的人民币存量恰如注入水池的水,它沉淀在那里,不仅不会退出,而且水位不断上升。

可见,貌似相同的货币存量具有截然不同的意义,就像公交车的人流,一种是每站都有人上下,到终点站剩下的人,非常可能是终点站前几站才上去的。另一种是起点站就上车,一直坐到终点站的人。前者好比资金短期借用,到期即还,而后者则是长期占有,基本不还。前者的累积增加相当于公众相信会偿还,所以不求偿还,这是有信用保障的增加;而后者相当于既没有偿还的条件,也没有保障偿还的技术条件,所以是靠行政规定的增加。前者一江春水,奔腾活跃;后者一潭死水,波澜不起。前者货币流通速度快,利率反应敏感,货币增长速度慢,通胀压力小;后者货币流通速度慢,对利率反应迟缓,货币增长速度快,通胀压力大。两者不可同日而语。所以不能因为买国债发货币会形成不断增长的货币存量与买外汇发行相似,就认为买外汇的货币存量是合理的。

第八节　阻碍利率自由化改革的深化

到目前为止,我国除了存贷款利率以外,其他利率基本都已经放开,据说离利率市场化只有一步之遥[1]。进一步的利率市场化改革应聚焦在公平竞争、风险防范、有关各方的观念和承受力的调整等上[2]。这种观点固然很有道理,但也非常值得商榷。因为利率归根到底是货币供求的价格,而货币需求大致为公众决定,所以更需要央

---

[1] 全国人大财经委副主任委员、中国人民银行原副行长吴晓灵的讲演:"解读社会融资规模,加快金融改革步伐",2011年11月9日于上海新锦江大酒店。
[2] 周小川:"坚定推进利率市场化改革",http://theory.people.com.cn/GB/13653530.html.

行规范货币供给。而规范货币供给的前提则要将买外汇发人民币转移到买国债上来,然后才有基准利率的理顺与干预方式的完善,所有这些最基本的平台则是将国家财政转换成公共财政。

一、利率自由化的含义与条件

所谓利率市场化,实际上就是利率自由化。当年为规避自由化这个词的意识形态禁忌,就用市场化来替代它。这个替代在打开改革缺口的同时,又引发了新的问题,因为市场化注重组织机构和制度的构建,自由化则强调市场运行原则与方式的转轨。所以要推进利率改革,必须将利率市场化还原为利率自由化,否则,非常可能建立起仅有组织、制度和形状,却没有相应的功能,或者功能不健全的市场与利率。

可以肯定地说,市场的效率取决于市场的自由,市场的自由达到什么程度,市场的效率就达到什么高度。没有自由的市场不仅没有效率,而且要付出代价。如商品供大于求,价格下降;求大于供,价格上升。降价商品减少生产,提价商品扩大产出,正是通过这样的及时调整,才能实现资源合理配置。但如果价格不能自由波动,或者不能及时波动,则供大于求的商品价格降不下来,求大于供的商品价格抬不上去,有限资源就不能及时从供大于求的商品中转移到求大于供的商品中去。市场越是不自由,不仅误导资源配置的时间越长,而且将来市场逆向流动的压力也越大,经济付出的代价也就越沉重。可见,市场的重要性不仅在于交易的机构和制度,更在于交易的自由。如果缺失自由,则市场交易非常可能造成相当负面的结果,就像人民币的汇率那样。虽然我国建立了金融市场,以及相应的各类制度,却没有允许这个市场享有充分的自由,以致人民币汇率升值压力为1%

时却无法升值,而到了30%—40%时,人民币汇率就陷入升也不是、不升也难的尴尬之中。尽管不让人民币汇率具有充分波动的自由为既定的政治经济形势所决定,但这仍足以证明有市场而没有自由的弊端。可见,自由化比市场化更重要,自由化可以使市场及时作出反应,化解和释放外来冲击,市场化却不能保证市场有这样的功能。

  利率体系的均衡也取决于资金市场的自由。因为利率不仅是货币的时间价值,更是资金使用的风险与期限的价格。它既是资金的出借者为承担购买金融资产风险,以及放弃某个时段流动性所要求的回报,也是资金的需求者使用资金愿意提供的相应补偿。所以利率不仅是某个品种的资产收益率,更是所有资产收益率的综合,它是所有市场参与者进行套利的结果。因为公众对资金风险和期限的应得回报有着稳定判断,所以只要实际资产收益率与之发生背离,市场参与者就会进行套利。譬如,某个资产的实际收益率高于市场期望的收益率,其他市场的资金就会进入这个市场,该市场资金供大于求,偏高的收益率就会被打下来;反之,某个市场收益率偏低,这个市场资金就会向收益率高的市场转移,该市场资金求大于供,其收益率被推高上去。通过套利和资金流动,所有市场的实际收益率都会向期望收益率回归,从而形成均衡的利率体系,各种收益率就成为资金使用的风险和期限的价格。市场的自由化程度越高,实际收益率向期望收益率回归得越快,甚至此两者保持高度的一致,有效市场中的实际收益率就是均衡收益率。反之,市场自由化程度越低,资金就越难及时由收益率低的市场转向收益率高的市场,低收益率不会回升,高收益率不会下降,则实际利率与期望利率的背离就越大。利率体系就不会均衡,实际利率就不是资金使用的风险与期限的价格。

  政府宏观调控的效果取决于市场的自由程度。美联储主要买卖国债,变动隔夜同业拆借利率,然后引起整个利率体系的相应调整。之所以如此的原因在于利率体系原本已经实现了均衡,美联储的国债买卖打破了这种均衡,市场参与者恢复均衡的努力,带动整个利率体系相应调整。仍然借图 4-1(见第 88 页)说明。左边的纵坐标为有价证券的价格,越往上,价格越高;右边纵坐标为利率,越往下,利率越高。横坐标表示各金融市场的资金供求。假定 G、e、B 分别是商品市场、外汇市场和国债市场,S 和 D 分别是它们的资金供求,按照这些市场产品风险的不同,它们的收益率分别在 4%、6% 和 8% 时,实现整个收益率体系的均衡,各市场之间均衡利差为 2%。此时,央行高价买进国债,国债市场资金需求移动到 D_{B1},国债价格上升,收益率下降,国债市场与外汇市场的利差扩展为 3%,外汇市场收益率相对增加,国债市场的资金就会向外汇市场转移,增加对外汇的需求,把外汇市场收益率压下来。如此套利活动相应展开,利差扩大,逐级上移,最后整个利率体系都下降了。反过来,央行低价发行国债,国债收益率上升,其他金融市场收益率相对较低,其他金融市场的资金流入国债市场,造成其他金融资产价格下跌,整个利率体系上升。

在这个过程中,收益率越能自由波动,市场参与者越能自由套利,资金越能自由流动,则央行政策传导到位的速度越快,货币政策效果越好。反之,有关自由受到限制,则货币政策传导越慢,货币政策效果越打折。此外,货币政策的效果还取决于市场对资金供求状况的反应,市场反应得越灵敏、越准确,管理层对市场的判断就越准确,所采取的政策拿捏得越好,货币政策越能到位而不越位。而要市场对资金供求反应具有这样的效果,则必须是市场享有充分的自由,而且市场的自由程度越高,则实际利率越是期望的利率,越能准确地反映市场的资金供求,越能为央行提供正确决策的依据和前提。反之,市场自由化程度越低,实际利率与期望利率和反映资金供求的利率关系越远。在这种情况下,央行的决策和执行能力再强,也无助于提升货币政策的效果,甚至会加剧经济的紊乱,因为央行决策的依据和前提出现了偏差。

可见,对于市场来说,自由最为重要,所有市场组织和构架都是为了交易自由地实现,而不是对交易自由的遏制。如果构建了市场组织和构架,却不让它享有充分的自由,这就背离构建这些组织和构架的初衷,这些组织和构架就会因为不能发挥应有的作用而失去意义。当然,在其他条件还不配套的情况下,不能贸然推进自由,这也无可厚非,但是,如果不以自由化为目标,则非常可能迷失改革的方向。

二、买外汇难以实现"利率自由化"

鉴于利率由货币供求决定,而货币需求为市场决定,不为央行直接把握,调节货币供给就成了决定和变动利率的关键。规范货币供给是利率自由化的重要方面,其前提则是要将货币发行由买外汇转移到买国债上来。

继续以前面的买国债为例[①]。美联储高价买进国债,增加货币供给,降低利率。低价卖出国库券,减少货币供给,推高利率。在各类金融资产的利差已经均衡的情况下,国债价格和收益率的变动必定打破既定均衡,公众就会套利,引起资金流动,把国债市场收益率的变动传导到所有的市场中,引起整个利率体系的变动。因为国债

---

① 各国货币发行都有不同,英国是再贴现,但是,不同操作背后的原则大同小异,这里不作充分展开。

收益率处于利率体系的底部,以及国债收益率是所有资产收益率调整的重要参照。缺失这两个条件,则不能保障资金由底部市场向高端市场逐级转移,造成货币政策影响利率体系的效果大打折扣;也不能保证各个市场参照的准确和调整的适当,这就势必导致利率体系调整的不到位或越位。

买外汇发人民币无法形成一般均衡的利率体系。买国债发货币,货币供给与利率变动成了一个铜板两个面,它们紧密联系在一起,并呈反方向变动。货币供给增加,利率下降,反之利率上升。国债以其安全性、流动性而深得投资者的偏好,故而价格最高,收益率最低,处于利率体系的最低点。央行买卖国债,可以将利率和货币供给量变动的影响逐级传导到所有的金融资产,甚至实物资产上,带动整个利率体系的变动。而买外汇发人民币,货币供给与利率成了两股道上跑的车,没有内在联系,也就是货币供给多少不影响利率高低。因为外汇有风险,投资者不会特别偏好外汇,所以外汇价格未必最高,外汇收益率也不能处于利率体系最低点。且不论汇率要为政府管理,不能随行就市波动,即便没有政府的直接限制,买卖外汇的影响也不能单向逐级在利率体系中传导开来。所以人行只能直接管理利率,买卖外汇,货币供给变动,利率不变动,除非有央行的指令;利率变动,货币供给量未必变动,除非央行买卖外汇。央行直接管理利率,经济主体就不能自主套利,资金不能自由流动,利率不能随行就市,这就无法形成均衡的利率体系。正是在这个意义上,买国债发货币可以通过买卖国债,调控基准利率,作用于宏观经济。买外汇发人民币则只能通过行政命令规定各种利率,并通过货币供给量调控宏观经济。

我国目前的货币发行主要是买入外汇,收回货币则主要靠发行央票,提高准备金率①。因为外汇的风险和期限都相对较大、较长,所以外汇的收益率不是处于利率体系的底部,而是利率体系的中部。因为央行买进外汇,外汇市场资金供给增加,外汇收益率下降,使得两端市场收益率都相对较高,有利可得,外汇市场资金就会向两端市场流动,将两端市场的收益率都打压下来。其作用与美联储在底端市场买入国库券相似,都会导致所有市场收益率的下降,但其效果有很大的不同。在底端市场买入时,所有货币供给汇聚一起,逐级向高端市场展开,压低一个市场收益率,再压低另一个。即便在传导过程中发生货币供给作用于利率的力量损耗,高端市场收益率可能下降不到位,但在低端市场利差调整到位的参照下,公众就会参与套利,使得整个市场的均衡利差回到货币供给增加前的水平,均衡利率体系下降。

而在中端市场增加货币供给时,货币供给向两端市场分流。也借图4-2(见第90页)说明。假定买外汇的收益率在6%上,央行增加外汇市场的人民币供给,外汇收益率下降到5%。这就打破了原来各市场之间2%的均衡利差,造成商品市场和国债市场价格相对低,而收益率相对高。如与国债市场的利差缩小为1%,而与商品市场的利差扩大为3%,上下端市场的收益率都相对增加,于是外汇市场的资金就会向两端市场流动。因为资金的分散流动,其降低收益率的效果势必低于集中资金从底端市场的买入,货币供给量与利率的关系就会大

---

① 发行央票收回过多货币只能短期缓解矛盾,长期则积累并加剧矛盾。因为央票到期要还本付息,而央行又没有其他货币来源,就只能发行新币还央票。这就决定了今天央票发行越多,明天新币发行的压力就越大,今天货币供给过多得到缓解,明天资金"堰塞湖"就越来越严重,其垮坝的风险越来越大。只有发国债收回货币才能避免这种状况,尽管国债也要偿还,但它使用的是税款,而税款则是流通中货币的退出。如此偿还债券增加的货币供给来自纳税时流通中的货币减少,两者相互抵消,货币供给总量不变,不会给未来的货币流通留下隐患。在这个意义上,买外汇发货币也必须走向买国债,并且用国债来收回流通中可能过多的货币。

打折扣。

然而这种情况实际并不会发生,买外汇的人民币发行,货币先成为企业家收入,满足在生产循环后再进入其他有利可图的领域。在金融市场不规范、风险较大的情况下,货币首选进入房地产市场,因为房地产中有政府的收入、银行的资金,其下跌的可能要小于其他一般企业。而其他产品市场和存贷款市场的利率则有国外同类商品价格参照和国内行政市场锁定,而不会轻易地变动。房地产资金进入越多,房价越高,然后资金进入更多,这就形成自我应验的加速循环,造成房地产业的过度繁荣。以房地产为依托的金融资产的收益率随之不断上升,所以有理财产品和信托产品的兴旺,然后把其他实体经济的资金都吸引了过来,造成实体经济资金越来越短缺。只要央行不及时增加货币供给,钱荒就会发生。在这个意义上,钱荒者,乃利率信号紊乱、货币发行方式不当、资金无序流动之必然结果也。如图4-2所示,房地产的资金供给和需求都增加,其他商品市场却很难分得一杯羹。如果听任市场利率提高,则一般企业已经不堪重负了,而房地产业依然可以火爆,经济结构会更加紊乱。这就置人行于两难的困境中:放开利率管制,经济无法有序地运行下去;为缓解经济承受的代价,就只能加强管制,暂缓利率市场化进程。

可见,只要不改变买外汇发人民币,就不能阻止资金向房地产的流动,纵然商业银行利率报价体系非常公正合理,得到银行和客户高度接受和认可,商业银行也敢于承担按风险定价的责任,资金也可以自由流动,但因为货币供给起点不当,参照坐标严重扭曲,资金流向不合理,放开管制后的利率体系也无法规范有序。所以实现利率自由化的重要前提和根本保障是改变货币发行方式,以买进收益率体系底部的国债,而不是收益率体系中部的外汇,才能推进利率自由化。否则，就很难实现利率自由化，或者貌似自由，实际上却严重扭曲了利率体系。

利率自由化不仅在于它的形成机制，更在于对它的干预机制。因为自由化的利率未必是有利于经济运行的利率，更何况经济还会受到外来冲击，需要通过利率来调控与应对。这就需要一种尊重利率自由化的干预方式。如果直接决定利率，就没有自由化利率可言，即便已经取得的自由化改革也会丢失掉。而尊重利率自由化的干预方式至少要有以下三个基本条件：首先，货币供给必须与利率密切关联，成为一个铜板的两个面。其次，利率调控要作为央行自主性操作，不会因为各种牵制而左右为难。最后，要能打破企业既定的微观均衡，并能为企业的恢复均衡留下空间。符合这三个条件的操作只有买国债，而决不能是买外汇发货币。

只有买国债发货币才能将货币供给量与利率紧密联结起来。因为利率与货币供给（债券需求）反方向变动，与货币需求（债券供给）同方向变动。如果管理层要将过高的利率打下来，就只能高价买进国债，增加货币供给；要将过低的利率抬上去，也只能低价发行国债，减少货币供给，这就决定了货币供给与利率的关系是一个铜板两个面。而在买外汇发货币的条件下，货币供给由国际收支状况决定，顺差则货币供给多，逆差则货币供给少。因为汇率变动要受到很多牵制，本身就难以变动，更不用说通过外汇买卖调节利率了。这就将货币供给量与利率的关系切割开来，于是，央行只能直接决定利率水平，像我国这几十年所作的那样。但只要这么操作，这个利率就不是自由化利率，而是计划利率。

只有买国债发货币才最少受经济运行的牵制。国债数量与经济态势之间没有直接的必然联系，一般不会在经济衰退时买不到国债，也不会在经济繁荣时期发不出国债,央行因此可以比较自主地进行买卖,实现宏观调控的目的。外汇买卖则有根本的不同,外汇的数量与经济运行的态势密切相关。一般来说,经济繁荣,国际收支顺差;经济衰退,国际收支逆差。在国内经济过热时,央行想不增加货币供给也难以做到,因为国际收支已经顺差,出口企业拿到人民币后不换成外汇,就不能买生产要素,再生产循环就可能中断。而在经济过冷时,央行想要增加货币供给也难以做到,因为国际收支已经逆差了,央行无外汇可买。可见,买外汇发人民币置央行于两难境地,要么无法操作,要么承受很大成本,这就无法成为央行自主调控的手段。

只有买国债发货币才能有效打破企业微观均衡,并给企业留下恢复均衡的空间。买国债发货币增加对商品的需求,提高生产的边际收益,降低以利率为代表的边际成本,企业扩大生产规模带动经济繁荣和就业增加。而买外汇发人民币,则只有商品需求的增加,却没有以利率为代表的边际成本的下降。于是,企业只要有货币供给增加就能扩大生产规模,而无需考虑生产成本的变化。如此企业不再按照经济效率,而是按能否搞到资金来决定企业生产规模。更为糟糕的是,在资金松动时,所有企业都得到资金补充,不管它的效率有多低;在资金紧缩时,所有企业都得不到资金补充,也不管它的效率有多高。这就不会有在经济繁荣时,高利率淘汰低效率企业;经济低迷时,低利率支持高效率企业等一系列效果。

我国利率市场化曾经的思路是"先农村后城市,先外币后本币,先存款后贷款",现在的思路是"报价的公平,风险的承担和社会的承受力"。第一种思路实际上是放开利率管制的步骤,第二个思路是放开利率管制的条件,就是没有提放开利率管制后,用什么作为调控利率的抓手。固然,放开的步骤、放开的条件都不可或缺,但是,放开后没有替代计划利率的抓手,则经济一遇风吹草动,央行就没有其他办法调控利率,只能再度求助于行政命令。于是,已经自由化的利率会被再度管制起来,市场化改革成果也将再度丧失。而要避免这种状况,则必须是,也只能是用买国债发货币取代买外汇发货币。

三、国家财政阻碍利率自由化实现

规范货币供给是利率自由化的关键所在,这就需要买国债发货币,以提供确定利率的依据。于是货币发行就与财政收支状况连接了起来,只有与民生相关的财政收支才可以保证货币供给与商品供给和生产潜力相匹配,所以必须将国家财政转换成公共财政。否则,利率自由化仍然难以实现。

(一) 利率自由化的关键在理顺货币供给

在实现利率自由化的变量序列中,首先是对资金成本的定价,然后是报价方式、风险防范、观念的调整等[1],最后才是利率体系随行就市的波动。如果资金成本的定价依据没有解决,或者发生偏离,则其他变量理顺的意义就会大打折扣。而定价依据则与货币供给相关,所以利率市场化的关键在于理顺货币供给。

可以肯定,没有报价的公平竞争、风险的防范、有关各方的观念和承受力的调整等,利率自由化就不可能实现。这是因为:竞争不公平,报价会扭曲;风险防范机制不健全,利率无法成为风险的价格;观念和承受力没有理顺,套利不健全,资金流向有问题,此时形成的利率仍然是扭曲的。所以,理顺这些变量对于利率自由化的意义是非常重要的。但是,这个意义要在资金成本定价依据准确的情况下

---

[1] 此后数者表现在周小川对于利率市场化步骤的强调之中。

第四章　买外汇发人民币的利弊分析

才能实现,因为这些变量都不是利率决定的源头起点,而只是枝端末节。如果不在源头起点上理顺定价依据,则非常可能在不当定价的前提上进行公平报价,判断的风险与实际风险也会背离,观念和承受力就调整不过来。所以没有这些变量的理顺,我国的利率自由化不可能实现,当然,仅有它们的理顺也远远不够。

资金成本的定价取决于资金需求方获得资金的难度和迫切性。对个别企业来说,它的资金成本定价取决于相对于别的企业资金成本的比较;对于全社会来说,这个资金成本的定价则取决于央行的货币供给。在货币需求不变的情况下,央行货币供给松动,利率下降;反之则上升。于是利率自由化的源头就追溯到货币供给上来。以美国的资金成本定价为例,美联储买入国债,发行货币,公众卖出国债,得到货币。所以公众愿意卖出国债,一定是他们愿意接受这个国债价格(与之反方向变动的是利率)。这就表明,货币供给与国债利率变动同时发生,尽管它还没有传导至整个利率体系上去。利率自由化是整个利率体系的随行就市,国债利率变动要通过公众套利,传导至所有的利率上,这里还有一段时间差。

所以公众愿意接受某个价格,因为这个价格比较其他金融资产的价格更有利可得。这个参照是定价的依据。如果定价参照不合适,偏高或者偏低,公众就会多卖或少卖国债给央行,货币供给可能过多或过少,国债利率可能降不下来,或者下降过度,整个利率体系也可能紊乱。美国利率的自由化程度较高,所以公众参照的利率,并作出的定价也符合市场化要求。但如果参照的利率不是自由化的,即便在参照的环节上不受限制,依据的偏差仍然会造成定价结果的偏差。

我国人民币供给在买外汇上,因为实行结售汇制,出售外汇的企业不能与央行讨价还价,汇率不能轻易变动,所以人民币供给与资金收益率和利率体系无关,也没有定价的参照。而要实现利率自由化,则必须要有规范有序的定价参照。目前我国的报价依据是同业拆借利率——shibor 利率和存贷款利率等。因为存贷款利率被央行直接管控,不仅不为其他利率所撼动,而且一定是其他利率的参照。在存贷款利率扭曲的情况下,shibor 的参照作用就比较有限,其他利率也就无法理顺。在这种情况下,即便不是八大银行报价,而是有更多中小银行参与其中,报价系统完全公平、公开和公正,也无济于事。定价依据的扭曲决定风险的大小和评估等都会扭曲,进而观念的更新、套利方式和机制都进入不了轨道。

买外汇发货币还会硬化货币需求,从根本上阻碍货币供求的理顺。按照凯恩斯理论,货币需求是交易性货币需求加投机性货币需求,买卖国债的货币需求属于投机性货币需求,而投机性货币需求大多属于闲钱,它不是发生在日常生活和生产上,央行高价买进国债,公众可以接受,不买也不会对公众的生活和工作有很大的影响,这个货币需求具有相当的弹性。以这样的货币需求为基础的利率波动也就能比较平和。而买外汇的货币需求则属于交易性货币需求,公众靠卖掉外汇后获得人民币,延续生产经营活动。如果央行不及时相应供给人民币,生产经营活动就会中断,此时即便央行不愿意,它也不得不增加人民币供给,否则要承受经济低迷的极大代价。可见,买外汇的人民币供给方式硬化了人民币需求,在这种情况下,即便放开利率管制,所形成的利率,与弹性货币需求下的利率仍然有着根本的不同。

显然,在货币供给方式还没有理顺、定价参照还为计划控制的条件下,即便完善了报价机制和风险防范等方面的准备,利率自由化仍然难以实现。所以,利率自由化改革的关键要转移到货币发行方式和定价参照依据上来。

（二）买国债发货币是利率自由化的必然

利率市场化要有个可以切分为最小的单位，作为决定和调整各种利率的依据和基准。同时，为避免利率波动的负面影响，政府一定要干预，但干预方式必须市场化，否则，自由化利率就不复存在。一般来说，只有买国债发货币才能满足利率市场化的这两个要求。

利率自由化，不是某个利率，而是整个利率体系的随行就市。这就需要有个基点，作为决定利率最基本、最初始的理由，可以作为调节利率体系的基点。这个基点代表资金需求者对资金供给者的两个补偿，一是占用流动性的期限，二是承担的风险。因为现在的消费比未来消费的满足程度高，就是货币现在效用大于未来效用。借钱给别人，就是出借者放弃现在较高的满足，换取将来较低的满足。如果没有利息的补偿，谁也不会借钱给别人。这就是资金的期限补偿，它与期限长短成正比，期限越长，期限补偿就越多。其次，人们都要规避风险，资金落袋为安，所以风险越大的资金使用，给予的补偿越多；反之则少。于是利率就是风险与期限的价格，只有愿意和能够支付这个价格的人才能获得相应的资金。

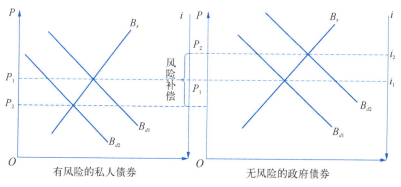

图 4-18 政府债券与私人债券价格和收益率的差别

作为风险和期限补偿的形成可以用图 4-18 来表示,左边纵坐标是债券的价格,右边纵坐标是利率。因为债券价格与利率反方向变动,所以左纵坐标越向上,表明债券的价格越高;右纵坐标越向下,利率越高。B_s、B_d 分别为债券的供给和需求,也就是资金的需求和供给,它们的交点为均衡的债券价格与均衡的利率。P_1、i_1 是对同样期限债券效用损失的补偿,不管债券风险的大小,都要承受这个代价。因为私人债券有风险,所以需求减少为 B_{d2},而国债无风险,所以需求增加到 B_{d2}。私人债券价格高,利率低;国债的价格低,利率高。国债利率低于私人债券利率的部分为风险的补偿。如果资金的供给减少,也是债券需求减少,B_d 向左下方移动,债券价格下跌,利率上升,同样的资金使用时间需要给予的补偿增加了。

如此利率决定机制表明利率体系需要最小的利率单元,就像宇宙需要质点,并从此质点膨胀一样,只有国债利率才能作为利率体系的最小单位。因为它风险最小,国家可以不断发新债偿旧债,一般不会破产;国债交易期限可以切分最短,隔夜回购就是利率期限的最小单位,所需给予的效用补偿也最小。由此得出风险最小和期限最低的价格,其他各种金融资产则根据它们风险的放大和期限的延长,相应在国债利率的基础上加点数,形成自己相应的利率。如果没有风险最小、期限最短的利率基点,其他金融资产的价格定位就会失去参照,即便没有外在的行政干预或约束,所形成的利率体系因为缺乏必要的机制,就难免是扭曲的。

既然国债利率是利率体系的最小单元,它对风险期限反映的正确性关系市场化利率的规范有序,所以货币供给要从买国债,而不是买其他金融资产开始,因为其他金融的风险都比国债高,期限切分也难以隔夜。更不用说外汇的收益率了,因为它的收益率不仅要受国外经济形势的制约,还有本国政策的影响,再加上期限很长[①],这样的收益率既不能剔除各种风险,又不能成为期限的最短单位。在这个基础上,即便报价机制再公平、健全,公众的风险承受力再强,加点数计算其他品种的资产收益率也势必是扭曲的,所以利率市场化必须以买国债为前提。

市场化利率需要市场化调控,否则,已经实现的市场利率又会退回管制利率。仅以通胀形成利率上升及应对通胀所要求的机制为例。如图 4-19 所示,左轴为债券的价格,越往上价格越高,右轴是利率,越往下利率越高。没有通胀时,债券的需求与供给在 A 点相交,均衡价格 P_1 和均衡利率为 i_1,如果发生通胀,就是将来的钱不值钱,所以大家都想多借,以便将来少还,债券供给增加,B_{s1} 移动到 B_{s2}。也因为将来的钱不值钱,债券需求减少,B_{d1} 移动到 B_{d2},新的均衡点为 B 点,均衡价格下降为 P_2,利率上升为 i_2。这就是说,在自由化利率的条件下,通胀将导致利率自发上升。

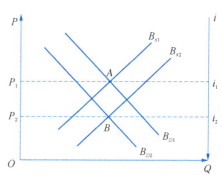

图 4-19 通胀造成利率上升的机制

此时可以有两种调控方式:一是行政手段,不准利率上升,此方式直接有效,在我国历史上屡试不爽,但只要这么做,不管利率自由化已经取得多大的突破,它都退回到计划利率中去。二是市场手段,或者买进债券,增加货币供给,将过高的利率打下来。或者发行债

---

① 我国在 1990—2012 年的 22 年间,只有 1993 年出现国际收支逆差。

券,减少货币供给,降低公众的通胀预期。尽管这样做也有一些其他问题,但不管怎样,它还是可以实现市场化调控,不会损害已经取得的利率自由化改革。

可见,只有在买国债发货币的情况下,资金风险期限的回报才能切分成最小的单位,才能成为自由化利率体系定价的基础和核心,然后才能通过买卖国债,用市场手段,而不是行政手段调节利率。在买外汇发人民币的情况下,资金风险期限的回报不可能切分成最小的单位,也不可能通过买卖外汇来调节利率,因为汇率还要服从其他国家战略。人民币发行难以减少,通胀预期一旦上升,又没有其他市场化调节货币供给,于是只能用行政手段控制利率。这就不仅无法推进利率自由化改革,甚至已经取得的突破也非常可能再度丧失。也就是说,一定要将买外汇发人民币转移到买国债上来,才能推进和保障利率市场化改革。

(三) 公共财政是利率自由化的重要平台

既然买国债发货币成了决定利率自由化的关键,那么货币发行就与财政赤字紧密地联系在一起,财政赤字的大小和性质决定货币供给与商品流通和生产潜力的关系。只有在公共财政的平台上,与财政赤字匹配的货币发行才能规范有序,促进利率的自由化。

按照目前大多数教科书或网络上的定义,国家财政和公共财政是一回事,但实际上它们有很大不同。国家财政就是以国家为主体的收入支出活动,它可以是秘密的,无关公众利益,不受公众监督的,从奴隶社会到封建社会都是如此。也可以是公开、透明、阳光、与公众利益密切相关,受公众严格监督的。所以公共财政只是国家财政的一种,现代公民社会建立的是公共财政。所谓公共

第四章　买外汇发人民币的利弊分析

财政是以提供公共服务为出发点和基本特征的国家收支,而国家财政则以国家利益目的和出发点的国家收支。二者既有重合,也有背离。

货币是固定充当一般等价物的特殊商品,这个说法无法为逻辑所验证。因为交换本来就不是等价的,等价了何必交换。如果得不到额外的好处,不如自己生产。而且表现为不同对象之间的交换,本质上是每个交换者自己所得与所失的比较。既然没有等价交换,又何来一般等价物,所以传统的货币定义值得商榷。

拉德克里夫报告说,货币是购买力的暂栖所,这个说法的逻辑比较清晰。譬如美联储买公众手中的国债,美元发行,公众生产经营后纳税。美联储拿税款去赎回国债,该税款就是美联储先前发行的美元,它们回到美联储后不复存在。购买力只是在这个交易的过程中暂时地依附于货币,它随着货币的消失也不复存在。

凯恩斯说,货币是连接现在与未来的纽带,这个说法也能为逻辑所验证。没有美联储现在的发行美元,就没有公众的生产经营活动,也没有它们未来的纳税,以及财政的赎回债券。通过货币,现在的经济活动与未来的经济活动连接了起来,货币因此成了连接未来的纽带。

根据货币的形式逻辑解释,可以进一步推演货币的本质。货币是央行依据自己的资本金,以公众持有的国债为抵押,提供给公众的信用。公众的国债是他们用先前的货币购买的,他们再转卖给央行,就是用央行新增货币填补公众先前货币减少的缺口,就是央行货币支撑国债的购买。因为财政根据未来的税收发行国债,国债卖掉后转换成货币,才能为财政现在使用,所以货币是财政提前使用的未来税收。公众出售国债给央行获得货币后,生产经营纳税。财政将税款偿还给央行,赎回国债,国债与货币发行一起消失。在货币发行和消失的循环中,公众卖国债给央行,财政用税款偿还国债,都不涉及社会财富的增量。唯有公众向政府纳税才涉及社会财富的增量,也就是公众用税款购买政府的公共服务,财政用它的公共服务偿还央行的信用,货币因此在本质上就是财政的公共服务。货币供给增加应该代表着政府提供公共服务的增加。

一般来说,国家财政是消耗性的,不会形成生产能力和再生产循环。如军队与警察的费用、公务员的工资等。此外,还有政府采购。一般没有投资,因为投资有风险,发达国家明确财政不能用纳税人的钱冒风险。在这样的框架中,财政赤字形成于政府的消耗大于它的收入,财政赤字增加,就是货币供给增加,但商品却被消耗掉,生产潜力却没有提高,货币与商品的比例关系趋于恶化。此时,通胀压力增强,放开的利率会大幅度上扬,利率自由化进程不能不放慢。公共财政看起来也有消耗性的,如教育、医疗、退休保障等,但实际上它不仅能形成可供商品,而且还会提高生产潜力,如良好的教育水平、健康的体质和安全保障等。在这样的框架中,货币供给随财政赤字而增加,但是,商品供给量与商品供给的潜力也增加,货币与商品的比例关系保持不变,甚至趋于下降,通胀的压力就会缓解,利率自由化就有了基本前提和重要保障。

也就是说,利率自由化需要与民生紧密相关的公共财政为重要平台。忽略这个平台的构建,一味单兵突进地进行利率自由化改革,那就非常可能在我们认为利率市场化已经实现之时,突然面对前所未有的货币流通形势和宏观调控的困难。公共财政对于货币供给和利率自由化的重要性可以详见第五章第七节"国家财政尚未走向公共财政"的论述。

第九节 误导对通胀的判断与治理

按照经典理论,货币政策的操作要打提前量,而打提前量的前提则是要有适当的指标,这也需要将货币发行与财政赤字联系起来,然后以财政赤字作为衡量货币发行多少的最重要指标。但是,在买外汇发人民币的情况下,管理层失去了这个指标,从而无法及时对通胀做出反应,更不用说采取打提前量的货币政策操作了。

货币主义者弗里德曼认为,货币政策的实施有认识时滞、决策时滞和生效时滞等,也就是说管理层需要时间对通胀形势作出判断,并让货币政策委员会达成共识,采取行动。而货币政策效应传导到实体经济也需要时间,因为货币政策实施要有 6—8 个月影响产出,再有 6—8 个月影响物价。同时,经济运行按照繁荣、衰退、萧条和复苏周而复始,所以经济低迷时期采取的扩张性政策非常可能在经济复苏和繁荣时期发生作用;而在经济过热时期采取的紧缩性政策则非常可能在衰退和萧条时期发生作用。这就会对过热的经济火上加油,或者对偏冷的经济雪上加霜,从而不是缓解经济的波动,而是加剧经济的波动。而要避免这种状况,货币政策就要打提前量,就是在经济尚未衰退时采取扩张性政策,或者在经济尚未繁荣时采取紧缩性政策,使得扩张性货币政策在经济衰退时发生作用,紧缩性货币政策在经济繁荣时发生作用,从而实现经济的稳定。20 世纪末,格林斯潘货币政策的成功就是因为采取了打提前量的货币政策操作,而要取得这样的成功就必须要有相应的指标,能及时反映货币供给的状况,否则,提前采取政策行动则是句空话。

买国债发货币就能在技术上提供提前行动的可能,因为货币发行与财政赤字连在一起,货币发行的多少可以在财政赤字上反映出来,当然,还需要其他一些指标配套,但是,财政赤字是最重要的指标。历史经验已经多次证明,财政赤字太大会导致通胀,因为财政赤字会带动货币供给过多,因此,大多数人都会对财政赤字有足够的警惕。而在买外汇发人民币的情况下,提前采取行动的货币政策就失去了操作的可能。因为,买外汇发人民币与财政没有关系,货币发行再多,财政都没有额外的负担,也没有赤字的增加。央行账户也是平衡的,因为资产方外汇的外汇储备与负债方人民币发行一起增加,不管人民币发行多少,都有外汇与之对应,所以货币发得再多,央行资产与负债都保持平衡。管理层因此会被财政和央行的双平衡所迷惑,而无法依据财政赤字状况来判断货币发行是否过多。

带着财政赤字是通胀的根本原因的判断,去看待我国赤字有限的实际,那就不仅不会对货币供给过多做出提前的判断,甚至到了物价上涨很厉害时,央行还不认为货币供给过多了。详见第五章第一节中的相关分析。

毋庸讳言,我国的管理层对通胀的判断明显滞后,依据此后的判断做出的政策选择也难免有问题。如果早一点紧缩货币,而不是防范所谓输入型通胀,则有理由相信,我国的通胀压力可能比现在要低一些,这就意味着我们非常可能错过了治理通胀的最佳时机,或者要承担治理通胀的较高成本。另一个令人担心的问题是,目前实行的紧缩性政策如果充分发挥作用的时间在1年半以后,那时的经济非常有可能进入低迷,现在的紧缩政策非常可能对下一轮经济周期产生负面影响。

所以那么多著名的专家、学者和官员都对货币供给形势做出滞后的判断①，其重要原因就在于我们没有衡量和反应通胀程度的指标。如果我们的货币发行能反映在财政赤字上，那么谁也不会对通胀形势判断失误，即便有所怀疑，也立马能被财政赤字的数据所说服。然而，在买外汇发行人民币的情况下，管理层失去了判断通胀的依据。不仅无法实行打提前量的货币政策，甚至可能像被温水煮的青蛙一样，不知不觉中错过了摆脱困境的最佳时机，付出难以挽回的沉重代价。即便人行意识到通胀的严重，并采取积极措施，其有效性也不如买国债发货币的同等情况，因为买外汇发货币的制度设定和操作方式与买国债发货币有根本的不同。

买国债发货币是央行的主动性操作。因为买国债发货币通过国债价格和收益率影响其他金融资产，最后传到实体经济上去，也就是说，发不发货币影响的是企业的经营环境，而不是企业经营的本身。所以美联储有较大的自主权，它可以买也可以不买。尽管这也有代价，但相对比较间接和迂回。而且，法律规定美联储的责任是管好货币，而不是保障企业和经济运行，所以美联储并不承担满足企业再生产资金循环需求的责任。货币进入流通之后，既支持商业银行的信用创造，又将其信用创造遏制于某个极限。无论商业银行怎样进行信用创造，派生存款都不会转化为基础货币，自发带动基础货币进一步扩张。所以没有央行向流通中注入货币，货币供给就不会增加；只要央行减少基础货币供给，流通中的货币量就会倍数减少。在这种情况下，货币供给过多会导致物价上涨，但是，这种物价上涨是一次

---

① 2008年我国发生通胀时，央行许多高层都出来说，人民币发行没有过多。到2011年4月通胀已经达到5.3%时，从业内人士到官员和学者都在说，要抵御输入性通胀。一直到2011年7月，通胀已经到了6.4%时，终于有货币政策委员会的周其仁撰文说"滥发货币，系通胀主因"，"至于输入型通胀、成本推动型通胀等解释，不但逻辑上讲不通，还可能分散治理通胀的注意力和关注点"。http://finance.ifeng.com/news/special/zhouqiren/.

性的,只要央行不持续增加货币供给,增加的货币供给被上涨的物价所吸收,物价上涨就停止下来;只要央行坚持减少货币供给,通胀势头就能得到遏制。

买外汇发人民币则是央行的被动性操作。因为买外汇发人民币是直接通过货币量影响经济运行,有货币,企业就能运行下去;没货币,企业就运行不下去。货币发行量对企业的影响是直接的和至关重要的。因为,出口企业拿来外汇,在国内不能买生产要素和劳动力,不对应外汇发人民币,企业资金就无法周转,再生产循环势必中断。在这种格局中,央行发也得发,不发也得发,没有选择的余地,否则,就是大量企业破产倒闭[①]。而且央行只要向流通中注入货币,或者只要有第一次买入外汇,货币供给就会不断增加。因为货币乘数不会收敛,派生存款可以转换成基础货币,货币供给进入扩张式自我循环之中。

两相比较,可以毫不夸张地说,买国债发货币的通胀是美联储的政策性故意,买外汇发人民币的通胀则是我国的制度性无奈。美联储只要改变增加货币供给的故意,通胀就有望得到遏制。而我国人行减少货币供给,就必须改变货币发行制度,其难度要远远超过改变政策意图。尽管我国也说实行单一货币政策目标,中央银行法明确规定央行的责任"用稳定的币值,促进经济增长",但实际上,按照这个提法的逻辑,经济增长是目标,币值稳定是手段,只要经济增长承受压力,牺牲币值稳定就是无奈和必然的选择。在这样的背景下,央行的独立性也无从说起,因为它只能被动满足经济运行的要求,而很难自主决定发或不发货币。比较起来,买国债发货币控制通胀的主动性要比买外汇发人民币充分有效得多了。

---

① 中国人民银行行长易纲就说过,人民币发行过多是国际收支顺差造成的被动性发行。http://finance.people.com.cn/bank/GB/14094745.html。

第十节　妨碍人民币成为国际货币

2011年以来,随着人民币升值的加快,人民币成为国际货币的呼声也越来越高。尽管有李扬等人强调慎言人民币国际化①,但这个声音还是被人民币国际化的呼声所淹没。笔者坚持认为,我国并不具备人民币国际化的基本条件②,其重要原因之一是人民币发行还没有转移到买国债上来。

所以人民币国际化呼声高涨的主要原因首先在于人民币汇率不断走高,否则,人民币信誉不高,需求有限,国际化肯定无从说起,但是,正由于人民币汇率持续走高,人民币更不能国际化。因为市场会不断起伏波动,并趋于均衡。一般来说,今天上升得越高,明天下跌得越深;今天走高的持续越久,明天走低的持续也与之相当。这种特征已经在我国股市上有了比较充分的表现,所以持续走高的汇率正蕴含着掉头向下的风险。在这个基础上,市场对人民币的持有既有将其作为国际结算和支付货币的一面,更多的则是将其作为投机炒作的对象,期待着它的走高,以获取突然掉头所可能得到的利益。只要不改变人民币持续走高的态势,市场就难以将人民币当作储备资产,人民币就难以国际化。所以人民币持续走高,关键就在本章前面分析所指出的那样,买外汇发人民币。因为人民币升值不到位,国际

---

① 花馨:"我们应该慎言人民币国际化",《21世纪经济报道》2009年7月15日。
② 笔者认为人民币国际化最基本的条件和最浅显的道理是中国要有大量持续的逆差,否则,外国银行手中没有大量的人民币,人民币就无法成为国际储备手段,也就没有国际化可言。而要出现大量持续的逆差,这不仅意味着经济低迷和失业,甚至是政治的震荡。这是我国在目前条件下,很长时间内都难以承受的,所以不能不慎言人民币的国际化。

收支持续顺差,国外就一定会逼人民币升值,升值的压力将随升值的发生而趋于耗散,同时国内通胀形势越来越严峻,人民币早晚会转向贬值。

人民币汇率平稳也不能实现国际化,否则,只要用行政手段固定汇率就可以了。因为经济波动会带动汇率的波动,而汇率的波动则能释放经济波动的压力。如果汇率始终保持平稳,则经济的压力不仅得不到及时释放,甚至还会不断地累积增加,时间拖得越久,急剧爆发造成的经济震荡越严峻。加上投机者的参与炒作,汇率的波动将大大超过经济金融力量作用的本身。所以一定要理顺人民币汇率决定的内在机制,以使汇率小幅波动,既能将经济的内在压力平稳地释放出来,又不让汇率的波幅太大,并在长期中保持稳中有升的态势。而在买外汇发人民币的情况下,人民币汇率既会长期稳定,又会持续上升。因为在人民币升值压力的初始阶段,人民币供给的相应增加,把需求增加的压力抵消掉了,人民币汇率就会保持稳定。市场参与者都明白这种稳定是政府干预的结果,而非市场自发运行的结果,所以他们会预期汇率的走强。一旦人民币汇率进入持续上升的通道,市场参与者也明白国家要承担出口下降的成本,所以又会预期它会走软。如此不稳定的预期一定会阻碍人民币成为国际储备货币。

人民币汇率不能国际协调也就不能国际化。能够成为国际汇率协调的货币,其汇率要有助于实现本国与他国的国际收支平衡,至少是一段时期内有关国家的进出口总量平衡。否则,本国总是顺差、经济增长、就业充分,他国总是逆差、经济低迷、失业严重,两国的就业和经济增长的矛盾冲突就会在政治、文化各个方面表现出来,这就没有国际汇率的协调可言了。但如果汇率的及时小幅波动可以实现这个阶段我顺差,下个阶段你顺差,两者加总,差距不是很大,如果再辅之其他手段,则只需有限调节就能实现平衡,国际关系就能比较协调。而要使人民币汇率具有这样的功能,则人民币的发行必须严格可控,流通必须规范有序,退出可以自然顺畅。国与国之间关系协调了,大家都比较放心地持有对方的货币,人民币就不仅仅是国际间结算与支付的工具了。

人民币发行不与国际接轨也就不能国际化。所谓规范的货币供给,就是央行依据自己的资本,给财政或金融机构的短期融资。央行获得的国债或商业票据只是财政和出票人保证偿还的抵押,而不是货币发行的担保。这就要求央行是股份制银行,至少按照股份制银行的规则来运作①。央行超发货币的权限要得到人民代表大会批准,并且现在的超发要以未来的少发为条件。只有在这个基础上,货币的发行与退出才能规范有序,派生存款才不会转化成基础货币,利率和汇率的波动才能反映和调节货币供求与经济运行的变化。国际收支不会持续顺差或逆差,人民币汇率也不会持续走高或走低。只有在这个基础上,其他国家的人才不会仅仅出于投机而持有和使用人民币,人民币才能真正成为国际货币②。目前我国的货币供给还很不规范,切不可将期望实现的目标当作已经具备的条件。

人民币要经历国际收支逆差才能实现国际化。一国货币成为国

---

① 最基本的条件就是要将记账的方法由目前的收付实现制转移到权责发生制上来,只有这样才能使账户的数据反映目前市场的实际情况,而不是过去与现在无关的记录。这才能让央行根据实际情况做出决策,而不是根据过去的记录做出滞后很多的反应。
② 2013年境外一方面需要人民币,另一方面又对人民币竞争力的评价很低,这就在很大程度上表明他们是出于投机目的而持有人民币。http://big5.ifeng.com/gate/big5/finance.ifeng.com/a/20130816/10451565_0.shtml.首席评论2013:美银美林报告:全球货币竞争力排行人民币最低,130821http://v.youku.com/v_show/id_XNTk5MTQ2Mzc2.html,朱宁、钮文新观点。

际货币的基本条件是该国货币要成为别国普遍持有的储备货币,而要成为别国储备货币的基本条件,则是该国国际收支要有大量持续逆差,然后才有该国货币的大量外流,否则,无论他国怎样愿意持有该国货币,他们都得不到这种货币,也就无法成为别国的储备资产。美元成为国际货币就经历过从马歇尔计划到石油美元和欧洲美元的大量美元外流。日元国际化也有相似的历程,从 1972—1982 年,日本大藏省通过大量的对外投资,使得日元跻身国际货币的行列。人民币成为国际货币也难以超越这个历程,但是,我国却很难承受大量持续的国际收支逆差,至少在未来的十多年中。因为我国有巨大的就业压力,国内资本也不充裕,所以很难具备作为国际货币的前提条件。

人民币需要我国科技水平的提高和产业结构的调整。在人民币作为国际货币的初始阶段,中国国际收支必须逆差,否则,外国没有足够的人民币,国际化就无从谈起。一旦外国有了作为储备货币所需的人民币数量后,中国就必须实现国际收支的基本平衡。以免继续顺差带动人民币升值,或者持续逆差造成人民币贬值。因为升值会增加我国对外国的债务,贬值则影响外国持有人民币意向。而要保持中国国际收支的平衡,则诚如李扬先生所言①,要在国际上形成人民币的供给与需求,也就是用中国资本项目逆差形成的人民币供给,满足经常项目顺差引致的人民币的需求②。最好的方式是要求接受我国资本的国家购买我国商品,这就既能保障国际收支平衡,又能实现我国的充分就业,还可使人民币成为国际货币。而要做到这点,则需要我国拥有科技含量很高的出口商品,而不是目前这种资源

---

① 花馨:"我们应该慎言人民币国际化",《21 世纪经济报道》2009 年 7 月 15 日。
② 当然,经常项目逆差和资本项目顺差相等也可以实现国际收支平衡,但是,此时境外人民币要流入境内,人民币国际化也就难以实现了。

劳动力型商品。否则，不仅我国的环境生态承载不起，而且别国也没有对我国产品的足够需求。所以，人民币国际化最终有待我国科技水平的提高和产业结构的调整。

人民币国际化要有发达的金融市场的配套。按照特里芬之谜的解释，别国需要一种货币是因为它的坚挺，但是别国获得它的条件是发行国的逆差，而逆差的货币要疲软。这就是个悖论，因为别国因为坚挺而需要的货币，在持有时则已经疲软了。所以美元能保持坚挺的很重要原因，就是它贸易项目的逆差的货币，通过资本项目又流了回去，就像中国对美贸易顺差的美元又回过去买美国的国债一样。这就表明，人民币要国际化，也必须要有发达的金融市场，然后将逆差流出的人民币再通过金融市场吸引回来，如果做不到，就无法保持人民币的坚挺，别国不会持续持有，人民币就难以国际化。然而，从目前到将来的很长一段时间内，我国浦东金融区还不具备与华尔街PK的功能和力量。

此外，实现人民币国际化还需要许多配套条件，如建立完善的国际清算体系，以便以较低成本实现货币的转换。构建发达、完善、成熟的金融市场，保障国际的货币转换能有国内市场的支撑。所有这些都需要更为深层、更基本的保障，就是要建立严格、可信赖的产权保护机制，然后才有市场的培育和健康发展。这些更证明改变人民币发行方式的重要性，因为正如本章前几节所证明的，以及后面章节还要进一步证明的，不能实现买国债发人民币，利率无法自由化，金融市场缺失定价标准与依据，它就不可能真正成熟、完善起来。买外汇发人民币本身就是产权的最大模糊，只要政府可以用公众资产作为自己货币发行的担保，则全社会的产权都不可能清晰，从而也就无法实现人民币汇率的国际协调与人民币的国际化。

第十一节　两类发行方式的概括与比较

按照前面对人民币与其他货币发行方式的比较,可以归纳成以下两种不同的模型,进而可以比较直接地看出这种发行与运行机制的主要差别。两种货币发行模型如下:

发达国家的货币发行是

$$M = m \times k$$

式中,M 为货币供给,m 为基础货币,k 为货币乘数,即准备金率的倒数。而 $m=f(g)$,g 为央行的国债购买。在这样的模型中,央行买进国债,商业银行进行信用创造,决定货币供给总量。货币发行于经济运行之外,在经济系统中的创造会趋于极限,不可持续。

我国的货币发行是

$$M_{t+1} = f(n_{t+1}) = a \times m_{t+1} \times k$$

式中,M_{t+1} 为本期货币发行,n_{t+1} 为本期国际收支顺差,本期货币发行由本期国际收支顺差所决定,a 为给出口企业贷款中的基础货币占所有基础货币的比例,乘上本期基础货币 m_{t+1} 和货币乘数 k。

$$n_{t+1} = f(r_t)$$

式中,r_t 为上期人民币汇率,国际收支的顺差由上期人民币汇率所决定。而上期人民币汇率则由上期人民币发行 M_t 所决定。

$$r_t = f(M_t)$$

而上期货币发行又为上期的国际收支顺差所决定。

$$M_t = f(n_t) = a \times m_t \times k$$

又因为派生存款通过出口后可以转换成基础货币,所以本期基础货币为上期基础货币乘上上期给出口企业贷款中基础货币占比和货币乘数。即

$$m_{t+1} = a \times m_t \times k$$

可见,买外汇发人民币,决定汇率上升难以到位,国际收支顺差带动人民币持续发行。于是人民币发行于经济系统之内,并在此系统中不断自我循环,自我扩张,难以遏止。它与发达国家货币发行机制的15个主要差别可以归纳在以下表格中:

序列	基本特征	主流发行方式	人民币发行方式
1	发行方式	买国债或商业票据	买入外汇
2	产权关系	央行是债权人,财政或公众是债务人	人行是债务人,公众是债权人
3	财政关系	表现为财政赤字,用财政收入偿还;由担保资产发行人偿还	与财政赤字无关,是人行长期不还的债务
4	发行依据	央行的资本	央行买入的外汇
5	发行担保	短期商业票据	顺差的外汇收入
6	发行上限	资本规模制约的偿付	没有偿付限制
7	增发许可	两党辩论,国会批准	政府与人行主管决定
8	发行退出	短期流通,到期退出消失	长期流通,有退出,无消失
9	货币乘数	趋于某个稳定的值	具有自我扩张的趋势
10	货币循环	派生存款与基础货币界限分明的封闭式循环	派生存款变为基础货币的扩张式循环

续 表

序列	基本特征	主流发行方式	人民币发行方式
11	发行约束	有自我约束机制,没有政策性故意就不会发行过度	缺乏自我约束机制,放松管制则供给一定自发增加
12	汇率波动	汇率及时波动	汇率滞后升值
13	国际收支	顺差难以持续	顺差可以长期持续
14	利率决定	货币供求决定利率,国债利率调整利率体系	利率决定与货币供求无关,没有"牵一发动全身"的基准利率
15	通胀判断	财政赤字预报通胀	CPI滞后反映通胀

第五章 人民币发行的压力与无奈

买外汇发人民币既是理论和制度运行的必然结果，又是现行经济压力和条件缺失下的选择。发达国家没有遭遇我们这样的压力，却有我们没有的有利条件，所以他们可以按照他们的理论，从容地选择与我们不同的发展轨道。我国所面对的压力与条件的缺失主要表现为以下几个方面。

第一节 发行理论与原则的偏颇

人行之所以买外汇发人民币，因为外汇代表着有价值的商品物资，依据外汇发行人民币可以实现货币流通与商品流通相适应，所以此两者的相适应被当作货币理论的圭臬，是因为我国的传统理论将货币定义为"固定充当一般等价物的特殊商品"，由此引发出一系列问题，所以要改变人民币发行方式，需要从这个定义和原则的偏颇说起。

一、货币定义偏离国际惯例

按照我国传统的货币理论，货币是固定充当一般等价物的特殊商品，它具有内在的劳动价值。而按照现代货币理论，货币只是便利交易的工具，它以国家信用为基础。且不论两种货币定义本身的差别与问题，仅仅顺着两种定义的逻辑展开，就一定得出人民币买外汇发行，而其他货币则要买国债，或者其他有价证券发行。

只要认定货币有内在的劳动价值，那就只有贵金属才能作为货币，纸币没有内在价值，所以不能作为独立的存在，而只是依附贵金属，发挥货币的职能。因为商品也内含劳动价值，所以在贵金属不足的情况下，国家依据商品，包括外汇发行纸币也就顺理成章。计划经济是否定私有制的经济，所以将一切资源都归国家所有，并由计划委员会的分配取代市场交易，实现资源统一配置，所以国家可以依据本就属于国家的商品，强制发行纸币，纸币代表商品的价值，发挥着流通转让的媒介作用。因为经济运行的态势与商品担保的多少大多一致，也就决定交易所需纸币的多少，所以经济增长，人民币（包括与之功能相同的人行贷款）发行增加，反之，此两者都减少。在这样的构架中，政府只是保证人民币能买到对应的商品，却并不承诺对人民币债务的偿还，除非政府投放公众所需商品，人民币才能退出流通并消失。如三年困难时期，政府进口伊拉克蜜枣，高价投放市场，收回过多投放的人民币。在这样的纸币发行流通中，国家信用只是担保人民币后面有商品，但并不表明政府承担相应的债权债务关系，因为人民币发行没有作为政府债务必须偿还的制度安排，国家信用因此被理解成无需偿还的信用。尽管这种理解符合中国的实际，却明显与国际惯例相悖，而正是按照这样逻辑的延伸，所以有我国的买外汇发人民币，以及由此引发货币发行、流通和退出的各种问题和弊端。

货币是一般等价物的理论非常值得商榷。因为交换未必是等价的，等价为什么还要交换呢？那还不如自己生产。交换就是能得到额外的好处，就是不等价的，然后才有社会分工的发展。还有交换在表面上发生在不同主体之间，本质上都是交换者自己所失的交换，至于对方的得失既搞不清楚，也与自己无关，只要自己所得增加就可以了。所以交换需要的是信用，而不是什么等价物，只要货币能换取我所需要的，谁也不在乎它是否等价。因为只关心能换取所需要的，货币的基础就是信用,既然是信用,它就不是国家强制发行的,而是自愿接受的。不信,请问持有美元的人,他是恐惧美元后面的导弹、无人机,还是相信能买到他需要的?可见从一般等价物开始的货币理论就非常值得深入探究,它是导致人民币发行至今未能进入现代经济轨道的根本原因。

按照现代货币理论,货币只是便利交易的工具,它是独立的存在,而不是贵金属或商品价值的依附,也不包含什么劳动价值。纸币所以能独立发挥货币交易媒介的作用,在于它是央行的债务凭证,它可以用来购买商品,支付税款。所以央行的纸币能有这样的信用,是因为央行用自己的资本金,而不是公众的资产,作为发行的担保,自己的资本金是有限的,这就决定了纸币的发行是有限的,这就能维护纸币较好的信用。央行买进财政的债券并非央行发行纸币的担保,而是财政保证偿还央行给予融资的抵押,财政如果不能偿还融资,央行就可以卖掉债券,收回融资。担保是指央行具有保障偿还纸币负债的实力,即有足够的资本金。抵押则是借款人提供保障偿还债务的有价证券,即以税收为担保的国债可以随时卖掉。央行的纸币发行并不受国债的制约,财政只要能保证偿还,没有国债抵押,央行可以直接将纸币给财政,因为央行的担保是它的资本金,而不是国债,它有资本金就可以发纸币。

所以强调担保和抵押的不同,在于中国这两个概念的模糊,人行的资本金只有219亿,根本无法支撑30万亿—40万亿基础货币的发行。但它仍然理论底气很足地说,外汇是人民币发行的担保。这就事实上用公众的资产,而不是央行的资本金作为人民币发行的担保,因为公众的资产远大于央行的资本金,所以人民币发行量也远远超过发达国家的同等经济水平。

如此纸币发行与偿还的关系也表现在财政的黄金购买过程中。也就是财政用金证券从黄金开采商手中买进黄金,央行从开发商手中买进金证券发行纸币,财政用税收偿还央行的金证券,纸币再流回央行,央行的资产(金证券)与负债(纸币)一起消失,财政持有黄金实际上是税款转换的。同样的道理更加简洁地表现在央行买国债发货币上,央行买国债发行货币,国债到期,财政用税款偿还国债,央行的资产(国债)与负债(纸币)一起消失(详见第四章第六节中的相关论述)。如此关系表明所谓国家信用是以国家为担保的债务偿还。如果国家不能按时偿还所有的债券,就是还债的税收少于债券,就是有一部分货币不能随债券的偿还而退出流通,这就造成物价上升和货币购买力下降,国家信用相应打折。有人说,纸币发行以国家信用为担保,何需资本金[①]。他们不明白所谓信用就是偿还,没有信用就没有偿还,国家信用就是国家担保的偿还,而不是不要还。

不管买国债的纸币发行和偿还,还是买外汇的发行不偿还,纸币发行的累积数量都将越来越多,也就是说,两种发行方式的结果在形式上一致,但其经济意义与机制却有根本的不同。对于发行偿还的货币,每笔到期都要退出流通,但是因为可以不断发新偿旧,所以借债续短为长,流通中货币的长期存在与货币发行之初就没打算还的结果相同。但是,作为前者,央行买进政府债券,政府到期偿还这个债券,实际上是有借有还,再借不难,货币不断地进入和退出流通,此货币就有较高的公信度。作为后者,政府负责调解流通和稳定购买力,但却不承担偿还责任,所以此货币的公信度下降,政府只能用行政命令来管理和维持它的运行,其稳定纸币购买力的压力相应越来

[①] 笔者阐述资本金对于纸币发行重要性的文章,在编辑部就遭遇这样的质疑。这个质疑其实代表很多人的认知。

越大。

两种货币定义本身的长短优劣固然重要,但更重要的是这个定义与经济系统的匹配性。如果不相匹配,定义的长处就是它操作的短处。因为这个定义会成为系统的异数,扰乱系统的运行。反之,定义的短处也就是它操作的长处,因为定义与系统协调运行,尽管系统整体效率不高。随着我国经济体制改革的深化,从属于计划经济体制的货币定义与改革中体制的不兼容性和摩擦性日趋明显,所以非常有必要将货币的定义由"一般等价物"转移到"财政未来的税收"或"商业银行未来的还款"上,这才能顺理成章地将人民币发行方式由买外汇转移到买国债上来。否则,保持计划经济中的货币定义,而要进行属于市场经济的货币发行方式的有关改革则不仅于理不顺,还会遭遇许多系统性障碍。

二、误将公众资产作发行担保

在我国的传统理论中,纸币代表一般等价物流通,所以人民币发行要有物资保证,从商品到外汇等的一切。且不论这样的理论有着产权都属于国家,而不是公众的根本局限,就以借款人的资产,而不是央行的资产作为发行的担保,这样的操作在理论和实践上都无法成立。

纸币起源于钱庄票号、商业银行的票据,甚至是政府的债券,所以货币是发行人的负债。这个负债的担保不是存款人,或者借款人的资产,而是发行人的资产,否则,这样的交易就会陷入非常尴尬的矛盾中。所谓发行的担保,实际上就是承诺偿还的保障,也就是发行人,即出票人在票据到期日要偿还借款;如若不能,则要用此资产顶替偿还。如果用存款人的资产作担保,则就相当于我向你借钱,开出借据，不是用我的资产作担保，而是用你的资产作担保。如若不能偿还，则用你的资产作为我负债偿还的担保，这无论如何说不过去。因为借钱的目的是为了使用，使用就有风险。用借来的钱做担保，就不能使用，否则，遭遇风险就无法偿还，所以央行不能以公众的资产为发行的担保。

央行是银行的银行，所以要吸收商业银行存款，并对商业银行发放贷款，纸币是贷款的凭证，通过贷款而发行。这就决定了接受贷款的商业银行要提供贷款抵押，于是货币发行表现为央行买国债或再贴现商业票据，这些有价证券就不是央行货币发行的担保，而是商业银行保证贷款偿还的抵押。如果商业银行不能及时偿还借款，则此有价证券归央行所有。可见，货币发行是央行用自己的资产作为发行担保，贷款给公众。所以央行是债权人，公众是债务人，是公众欠央行的钱，而不是央行欠公众的钱。货币发行将随着票据到期的偿还而消失，这是大多数国家央行的基本运行规则。

我国的货币发行则没有这一说，因为我国央行从大一统的人行体制发展而来，基本理论仍然沿袭"货币流通为商品流通服务"，贷款的"物资保证"①原则不仅没有得到应有的清理，甚至这样的思维方式还遮蔽了对现实问题的判断。所谓"物资保证"就是购货企业要以拟买进的销货企业商品为担保，要求银行给予贷款。遵循了这样的原则就能实现货币量与商品量同方向变动，从而避免货币发行的过多。如此理论与原则的逻辑延伸就是买外汇发人民币，外汇至少代表着外国商品，随着外汇储备的增加而发行人民币，也就实现了货币流通与商品流通的相适应。我国金融改革几十年，已经建立了有关

---

① 财务管理，2004 年 10 月 10 日，来源：http://www.sjz.gov.cn/col/1275395500893/2004/10/10/1275396630190.html。

机构和制度,但是,却没有实现有关理论与原则的转换,以致我们仍然是在中央银行的平台上继续大一统银行的货币发行方式。

我国目前的买外汇发人民币,其担保就不是人行的资本,而是以公众的外汇,这就根本颠倒了人民币发行的债权债务关系。因为人行持有公众流血流汗挣来的外汇,而公众持有人行印发的纸币。人行是债务人,公众是债权人;是人行欠公众的钱,而不是公众欠人行的钱。因为持有人民币的公众有权向央行要求兑换外汇,尽管人行并不承诺对外汇的全额偿付。

可见,要实现货币发行方式的转轨,首先要在理论上放弃"货币流通为商品流通服务"与"物资保证原则",并且明确货币发行要以央行的资本为保证,公众的外汇只是获得融资的抵押。这样把被颠倒的债权债务关系再颠倒回来,才能奠定人民币发行方式转轨的基础。

三、没有人民币发行偿还理念

确定货币发行是央行给公众的贷款,所以公众要向央行提供贷款抵押,为保障央行贷款能及时收回,可以作为贷款抵押的只能是短期票据,或者长期票据、短期持有。这也就决定了纸币发行只是央行给公众提供的短期融资。而在我国"货币流通为商品流通服务"的理论框架中,人民币一次发行,长期使用,至少在逆差发生之前不会消失。

既然货币发行产生于央行需要偿还的贷款,那么央行与公众的交易,不管是买进国债,还是再贴现,都不是一次发行,永不退出,而是短期借款,到期偿还。货币因此不会永远地停留在流通中,而是在票据到期偿还时完全消失。也正是因为央行向财政提供短期融资,所以央行得到的仅仅是融资收益,也就是对到期债券收取的利息,而不会有社会财富向央行的汇聚。因为央行依据自己的资产与财政未来的税收交换，所以是资产换资产交易，尽管该资产有倍数扩张的效应，但毕竟不是负债换资产，所以央行的货币发行只有有限收益的增加，而没有无限增加的可能。

在"货币流通为商品流通服务"的理论框架中，货币发行就是外汇买断卖断的交易，而不是给政府或金融机构提供短期融资。按照《人民日报》重要文章的说法，人行买入外汇发行人民币，人行得到的是外汇，公众得到的是人民币，这是"银货两讫"的等值交换，所以外汇储备是人行的钱。如此论断表明，人行发行的人民币是与公众等值交换后的永久性付出，而不可能有票据到期偿还后永远的消失。在这篇文章中又指出，人民币是人行的负债，但却既没有说有多长的期限，也没有说明以什么方式偿还人民币，更没有在机制上保障偿还的实现[①]。而按照负债一般逻辑，但凡是负债都要偿还，所以人民币也不能违背这个规律。然而人民币既为负债，却又实际不还，其间逻辑破绽显而易见。

人民币到底是人行的钱，还是人行的负债，这不仅取决于理论判断，更取决于实际操作。如果人民币在实际操作上是偿还的，那就有理由认为它是负债，即便理论上认定它是人行的钱也无济于事。如果人民币在实际操作中是不偿还的，那就有理由认为它是人行的钱，即便理论上认定它是人行的负债也不能成立。而在我国的实践中，人民币恰恰是不偿还的。且不论人行从来没有做过这样的承诺，在实际操作中，我国国际收支持续顺差20多年，人民币一直在投放更是个证明。如果人民币是负债，出借那么长的时间，又不说何时还，

---

① "外汇储备究竟是谁的钱？"，http://q.sohu.com/forum/20/topic/53712227.

这不仅说不过去,而且债权人也不会接受。如发达国家的央行,早期只能买短期3—6个月的,现在虽然有长达数十年有价证券,但是出于资产负债平衡的考量,它们需要及时卖掉,这就是偿还,退出并消失。人民币发行不具有作为负债的基本特征,所以人民币实际上是人行的钱,而不是人行的负债。可见,人民币在理论上是人行的负债,在操作上却是人行资产。这样的推论,既不符合理论逻辑,也不能为国际惯例所证实,但是,它确实是我国的实际。

一旦人民币是人行的钱,而人行与公众进行的又是等值交换,人民币就获得了与外汇储备对应的价值。但实际上外汇中含公众很多劳动成本,而人民币只含印刷成本,如此交换的结果,一定是人行得到很大一块超额利润。长此以往,社会财富就向人行汇聚,而公众手中的财富越来越少。在过去五年中,人行的资产增长规模甚至超过了历史比我们悠久、国家经济当量都比我国大得多的美联储和欧洲央行①。如果不是人行在货币发行中巨大的额外收益,就不可能有如此资产增长的速度和水平。而这样的财富汇聚,不仅在道义上对公众说不过去,而且在资源配置上会造成经济运行的不可持续。不仅因为财富直接向央行汇聚,公众的可支配份额缩小;更因为央行操作方式的示范,其他垄断机构也可以获得较大的财富份额,公众消费势必趋于下降,经济结构的扭曲日趋严重。

可见,要实现人民币发行方式的转轨,需要在理论上确定人民币发行是央行提供的短期融资,所以央行买进的金融资产不是一次性买断,而是需要偿还的短期贷款。然后才能避免央行与公众的不等

---

① 参阅《东方信邦》2012年4月26日:在过去5年,央行资产总值增长了119%,2011年年底达到28万亿元,折合约4.5万亿美元;而美联储和欧洲央行,在2011年年底总资产规模分别为3万亿美元和3.5万亿美元。

价交换,将货币长期滞留在流通中,以及财富向央行以及其他垄断机构汇聚等一系列问题。

四、人民币进入流通并无价值

按照计划金融的经典论断,金币是有价值才进入流通,纸币则是流通后才有价值,因为纸币代表黄金而进入流通,在与商品交换的过程中获得价值。由此推论人民币发行无需价值前提,这就为人民币过多发行埋下伏笔,纸币因为流通才有价值的理论并不能为历史所证实。

不管价值是人类无差别的劳动,还是未来可得更大回报,货币都带着价值进行交换,而不是交换之后才有价值。如果不过于强调贝壳、头盖骨和大石板,在历史上作为主流货币的主要是黄金和白银,它们不仅包含很多内在的人类劳动,而且有着更高的外在交换价值。否则,它们就得不到市场的认可,无法作为价值的衡量、交换的媒介和价值的储藏等。

在钱庄票号和早期银行时期,流通中的主要是银行券和银票等,它们本身只是印制的符号,而没有内在的价值,但是,它是代表钱庄、票号和早期银行库存黄金白银而发行。因为持有这些有价证券的人随时可能兑换黄金白银,所以这些票证要有足够的黄金白银作为担保,这就表明在这些有价证券进行交换之前已经拥有内在的价值。只不过钱庄票号和银行的经营者知道所有的存款人不会同时来取款,所以发放的票据量会超过他们库存黄金白银的量,但是不会超过太多,否则,就会有破产倒闭的风险,这就更加证明有价证券对黄金白银的代表性和匹配性。当时的票据流通实际上是以个别金融机构的信用为基础,而金融机构的信用就是金融机构现在的凭证是可以偿还和兑现的,或者正是因为可以兑现和偿还才能流通起来的。而兑现和偿还正表明它是代表着价值进入流通,而不是流通以后才有价值。

1793年英法战争爆发,英国银行券超发,现金准备不足,1787年2月敕令停止兑换,结果黄金价格上扬,物价暴涨,汇率下跌[①]。1944年在二战即将结束时,美国凭借其拥有的黄金储备建立布雷顿森林体系,确定35美元兑换一盎司黄金。但是,随着二战以后的美元外流和各国政府的黄金兑取,美国黄金储备减少,越来越不能支撑世界各国的黄金兑取,黄金的美元价格越来越高。尽管美联储做了各种努力,最后布雷顿森林体系还是解体。1948年8月,国民党政府实行金圆券改革,以黄金白银外汇合二亿美元及可靠之资产值三亿美元,共五亿美元。按与美元四对一之比值,发行金圆券二十亿元。但实际上因为战事吃紧,金圆券超发,到11月11日,颁布《修正人民所有金银外币处理办法》和《修正金圆券发行办法》,将金圆券法定含金量原定0.222 17公分减为4.443 4公毫,据此,每两黄金应从原定折合200金圆提高至700金圆。尽管当时的行政手段非常强硬,且覆盖面相当之广,但还是带动了物价飞涨,这就加速了国民党政府的垮台[②]。这三个史实都可以支持这样的论断,即不仅纸币要带着价值进入流通,而且纸币的价值,甚至政府的信用都要以纸币足值兑现为前提和保障。

布雷顿森林体系解体后,黄金退化成普通商品,美元发行主要依据国债来进行,但这并不意味着纸币可以没有价值进入流通。首先,

[①] 刘絜敖:《外国货币金融学说》,中国金融出版社2010年版,第118页。
[②] 张皓:"王云五与国民党政府金圆券币制改革",http://www.lw23.com/paper_5241271/.

美联储要有资本才能运作,所以美元发行规模不能超越资本的支撑。其次,美联储可买国债规模要得到法律许可,不能超规模购买。更重要的是国债要以税收偿还,税收代表着政府未来的资产。所以买国债发美元,从国家的终极回答,而不是美联储的角度说,则是以税收为担保发货币,美元因此代表着税收的价值。因为税收是政府的资产,美元则是作为国家银行的美联储的负债,资产与负债对应,美元在发行之时就有价值。

同样,约束货币发行的道理也适用于解释英镑的发行。英格兰银行的建立也有资本要求,所以英镑发行不能脱离资本太远。英格兰银行再贴现的规模也要得到国会的批准,而不能发行过多。此外,再贴现依据也只能是商业银行已经贴现过的短期票据,而此短期票据到期要由出票人偿还,所以英镑超资产发行的部分与商业票据的未来价值对应,使之提前得到实现。这就是说,在黄金白银作为发行担保时,货币发行以发行者现在的财富为依据,而在国债和商业票据为担保发行时,现在的财富让位给未来的财富。不管纸币代表现在还是未来的财富,它都始终代表着财富,而不是没有价值的凭空发行。

按照我国教科书中的经典话语,"金币是因为有价值才进入流通,纸币则是进入流通后才有价值"[①]。可以推导出纸币不需要价值就可以进入流通,所以纸币发行多了会造成通货膨胀。因为纸币原本没有价值,其购买力与纸币数量反方向变动,纸币数量多了自然要贬值。殊不知前两段的史实恰恰证明,纸币带着价值进入流通,所谓纸币发行多了会造成通货膨胀,就是单位纸币所代表的价值量减少

---

① http://syue.com/Paper/Finance/Other/44042.html.

而造成纸币相应贬值。其实,纸币在发行之时已经贬值了,在流通中的贬值只是滞后反应而已,这就更证明纸币必须带着相应的价值进入流通。

后来纸币发行与黄金脱钩,以国家信用为担保,这也不意味着只要有国家信用,就无需纸币的内在价值,国家信用可以替代纸币内在价值。实际上,国家信用只是保证纸币价值的到期兑现,而不是有国家信用就无须价值兑现了。如英格兰银行由金本位转向金块本位,金币不能兑现,也不能进行交易,国家信用受到削弱,物价上升很严重[1]。布雷顿森林体系解体时,美国银行不再承担美元兑换黄金,世界物价也都有上扬。在此之时,尽管货币发行的国家信用还在,但货币不能兑换就是货币价值下降,其国家信用也一定相应大打折扣。

如此论断还表现在纸币发行中。如果美国国债到期不能全部偿还,就是美联储通过买国债发行的货币无法通过税收尽数退出,这就会在流通中越积越多。如果英格兰银行再贴现过的商业银行票据不能如数偿还,就是出票机构不能用流通中的货币来偿还英格兰银行的再贴现款项,其结果只能是英格兰银行持有的商业票据与所发行的英镑一起增加。如此都必然是停留在流通中的货币越来越多,最终酿成通胀。可见,国家信用只是保障纸币的到期偿还,而不是无需偿还。具有偿还保障的货币在发行之时就有价值,一般不会发行过多,否则,就会因为不能足值偿还而价值下降,进而酿成通胀。

人民币的发行与这样的理论和实践有着根本的不同。人民币发行之前,既不代表人行的资本,也不代表财政的税收,所以没有内在价值。只有与外汇交换之后,才获得与外汇对应价值的认可。但这

---

[1] 刘絜敖:《国外货币金融学说》,中国金融出版社2010年版,第118—119页。

种认可是高估的、超过它内在价值的,以无价值换有价值的,所以它的发行势必越来越多。因为除了可以获得的外汇外,人民币的发行没有其他约束。可见,要实现人民币发行方式的转轨,还要从理论上确定:货币要代表价值进行交换,而不是交换之后才获得价值认可。因为只有代表发行者的价值,货币发行才能受到根本的约束,才能从根本上避免人民币发行随外汇一起增加,以及央行与公众的不等价交换问题。

五、"币""货"流通本不适应

按照货币作为一般等价物的定义,货币流通就要为商品流通服务。而要实现此二者的数量相当,货币发行就要遵循物资保证原则,也就是货币发行要与商品量的变动保持同步。然而,不讨论物资保证原则的前提,就其本身也存在着逻辑上的缺口。

正如第二章第三节所指出的,马克思的货币流通公式是

$$MV = PQ$$

其中,M、V、P 和 Q 分别是货币量、货币流通速度、价格水平和社会产出。从形式上看,马克思的货币流通公式与费雪方程式非常相似,只是用 Q 替代了 Y,都代表社会产出。但若深入比较这两者的理论逻辑,就不难发现这两个公式的本质不同。

在费雪的方程式中,货币是没有劳动价值的,所以货币量多了,价格水平上升;货币量少了,价格水平下降。货币量与价格水平之间存在量的对比,而没有质的对应关系。在马克思的公式中,商品和货币都有着内在的劳动价值,商品的价格是商品的劳动价值与货币的劳动价值对比的结果。如果货币量多了,商品价格上升,就是等量金

币可以换取的商品少了,就是金币与商品的交换价值低于它内在的劳动价值,人们不愿意用劳动价值大的金币换取劳动价值低的商品,金币就会溶解成金块退出流通;反过来,如果货币量少了,商品价格下降,就是等量金币可以换取的商品多了,人们都愿意以既定的金币换取更多的商品,流通外的黄金就会铸成金币进入流通。正是因为金币具有自发调节流通中货币量的功能,这就使得流通中的金币量始终符合商品流通的必要量。根据这样的理论推导,计划经济时代的货币银行学教材都认为,在金币流通的情况下,不会发生通胀或者通缩。

在纸币流通的条件下,纸币没有内在劳动价值,它与商品的交易可以得到额外收益,多出的纸币不会退出流通,这就会造成物价上涨和通胀。所以纸币发行要与金币相适应,也就是与完成既定商品交易量所需的货币必要量相一致。在纸币流通的情况下,商品价格的公式可以调整为 $P=MV/Q$,这就表明纸币发行超过流通中的金币必要量才会造成通胀;反过来,商品量多了则可以缓解物价上升,所以人民币发行一定要与有价值的商品相适应。在缺乏足够黄金储备的情况下,货币流通要与商品流通相适应,才能保证货币流通的稳定。人民币发行要有物资保证就成了计划经济条件下的理论之意和逻辑延伸,它表现为贷款要有物质保证,发人民币要买外汇等。

然而,即便在金币流通的条件下,黄金自动调节流通中的货币必要量的作用是有限的,而不是无限的。确实,物价上涨,就是金币的交换价值低于黄金的内在价值,人们就会将金币转换成黄金,退出流通,以减少损失。物价下跌,就是金币交换价值高于黄金内在价值,人们为了赢利,而将流通外的黄金铸成金币,进入流通。黄金因此能自发调节流通中的货币量,使之与流通中的商品量相适应。然而,这样的调节作用只有在黄金价值不变的情况下才充分有效。如果黄金价值也会波动,公众可能无利可套,或者套利空间有限,这个调节机制的作用就非常有限。所以 17—18 世纪加利福尼亚发现金矿,世界物价上涨一倍①,这就表明增产的黄金有很多都进入了流通,并没有如理论所说那样全部退出,否则,世界物价水平不会有如此幅度的上涨。可见,金币流通自发调节流通中货币必要量只是一种可能性,并只发生在非常偶然的情况下和有限的范围内。在金币流通为商品流通服务存在着理论缺口的情况下,追求纸币流通为商品流通服务一定会遭遇以下一系列挑战。

金币流通与商品流通相适应在逻辑上只是非常个别的偶然。所谓货币流通与商品流通相适应,那就是这两者在数量上有着某种联系,甚至应该同方向变化,至少不能背离太大。否则,经济增长了,金币不够,或者经济低迷了,金币又太多,此时,纵然金币有充分的调节作用,也无法实现这两者的相适应。然而,黄金与商品的生产恰恰没有内在的联系。因为黄金的产量为金矿的发现和开采技术所决定,商品生产由科学技术和劳动生产率所决定,此两者原本各行其道,它们的增长变动不仅难以同步,甚至黄金增长越来越落后于经济增长,因为矿源会越来越枯竭。所以金币流通与商品流通的相适应,不仅作为论断值得质疑,作为导向则问题就更大了。

货币流通为商品流通的计量前提不成立。我国理论与实务界曾经花了很多时间和精力计算我国的货币必要量,期望以此作为发行多少人民币的依据。所谓商品量与货币量 8∶1 的经验数据就产生

---

① 在马克思的《资本论》中,提到加利福尼亚金矿开采造成影响的有两处:第三卷第三十五章第 640—641 页、第三卷第三十三章第 602 页(页码据人民出版社 2004 年版),都只说明黄金多带动物价上涨,却未能说明既然黄金能自发调节流通中货币必要量,物价为何仍然会上升。

于这样的背景下,即8元零售商品发1元钱人民币才能保持物价稳定①。然而,这个零售商品仅指具有使用价值和交换价值的物质产品,既不包括劳务,更不用说商品专利等了,所以它只是需要货币流通为之服务的商品中的很小一部分。即便这个商品量算得很准确,8∶1的数据也没有说服力。因为需要货币流通为之服务的商品还在不断延伸拓展,比例越来越大,如物质商品,服务商品;有形商品,无形商品;现实商品,未来商品;走俏商品和冷背残次商品等。正是其中很大部分一直处于变动和此消彼长之中而无法准确计量,依此为基础的货币流通量计算根本无法准确。

货币流通与商品流通相适应需要保持物价水平不变。金币流通的自发调节作用表现和实现物价的稳定,这就没有物价的起伏波动,除非流通中过多的金币不能退出,短缺金币不能进入。而物价不变,即便在实行严格的凭票供应的计划经济中,也难以做到,更不用说市场经济的条件下了。因为,市场经济正是靠价格在时间和地域上的波动来调节商品供求,实现资源的合理配置。如果始终坚持保持物价不变,那就一定阻碍市场经济有效运行,甚至连市场经济也不复存在。这就表明以货币流通与商品流通相适应不仅无法实现,甚至也不该实现的。

货币流通与商品流通相适应会加剧产权模糊。因为商品生产有比货币印刷高得多的生产成本,国家可以进行纸币换商品的不等值交换,那就只有一个可能,即商品和货币都属于国家,国家进行这两者的交易,相当于将左手的财富转移到右手。如果商品属于公众,而

---

① 刘志强:"货币流通正常标志的探讨——对1∶8经验数据的异议",《山西财经学院学报》1982年第2期。

货币属于国家,公众就无法接受这样不公平的交易。商品交换都无法进行,何来货币流通为商品流通服务？只有在产权模糊的计划经济中,货币流通为商品流通服务才勉强说得过去,但仍然不能完全做到,而在产权明晰为前提的市场经济中则更不可能做到。如果政府继续可以用纸币换取公众的财富,那就表明市场经济还没有建立起来,不等值、不公平的交换将普遍存在于各类交易之中。

货币流通与商品流通相适应难免推高我国商品价格。按照计划经济理论,外汇属于商品物资,对外汇发行货币,就能实现货币流通为商品流通服务。然而,外汇是用本国商品出口换来的,外汇增加为出口增加所致,并带动人民币发行增加。于是,一方面是国内商品减少,另一方面则是人民币发行增加,其结果不仅会在需求增加上拉高物价,而且会在供给减少上推高物价,因为拉高的商品价格会进一步拉高生产要素价格,使得要素价格与商品价格相互作用,螺旋式上升。这就是说,仅仅在出口换汇的环节上,已经会形成物价上涨的压力。

货币流通与商品流通相适应无法平抑国内价格。按照计划经济理论,如果发生通胀,政府可以用外汇买进外国商品,在本国抛出,就能把本国物价打压下来。然而,这样的逻辑并不能成立,至少是失之粗陋。因为买进外国商品偏少,国际市场价格不上升,国内市场价格也打不下来。若大量买进外国商品,就必须先有大量商品出口,获得大量外汇后才能操作,这就会造成以下三个效应：首先是我国出口商品的国际价格下跌,然后是人民币汇率有下降的压力,再就是进口商品价格上升。这三个效应的叠加就是国内生产要素价格上升,出口商品外汇所得减少,进口商品成本提高,如此抛向国内市场的进口商品不仅不能平抑国内市场,而且一定会把本国价格推高上去。更何况拥有大量外汇并不能保证买到所需的商品,目前我国就深受发达国家对高科技产品禁售的困扰。还有大量外汇储备使得我国无论买什么,其价格就会上涨。可见,使用外汇的通胀压力甚至比获得外汇的通胀压力更大,两者的叠加决定货币流通与商品流通相适应无法保持物价的稳定。

货币流通与商品流通相适应甚至可能造成商品的枯竭与货币的泛滥。实现货币流通与商品流通相适应势必选择买外汇发人民币,这就导致人民币随外汇一起增加,人民币与外汇的数量比例不变或变动有限,人民币就难以升值到位,国际收支顺差将持续存在。外币不断进入,人民币不断发行,商品不断出口。因为所有的商品都可以出口,所有的出口都可以变成外汇,所有的外汇都可以变成人民币,最终结果只能是国内的商品没有了,只剩下人民币。当然,管理层的各种努力避免了这样的状况的发生,但是这样的理论逻辑不仅没有消除,而且会在操作中顽强地表现出来,增加调控的难度。

货币流通与商品流通相适应置央行于调控汇率的两难境地。诚如前述,货币流通与商品流通相适应的结果一定是人民币发行的过多,这就会引发国内的通胀与国际逼人民币升值的压力。如果央行允许人民币升值,结果就会减少出口企业的换汇所得,增加失业和财政补贴出口企业的压力。如果央行不允许人民币升值,出口和就业压力有限,但通胀势必加剧。于是,央行只能稳住人民币汇率,保持出口势头,同时提高存款准备金率并发央票,以回收过多发行的人民币。但这只是"扬汤止沸",不能在源头上阻止买外汇发人民币,吸收多发人民币的努力在缓解通胀的同时,累积未来爆发的压力。

货币流通与商品流通相适应加剧经济的波动。如果以货币流通为商品流通服务的目标发行货币,那就一定在商品量多、经济繁荣时多发货币,而此时经济已经过热,再发货币势必火上浇油。商品量少、经济衰退时减少货币量供给,而此时经济已经偏冷,再减少货币就是雪上加霜。如此顺经济走势的操作势必违背货币政策要逆经济走势的原则,所以实现货币流通为商品流通服务不是缓解经济波动,而是加剧经济波动。

货币流通与商品流通相适应造成判断和认识的盲区。货币发行要以央行的资本为担保,央行买入的资产只是公众接受央行贷款的抵押;货币发行决定央行是债权人,而公众是债务人;央行与公众的交易应该是资产换资产,而不能是负债换资产;上述所有的一切都是非常浅显的道理。但是,我们很多理论和实务界的资深人士没有意识到这些,就是因为他们的认识从货币流通为商品流通相适应出发,于是就会无视货币发行要受资本约束,颠倒央行与公众的债权债务关系,用作为负债的货币换公众的资产,甚至无法及时认识到货币的超发等一系列问题。可见,不能摆脱货币流通为商品流通服务的理论,就不能正确地认识和解决人民币发行的问题与实际。

六、缺乏资本约束负债的观念

根据劳动价值论和货币流通为商品流通服务的理论,列宁又进一步提出要把大银行"变成全国性的簿记机关"[①]。如此目标定位彻

[①] 出自《布尔什维克能保持国家政权吗?》一文,见《列宁全集》第 26 卷,人民出版社第一版,第 87—88 页。原文节选如下:"大银行是我们实现社会主义所必铸的'国家机关',我们可以把它当作现成的机关从资本主义那里夺取过来,而我们在这方面的任务只是把资本主义丑化这个绝妙的机关的东西斩断,使它成为更巨大、更民主、更包罗万象的机关。那时候量就会转化为质。统一而规模巨大无比的国家银行,连同它在各乡、各工厂中的办事处——这已经十分之九是社会主义的机关了。这是全国性的簿记机关,全国性的产品的生产和分配的统计机关,这可以说是社会主义社会的一种骨干"。

底废弃和阉割了我国银行的应有功能,使得人民币发行只能被动满足经济运行的需要,并做好商品流通的记录。人民币发行因此完全脱离资本的约束,至少在理论上具有无限增长的趋势。

(一) 资本约束负债的原理与机制

发达国家的央行,如美联储、英格兰银行和欧洲央行等大多由私人银行演变过来[①],至今还是股份制银行,这就决定了它们的运行一定要遵循资本约束负债的基本规则。

私人银行的建立之初就要有自有资本,这就决定了没有自有资本,这些银行都不能开业,自有资本是它们形成负债的前提[②]。有了

[①] 在我国曾经有过很多关于中央银行是股份制银行还是国家机关的讨论,当宋鸿兵的《货币战争》指出美联储是股份制银行时还引起不小的惊讶。其实中央银行是什么性质并不重要,重要的是它们都要按市场规则运作,即便是国家机关,如果不按市场规则行事也是不可持续的。

[②] 所谓资本总额通常是指投资主体的自有资本总数,也就是它们的注册资本。所有的投资主体都要有资本,如1913年美国通过《联邦储蓄法案》,明确美联储是股份制银行,它的股权由12家联邦储备银行所有。其中纽约、芝加哥、旧金山持有50%的联储资产,纽约联储银行一家就超过30%。该法案还规定:每一家国家银行(national bank)都必须购买不少于6%的美联储银行各地区分行的股票。若成员银行(member bank)没有按时购买股份,则将此股按原价卖给公众,但每位居民或企业不得购买超过$25 000价值的股票。没有卖出去的股份归国家所有。只有持有股份的成员银行有投票权,公众持有的股份没有投票权。各储备行收入扣除本行开支,负担其所应分担的联储理事会开支,按规定分红并留足盈余公积以后,剩余盈利如数上交美国财政部。资本确定后屡有追加,2008年12月底资本约420亿美元,总资产2.26万亿美元,资本占总资产之比约百分之二。2012年12月资本增加到547.28亿美元,总资产2.909万亿美元,但占比仍然保持不变。(http://www.federalreserve.gov/releases/h41/current/h41.htm)

英格兰银行是私人拥有、私人操作的拟政府机构。政府允许给英格兰银行注入资金,并帮助其组建的投资者可获得发行黄金和白银券的特权,("Gods of Eden" by William Bramley.)1946年英格兰银行收归国有。2008年英国央行有23亿英镑的资本、730亿的资产规模。2012年英国央行有34亿英镑的资本、3 150亿的资产规模。(http://www. bankofengland. co. uk/publications/Documents/annualreport/2008/2008accounts.pdf)虽然资本绝对值有增加,但资本占比由3.15%下降为1.08%。

欧洲央行于1997年建立,当时的资本和准备金只有6 000亿欧元,负债12.3万亿欧元(http://www. bankofengland. co. uk/publications/Documents/annualreport/2012/2012account.pdf),占比0.4%。2012年10月有资本23 300亿欧元(包含资本和准备金),总资产31.6万欧元(http://en. wikipedia. org/wiki/European_Central_Bank♯History),资本占比达到7%。

(转下页)

资本,这些银行也不能无限扩张它们的负债,因为这些银行要保证存款人的支取与提现。固然,只要保持良好的信誉,有足够的现金流,这些银行就可以用存款人的钱来满足取款人的需求,但是,这只是保障这些银行流动性的第一道防线。在开业之初和非常时期,这些银行的现金流非常可能无法支撑取款人的需求,所以只能动用资本。或者正因为有足够的资本,取款需求才不会大到现金流不能支撑的地步。这也正是现代商业银行要在准备金制度的基础上,实施巴塞尔协议 8% 资本充足率要求。准备金是保障流动性的第一道防线,它的主要部分是存款人的钱。资本充足率则是第二道,也是最重要的防线,因为它只能是开业银行自己的钱。

与准备金支撑和约束派生存款倍数创造、倍数收缩的原理相同,

(接上页)日本中央银行的资本为 1 亿日元,其中 5 500 万日元由日本政府出资。相当于股票的"出资证券"已在日本 JASDAQ 市场上市。与一般股票不同的是,没有股东大会和决议权,分红限制在"5%"以内。2001 年到现在,其资本增加了 2 倍。(http://cn.reuters.com/article/bondsNews/idCNnCN104640220110510? rpc=311)有文章认为韩国央行没有资本,但这实际上是种误读,因为同一篇文章指出韩国银行在 1950 年注册成立时,注册资本为 15 亿韩元,全部为政府出资。每年度的利润首先是用于补偿资产折旧,然后提取 50% 作为法定公积金,在政府认可的情况下,还可以提取特殊公积金,其余部分全部上缴国库。(http://wiki.mbalib.com/wiki/%E6%97%A0%E8%B5%84%E6%9C%AC%E8%A6%81%E6%B1%82%E4%B8%AD%E5%A4%AE%E9%93%B6%E8%A1%8C)所谓注册资本和法定公积金实际上就是资本。没有资本的韩国央行实际上也有资本,由此可以推断大多数国家的央行都有资本。

南京国民政府时期的中央银行在 1928 年成立于上海,资本额为 2 千万元,由当时的国库拨款。1935 年,国民政府公布中央银行法,明定中央银行为国家银行,隶属于总统府,资本额为银本位币 1 亿元。台湾银行在 1945 年被国民政府央行接收。1993 年资本为 300 亿新台币,1998 年增为 550 亿新台币,到了 1999 年,将以前年度资本公积转列为资本,资本额扩增到 800 亿新台币。

我国人民银行没有确定有多少资本,1949 年以前各根据地中只有淮北地方银号有资金 50 万,公私股各半,其他根据地银行都没有资本。1948 年,中国人民银行在石家庄建立时并没提资本数量。2003 年修正的中国人民银行法第八条规定,中国人民银行的全部资本由国家出资,属于国家所有,却同样没有说明人民银行资本为多少,但也表明人民银行也需要资本。目前中国人民银行的实际资本为 219.75 亿人民币,总资产约 27 万亿人民币,资本占比大概是万分之八(叶世昌、潘连贵:《中国古近代金融史》,复旦大学出版社 2001 年版,第 354—369 页)。

资本也支撑和约束央行的负债规模,只不过资本支撑的货币倍数比准备金更大。因为动用资本比动用存款的可能要小得多,所以资本的减少造成货币收缩的倍数也比准备金减少的效应大得多。如果货币发行过多,超过资本所能支持规模,央行也可能无法及时兑付,所以在理论上,它也同样有破产的风险,只不过表现为全社会买单的通货膨胀。正是因为资本和兑付的约束,央行的货币才不会漫无边际。所以在这个倍数范围内,央行买进国债、外汇或其他什么,并非横空出世、空穴来风,而是有资本支撑的。尽管在总量上,货币发行量一定超过资本量,但只要发生实际提现兑付,每笔提现货币量一定等于资本量。为了满足此二者的相等,也为了保持资本与负债比例不变,负债必须按资本的某个能保证兑付的倍数调整。这就是说,资本的规模决定银行负债的上限。

商业银行之所以要有较高的资本,是因为商业银行要应对公众的兑现。不管是黄金还是纸币,商业银行都不能创造。央行作为发行的银行却没有这样的后顾之忧,因为布雷顿森林解体以后,央行发行的纸币就是最终支付手段,谁也不能依据纸币要求兑换黄金,或者其他有价证券。且央行还有印刷纸币的无限能力,所以央行没有支付压力,不需要像商业银行那么多资本,但绝不是不要资本。且不论在央行建立之初要有自有资本,即便在目前运行中,央行要突破既定资本与负债的比例关系,也要两党辩论、国会批准,美国的四次定量宽松政策就是个证明[1]。此外,随着公众理性预期水平的提高,大家

---

[1] 国会批准美联储现在实行定量宽松货币政策的条件是未来要少征税、少开支,实际上就是现在多发货币,刺激总需求,将来要少发货币,遏制总需求,这就能保持货币供给和经济运行在长期中的平稳。美国定量宽松政策的实施表明央行的独立性并非完全由央行决定货币发行,而是在资产负债比例的范围内,货币政策操作由央行决定,但是要突破这个比例范围,则要有两党辩论和国会批准了。http://money.163.com/special/meizhai/;http://money.163.com/special/meizhai/.

越来越明白,央行的资本负债比例越高,央行的实力就越强,纸币发行相对较少,菲利普斯曲线就向左下方移动,宏观调控效果相对较好;反之,宏观调控效果较差。所以央行的资本虽然无需保障兑付,但是对于控制货币发行的上限、调节和管理公众的预期仍然具有至关重要的意义。

从理论上讲,只要央行用新发行的货币买入的资产可以保持升值,则央行的资本就不会出现负值,在这个意义上,央行可以没有自有资本。因为资本减负债为正,余额进入央行的自有资本,并使其增加。既然自有资本可以在发货币买资产的过程中得以增加,则自有资本也就限制不了央行负债规模。但是,几乎没有央行会认为它所买入的资产一定升值,即便它买入的是肯定要涨的国债。至少央行在与公众交易国债时,低价发行,高价买进,央行要承担特定时期的损失。尽管最终财政赎回债券的价格一定高于央行的买入价,但是不能保证央行在持有国债的每个时点上都能赚。所以央行要控制负债规模,以免资产发生问题会耗尽自有资本。毕竟央行对市场的掌控能力和所选择资产升值的潜力都比普通银行强,所以央行不能没有自有资本,也不需要太多的自有资本,所以它的自有资本占负债的比重要比普通银行低得多。但是,只要央行不能以负自有资本进行运作,则央行的货币发行就要受到自有资本的约束,央行的货币发行就不会漫无边际。

尽管笔者至今没有找到央行资本究竟应为负债多少比例的数据,以支持央行也要遵循资本约束负债的规则,但这并不能否定本书的逻辑。诚如上述所指出的,发达国家央行只能购买升值的国债和商业票据,尽管在持有期间,该资产价格也可能波动,但到到期日一定升值。这就决定了在一般情况下,央行的资本随着资产的升值而增加,而不会有为补偿资产缩水的减少。人民银行买外汇则难免会发生资本的减损,因为外汇资产的起伏波动不可避免。若外汇升值,则可用盈利部分补充资本,但若贬值,则一定要冲销资本,弥补损失,甚至造成资不抵债。在这个意义上,即便找不到央行资本应占负债的比例,但只要央行只能购买升值的资产,并且必须遵循会计准则,这就表明央行也遵循资本制约负债的规则。

美联储、英格兰银行和欧洲央行的资本都占其负债的2%左右[1],而人行的这个比例却不到0.05%[2],表明发达国家央行的货币创造是资本的50倍,我国人行的创造能力比他们大得多。甚至我们这个资本负债比例也不具有约束作用,因为它是执行的结果,而不是执行的前提。更何况我国人行是从各个根据地银行合并建立起来的,建行之初就没有自有资本这一说,甚至这些根据地银行也很少有自有资本[3],它们以"马背上的银行,打到哪发到哪"为自豪。而对发达国家而言,因为有资本对货币创造的约束,所以没有法律特许,央行都不能轻易增发货币。而我国人民币发行的增加则无需得到人民

---

[1] 至2011年年底,三家央行统计数据如下:
　　欧洲央行资本=所有者权益=81 481 EUR millions;负债=2 733 235 EUR millions,资本占负债比例=2.981%。
　　美联储,资本=所有者权益=54 678 $ millions;负债=2 794 121 $ millions;资本占负债比例=1.957%。
　　英国央行的资产负债表没有直接披露资本数额,根据归类可估计:资本=所有者权益=62 066 803 525 £;负债=290 246 383 269 £;资本占负债比例=2.138%。
　　http://www.federalreserve.gov/releases/h41/current/h41.htm#h41tab9。
　　http://www.ecb.int/press/pr/wfs/2011/html/fs111228.en.html。
　　http://www.bankofengland.co.uk/publications/Pages/bankreturn/2012/default.aspx。
　　http://www.pbc.gov.cn/publish/html/2011s04.htm。
[2] http://www.pbc.gov.cn/publish/html/2011s04.htm,自有资金除以负债总额得出。
[3] 叶世昌、潘连贵:《中国古近代金融史》,复旦大学出版社2001年版,第303—315、354—369、414—425页。

代表大会的授权,以致我国近年来人民发行的增长速度已经远远地超过了美国。其实这里的比较可以说明一定的问题,但仍然是牵强附会的,因为他们的资产负债表按照权责发生制编制,我们的则按照收付实现制编制。如果按照权责发生制调整我们现在的资产负债表的数据,则人民币升值造成人行的外汇资产亏损4万亿人民币,冲销219亿自有资本,央行现在根本就是负自有资本运作。既然可以负自有资本运作,那就是想发多少就发多少,根本没有客观的约束标准和限制的依据。

在金本位的情况下,黄金产量由自然界的储备所决定,商品的总量则由生产能力所决定。生产能力的增长无限,而自然界黄金储备有限,以有限的金币为作为无限经济增长的交易媒介,早晚要制约生产和交换的发展。纸币替代金币,补充金币的不足是个必然趋势,但是有关对纸币取代金币的认识和操作则是个渐进的过程。英国历史上金块与通货之争,就是人们逐渐认识到货币发行不能完全受黄金的束缚,而需相应补充纸币,甚至用纸币来替代金币[①]。因为金币是个定量,而保持流动中纸币对负债的倍数稳定,也就是只要纸币发行不突破这个倍数,货币供给就不会失控。

到了纸币流通的时代,资本不仅有黄金,而且更多的是作为国民纯财富的财政未来收入,或者是企业偿还贴现票据的净收益,即企业销售收入扣除成本和利润后的部分,这就保证了资本与黄金一样是真实财富。且企业销售收入扣除成本和利润后只有一部分才能成为资本,这就从根本上制约央行资本的增长。因为资本是个稳定的量,它只能通过央行运作效果累积变动,而不会直接随着经济热度而变

---

① 刘絜敖:《国外货币金融学说》,中国金融出版社2010年版,第118—150页。

化,所以乘上稳定的负债倍数,央行的货币发行就可估可控。除非法律授权央行追加资本,或者降低资本比例,则央行无法进一步增加货币供给。

所以央行买入的有价证券不是央行货币发行的担保,而是出售这些有价证券的机构保证偿还货币的抵押。如此判断不仅在于逻辑推导,更在于实际操作。如果这些有价证券是货币发行的担保,则货币发行不受约束,因为只要买进有价证券就能获得货币发行的担保,那么无论央行发多少货币都可以不受限制。但实际上,这种情况在发达国家并不存在,央行只能发行为资本所能支撑的最大倍数的货币量。尽管2010年以来,美国的货币增发主要靠多买国会允许的有价证券,但是,此数量增加并非与资本脱钩,而只是短期中的突破[①]。其条件是财政要减少未来时期的税收和支出,也就是现在货币供给增加,未来货币供给要减少,这就能保证货币供给在时期中的平衡与稳定,所以货币发行仍为资本所决定。至于买入的有价证券,只是保障央行及时收回贷款的抵押,而不是央行发行的担保。因为央行有资本就有发行能力,根本无需财政或公众的资产作为自己发行的担保。

由此推论,资本是货币发行最重要的"锚"。资本支撑的货币倍数是"锚链",只要资本总量保持稳定,就是"锚"不漂移;支撑的货币倍数稳定,就是"锚链"的牢靠,货币发行的"船"的位置就是可估和可控的。在经济繁荣、货币需求旺盛时,"锚链"就可能被拉直,货币创造倍数可以达到50倍的极限。在经济萧条时期,货币需求减少,"锚链"可能悬挂弯曲,货币创造的倍数就达不到这个极限。可见,货币

---

① 在次贷危机中,美联储的利润也出现过负值。

发行一定要在资本的约束下,才能避免发行过多和失控。

(二) 人民银行未有资本约束负债

根据这样的历史演变和理论逻辑,不难看出以买入外汇为人民币发行担保的理论与操作的问题所在。且不论人行用人民币换取公众的外汇,就是用只含印刷成本的借条换取公众流血流汗挣来的外汇,这是对公众最大的不公平。更不合理的是人民币发行不以人行的资产为担保,而以公众的外汇为担保。这不仅是特定历史条件下的无奈,在没有那么多国债,又要实行外向型经济战略的条件下,也只能买外汇发货币了;更是货币流通为商品流通服务的理论的误导,所以隐含着极大的危机与后患。

人类历史上最早的纸币,宋朝的交子就发端于民间,因为交子铺要以自己的资产为发行的担保,发行有限,币值稳定。后来被宋朝和元朝官方用作无准备的发行,结果发行剧增,币值大跌,不仅交子运行不下去,甚至成为宋、元两朝政权垮台的重要原因[①]。布雷顿森林体系的解体和美元的贬值,更是美元发行增加,超过黄金准备的结果。二战时期,日军发行的军票也没有担保,表现为不能与日元兑换,其目的是为了掠夺占领区人民的财富[②]。可见,历史早就昭示货币发行要以发行者的资产,而不是交易对方的资产为担保,这才能控制货币发行量,保障货币流通的稳定有序。

如果外汇储备是个定量,则买外汇发人民币还勉强说得过去,但若外汇储备是个不仅随经济运行增长而增长的量,而且还有随着人民币的发行而自我扩张的趋势,这风险和后患就难以估量了,而事实正是如此。在我国的理论框架中,找不到央行运作和货币发行需要

---

① 李世东:"中国两千年经济危机爆发规律史",http://baike.baidu.com/view/30120.htm.
② 余戈:"日本'军票'经济掠夺的罪证",《军事史林》2004 年第 9 期。

资本支撑和约束的痕迹,中国人行法只是承诺财政提供人行资本,却没有提供明确的金额①。没有限额的资本提供,相当于财政承诺给人行无限的资本,人行因此甚至不需要财政的资本。这不仅是法律条文的隐含之意,更是市场反应的必然结果。因为有财政给人行提供无限出资的承诺,而财政提供资本的能力又非常之大。人行无需顾虑货币发行过多可能造成的资本不足,因为财政随时可以给予补充;公众知道人行有如此强大的后盾,甚至不会要求兑付提现,也就没有无法兑付的风险和可能。于是,人行发出的人民币不再依附资本,而成为独立的存在,公众只要持有人民币就足够了,并不需要转换成资本。人行不用担心兑付提现可能造成资本不足,其发行因此可以没有极限。

有没有资本支撑和约束的不同,决定央行同样购买有价证券,其货币发行具有完全不同的意义。在资本约束负债的构架中,货币发行会超过央行的资本,但超得规范,超在央行可估可控的范围内。而在负债不受资本约束的构架中,货币发行与央行的资本无关,而且可以无限增长。也就是在有资本约束的框架中,央行以自己的资本为有价证券购买的担保,货币与有价证券等值交换。尽管在没有支付之前,资本远远少于发行的货币。而在无资本约束的框架中,人行以买入的外汇为担保发行人民币,人民币与外汇的交换不等值,尽管人行说它们是等值的。

如此则人民币发行势必过多,其极端表现如前面的分析所指出的,是我国的商品没有了,只剩下人民币。且不论商业银行的派生存

---

① 参阅《中华人民共和国中国人民银行法》(1995年3月18日第八届全国人民代表大会第三次会议通过,根据2003年12月27日第十届全国人民代表大会常务委员会第六次会议《关于修改〈中华人民共和国中国人民银行法〉的决定》修正)第一章第八条。

款可以转化为出口商品,然后作为外汇收入再转化为人行的基础货币,人民币会脱离人行管控而自我循环和自我扩张。就经济增长、出口增加、外汇储备增加、人民币发行相应增加而言,所有的商品都可以出口,所有的出口都可以变成外汇,所有的外汇都可以变成人民币,其结果必然商品没有了,只剩下人民币。尽管目前经过人行的努力,阻截了这种情况的发生,但买外汇发人民币的逻辑破绽依然清晰可见。

也有人认为,只要人民币发行钉住美元或一篮子货币[①],也能保持人民币的稳定。从每次货币发行与外汇的对等来看,此论断不无道理,但是,从经济与货币的循环来看,此论断亦有不妥。首先它没有搞清楚此外汇是谁的。如果是人行的,这个论断问题不大,因为人行的外汇是有限的,按某个比例换算人民币的总量终究也有限。但如果以公众的外汇为基础,公众的生产能力、出口和转换成外汇的能力非常大,不管汇率定在什么位置上,人民币发行的增长仍将非常惊人。更重要的是,只要人民币与外汇保持某个稳定的比例,顺差国货币升值,出口减少的机制就不复存在。大量外汇就会涌入我国,即便美元币值稳定、汇率不变,美元的进入和人民币的发行仍然会超过我国经济当量的承受力。

只有在有资本约束负债的框架中,有关货币发行的"锚"讨论才有意义。离开这个前提,在无资本约束的构架中,"锚"的讨论就没有意义。因为在有资本约束的框架中,货币发行的上限已经确定下来,然后根据某个比例,钉住某种有价证券。比例的高低只是决定所发货币的交换价值,与所发货币的总量没有关系。如资本为2亿,可发

[①] "人民币该如何下锚?", http://finance.jrj.com.cn/opinion/2011/11/22140711617877.shtml.

货币100亿,没有钉住美元,则汇率自行浮动。钉住美元,汇率波动仍然只能在可发货币量上限100亿所决定的范围内波动。而在无资本约束的框架中,货币发行没有上限①,无论人民币钉住外汇或实物,其比例只是影响货币发行增长的速度,而不能使货币发行中止下来。如在美元兑人民币1∶8时人民币增长速度比1∶5更大,但不管哪个比例,只要外汇储备增加,人民币就可以不断发行。

显然,比较发达国家央行的运行,我国人民币发行没有资本约束,也就是"锚"的位置可以漂移,作为"锚链"货币资本倍数即便保持不变,货币发行的船将漂向何处将无法预见,也难以管控。更何况这个"锚链"具有无穷大的弹性。可见,货币发行必须以发行者的资产,而不能以买入对象为担保,没有资本约束负债的理论是荒谬的和有害的。此外,没有资本约束,"锚"不仅难以建立,甚至建立了也不可靠,因为只要长官一句话,"锚"的对象和比例都很容易发生变化。但若建立资本对负债的约束,那就要按照资产负债比例管理的要求来运作,原来无资本约束的运作方式和运作机制都将发生根本的变化。在新的框架中,再要改变"锚"的对象和比例,这将涉及许多岗位、许多环节和许多人的利益,不是哪位领导的指示能够轻易改变的。所以必须建立资本约束负债的机制,这是发挥"锚"的作用的平台与保障。

建立有资本约束的货币发行框架,人行以自己的资本及相应的信用创造能力,而不是买入外汇为担保,才能发行人民币。人行考虑兑付提现的影响,其货币发行就会受到资本约束,其运行方式和运行

---

① 货币创造的无限性具有两个方面:一是这里强调没有资本约束,就没有兑付顾忌;另一是前文所强调的,商业银行派生存款给企业,企业生产产品出口,获得外汇,卖给央行。央行据以发行基础货币,企业存入商业银行,商业银行再派生存款。因为外汇中有很大一块是派生存款转换的,央行再据以发行基础货币,这就是派生存款转化成基础货币,货币创造就有无限扩张的趋势。

机制都会有根本的变化,这才能从根本上避免人民币发行过多。更重要的是,只有这样才具备引进和运用外国理论的基本条件。否则,在无资本约束的情况下,用外国理论解释中国实际,就是鸡对鸭讲,听不明白,也讲不清楚,应用起来更可能谬以千里。

七、未有资产换资产的明确观念

所有经济单位的交易都要以资产换资产,而不能用负债换资产,中央银行也不能例外,但是,我国人行买外汇发人民币却正是用负债在换资产。鉴于资产增长的有限性和负债增长的无限性,决定以资产为基础的货币发行会受制约,而以负债为基础的货币发行则可能不断增长。

所谓资产应该有两部分构成,即经济单位的自有资本加借来的、偿还得起的债务,参与交易的各方无论是货币换商品、商品换商品,还是货币换货币,都是资产换资产。当然,交易方也可以借债与别人换资产,但是,这借债必须在足以偿还的范围内,否则,借债方就会破产。足以偿还的借债实际上是交易方的信用资产,所以这样的负债交易仍然属于资产换资产。同样的道理也表现在央行的运作中,只不过货币是央行的负债,所以央行要根据自己的,而不是人家的资产来发货币。因为央行的信用资产远远超过普通经济单位,所以央行的货币发行也远远超过它的实际资本。与普通经济单位一样,资本规模决定负债的上限,此两者的差额为借入资产。因为借入资产要偿还,所以借入资产的规模不能超过资本太多,资本规模就此决定负债上限,所有经济单位,包括央行都必须按照这个规则运作。

按照上述规则,美联储买进国债发美元,不是因为买进国债才获得发美元能力,而是原本就有资本支撑和约束的发行能力。在这个能力范围内,美联储不买国债,也可以买其他资产。英格兰银行也是如此,它的资本也支撑和约束它的货币发行能力,只不过表现在再贴现商业票据上。央行的能力范围内实际上就是依据央行的信用资产发货币,所以买进有价证券也就是资产换资产,而不是负债换资产。超过这个范围,央行的债务凭证超过它的信用资产,即便再有有价证券,央行也不能再买,除非两党辩论,国会批准。也就是政府重新安排它的长短期收益和支出,央行才能获得更多货币发行的授权。而这个授权也增加央行的信用资产,从而使得买有价证券的货币发行仍然是资产换资产。一旦达到这个限度,央行一个资产增加必定是另一个资产减少,这就不会有负债的增加,更不会有负债换资产。

如外汇是公众的资产,外汇平准基金为财政所有,因存在于央行账上为央行资产,央行用外汇平准基金买外汇,央行的外汇储备增加,外汇平准基金减少,货币发行不变。反之,央行卖出外汇,则外汇平准基金增加,负债规模同样保持不变。如表5-1所示,初始央行有资本100个单位,可以支撑的负债规模为1 000个单位,所以可买国债900个单位。国债不是央行发行的担保,而是财政偿还的抵押,所以央行只能买900,否则,就超过它的能力了。此外,财政有1 000外汇平准基金。如5-2所示,央行用掉一半外汇平准基金,外汇将相应增加。如果央行用完外汇平准基金,就不能再买外汇,货币发行仍然保持不变。

表5-1 美联储资产负债表

资产		负债	
国债	+900	财政存款	+900
外汇平准基金	+1 000	财政存款	+1 000
资本金	+100	股本收益	+100
余额:	+2 000		+2 000

表 5-2　美联储资产负债表

资产		负债	
国债	+900	财政存款	+900
外汇平准基金	+500	财政存款	+1 000
外汇储备	+500		
资本金	+100	股本收益	+100
余额：	+2 000		+2 000

我国人行没有资产约束负债这一说，正如前文所指出的，我国央行在建立之初没有自有资本这一说，至今仍然是建行之初的 219 亿多。所以，人行的货币发行不是因为它有这样的资本能力，而是因为国家赋予的行政权力，因为它不是资产换资产，而是负债换资产。所以只要买进外汇就可以发人民币，实际上就是用自己的负债——人民币，来换公众的资产——外汇，外汇与人民币同方向同比例变动。如表 5-3 所示。这个负债并不为资本所支撑和约束，甚至也不包含未来偿还的承诺。因为我国经济增长的潜力很大，人民币汇率又不具有调节国际收支的能力，所以在经济增长没有达到资源承载极限之前，外汇增加很难停下来，人民币发行就只能持续下去，这也正是用负债换资产的必然结果，它还会造成人民币发行过多压力的积聚和积累。

表 5-3　人民银行资产负债表

资产		负债	
① 外汇储备	+1 000	外汇占款	+1 000
② 外汇储备	+1 000	外汇占款	+1 000
③ 外汇储备	+1 000	外汇占款	+1 000
余额：	+3 000		+3 000

第五章 人民币发行的压力与无奈

可见,尽管中美两国央行的资产负债都是平衡的,但是,美联储是资产换资产,有约束的平衡,人行则是负债换资产,没有约束的平衡。也许有人会质疑这里的论断,人行买外汇发人民币,与商业银行吸收存款而提供自己的存款凭证一样。因为客户存入的现金相当于央行买进的外汇,而商业银行提供的存款凭证相当于央行的货币发行。除非商业银行吸收存款也要受资本约束,否则就不能证明央行的货币发行有上限。本文恰恰要证明:超过一定的规模,商业银行会拒绝存款,这个论断很难为经验所证实,因为很少有商业银行会拒绝存款,但一定可以为逻辑所证实。按照《巴塞尔协议》的资本充足率要求,商业银行要有充足的资本[1]应对风险,才能发放贷款。如果不达标,存款再多也不能发放贷款,此时商业银行就可能不要存款,因为它将负担存款利息,而无法有相应的收益。这就是说,商业银行吸收存款、发放贷款有上限,要受资本约束。同样的道理也一定表现在央行的运作上,不管它是股份公司还是国家机关,所以央行的货币发行同样有上限,并受资本约束,只是央行有国家信用做担保,它的负债倍数可以大大超过商业银行。

人民币发行的不受限制早晚会引发通胀,此时人行又只能发央票收回过多的人民币,人民币与央票都是人行的负债,所以这种操作仍然是负债换负债,只是将今天的通胀压力转化成明天的通胀压力,并且积聚、扩大。更为麻烦的是,许多管理者至今还将发央票的效应等同于发国债,看不到发国债的货币有退出机制,而发央票货币却没有退出机制。如此错误判断的危害要远远超过发央票操作的本身。因为,以负债换资产会导致货币发行过多,以负债换负债则是以未来

---

[1] 巴塞尔协议Ⅲ要求商业银行一级资本充足率不低于 8.5%,总资本充足率不低于 10.5%。

通胀的加剧换取眼前货币的暂时退出流通,它们都不可接受、不可持续,所以货币发行一定要转移到资产换资产上来。

八、货币理论制约发行方式转轨

改革开放以来,我国的货币银行理论有了很大的变革,但是继续买外汇发人民币,表明还坚持劳动价值论与货币必要量公式。尽管我国同时也引进了现代货币银行理论,包括费雪、马歇尔,以及凯恩斯、弗里德曼的理论等[①],却既没有分析这两种理论的内在矛盾性,更没有指出买外汇发货币的问题与局限,以致货币发行方式制约改革深化的矛盾越来越明显。

如图 5-1 所示,理论起点的细微差别决定理论框架与操作系统,包括货币发行方式的根本不同。在以劳动价值论决定的理论与操作的脉络中,只要商品按照劳动价值来交换,货币就是一般等价物,纸币只能代表货币发挥作用,纸币发行就要有物资保证,外汇是物资保证,所以买外汇发人民币,企业有货币则生产,无货币则只能停产。

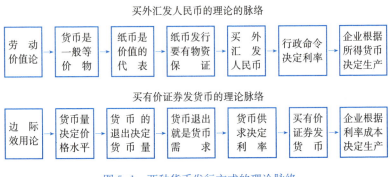

图 5-1　两种货币发行方式的理论脉络

---

① 从黄达到戴国强等教授编写的教材都是如此。

而在边际效用论为基础的理论和操作的系统中,商品按照效用进行交换,货币量的多少决定货币的效用和价格水平。货币的持有决定交易中货币的多少,以及相应的购买力。而货币的持有就是货币需求,于是货币供求决定利率,买卖有价证券决定货币供给和利率,企业可以根据商品价格和利率决定生产规模。这两个理论的逻辑过程都非常严密,各自一脉相承。所以我们运用发达国家的理论不仅无法实现期望的目标,甚至不能解释实际问题的重要原因,不是某个环节的推导有误,而是理论前提的偏差。如果保持理论前提不变,而想从既定逻辑脉络的中间切入当代理论进行改革,则有关逻辑过程就会中断,结果也将与理论预期相去甚远。以下就是这些问题的主要表现:

利率市场化难以顺利地推进。按照经典理论,只要实现利率市场化,就能实现资源合理配置,提升资源配置的效率,于是我国从各个方面推进利率市场化,就是没有将货币供给方式由买外汇转移到买国债上来。殊不知利率市场化只能在买国债或商业票据,而不是买外汇条件下进行。因为汇率有很强的稳定性,它既不能仅为一国央行所调控[①],也不易随国内经济形势的变动而调整,更不会处在利率体系的最低点,央行基本上不能通过买卖外汇来调控基准利率。没有调控基准利率的抓手,利率市场化就无法实现。因为,放开利率难免无序波动,不将其硬性规定在某个位置上,就会伤害整体经济的运行;而将其硬性规定在某个位置上,就没有市场化可言。

---

① 汇率是两种货币购买力之比,一国央行也许能掌控本国货币的购买力,却未必能掌控外国货币的购买力,央行只能在外汇平准基金可以影响的范围和力度内调节汇率,不能有过度的掌控。

商业银行的运行机制被扭曲。只要坚持货币是一般等价物,那就要努力实现货币量与商品价值相适应,其最好方式是编制和执行人民币发行计划与经济计划。既然所有经济单位只能执行这两个计划,那就不可能有信用创造、资金融通、金融工具创新,以及金融市场的发育等。而在以货币的效用为基础的运作中,经济运行的出发点和终极目标是经济主体的利益,这样的运行方式一定会突破国家管控的两个计划。目前两个计划表面上已经解除,个体金融活动大为活跃,但是,作为计划金融最重要最本质的方式,买外汇发货币却未有改变,这就势必阻碍市场金融的运行与持续。因为只要利率不能市场化,所有的金融产品定价、创新和交易等一切都可能只有市场金融的形式,而无法具有它们的本质。

经济变量的含义被异化。所有发达国家的理论模型都建立在两个无需论证的重要前提之上,一是货币发行以买国债的方式来进行,二是利率自由化。然后才有确定的投资、消费、就业和国民收入的相互关系,以及财政政策与货币政策的调整效果。只有在这个基础上,才能建立起相应的模型,并根据这样的模型实现期望的调控目标。然而,我国不具备买国债发货币与利率自由化两个基本前提,以致所有经济变量的含义与关系都与经典理论完全不同,或者不完全相同,在这个基础上建立的模型与我国实际相去甚远。根据这样的模型来调节政策变量,不仅难以实现期望的目标,甚至非常可能造成经济的紊乱。仅以最常见的资金现值与未来值为例,其中最关键的变量,无论作为分子还是作为分母,它都一定影响计算结果。如果我国的利率与经典理论确定的利率有根本不同,则运用我国的利率计算的资金现值与未来值,都势必与经典理论的利率计算的结果相去甚远,从而一定会误导经济分析与政策选择。

利率的调控功能被削弱。按照经典理论,利率为货币供求所决定,又反过来调节货币供求。所以管理层要通过调控货币供给量来调节利率,而利率变动又将打破所有经济主体既定的利润最大化均衡,经济主体恢复均衡的套利,将央行的政策意图传导至整个经济的所有方面和各个层面。然而,我国的利率与货币供求无关,而由管理层的一句话所决定,所以利率变动并不能打破经济主体的均衡,因为我国一直有太多的行政限制,原本就没有均衡,也就无所谓打破均衡,以及经济主体对均衡的恢复,利率变动的影响就无法有效地传导至整个经济的所有方面和各个层次。更不用说,经典理论的货币供给为买卖国债所决定,所影响的是处于均衡利率体系底部的国债利率;而我国的货币供给为买卖外汇所决定,既不能处于利率体系的底部,也与其他利率没有什么关联。

汇率调节国际收支的功能被阻断。在买国债发货币的前提下,汇率具有自发调节国际收支,使之趋于平衡的功能。因为,汇率为本外币的数量对比关系所决定,国际收支顺差,本币供给不增加,相对于外汇为少。所以本币升值,出口减少,进口增加,国际收支顺差减少,国际收支平衡甚至逆差;反之则反是。在买外汇发货币的情况下,汇率失去了自发调节国际收支并使之趋于均衡的功能。因为国际收支持续顺差,本币供给也增加,两者数量比例关系不变或变动有限,本币不升值,或者升值有限,国际收支顺差将持续存在。反之亦反是。在人民币汇率实际上并不能自我调节国际收支的情况下,我们的理论和操作却顺着它有这个功能的方向去推导和决策,其对经济的扰动和危害实在不容低估。

经济走势的正确判断被扰乱。正是有关理论、变量和模型的前提在我国并不具备,使得依据这三者的推论所作出的决策与我国的实际背离甚大。在 2003—2005 年、2006—2007 年两个阶段①,国际上要求人民币升值的呼声很强烈,我国学者都坚持说我国国际收支顺差不大,人民币不该升值。2010 年 6 月还坚持说,人民币是我们的国家主权,我国绝不屈服于任何国家的压力,允许人民币升值②。2009 年,在通胀发生前夕,人行的高管还认为,我国财政赤字有限,人行资产负债平衡,并没有过多发行货币。2011 年上半年,人行的高官都坚持说,人民币发行不多,M_2 是存量,GDP 是流量,依据两者之比判断人民币发行过多不科学等等③;2011 年 4 月通胀已经达到 5.3% 时,从业内人士,到官员和学者都在说,要抵御输入性通胀。一直到 2011 年 7 月,通胀已经到了 6.4% 时,才有人说"滥发货币,系通胀主因","至于输入型通胀、成本推动型通胀等解释,不但逻辑上讲不通,还可能分散治理通胀的注意力和关注点"④。目前也有人认为,中国的利率市场化已经取得了巨大的成就,凡是可以改的都改了、没改的非常有限⑤。殊不知只要货币供给没有改,其他所有的改都不过是表面的,已经取得的成就随时可能丢失。就像爬山爬到半山腰,前面是悬崖断壁,那就只能退回到起点,另找出路。所以依据现代理论会对实际经济作出并不合适的判断,不仅在于买外汇发货币的扰乱,更在于整个理论框架的根本

---

① "国际施压人民币升值,冲销不充分或促流动性过剩",http://news.hexun.com/2009-10-19/121380228.html。
② 周其仁:"维持人民币汇率的稳定到底有多么重要?",《环宇财讯》2011 年 6 月 28 日。
③ "央行货币超发之谜",网易 2010 年 12 月 23 日;"如何应对通胀?专家建议:多挣钱",安信信贷 2011 年 3 月 8 日。
④ 周其仁称货币超发才是通胀根源。《人民日报》2011 年 7 月 19 日。http://money.163.com/11/0719/10/79AOU3AT00253B0H.html。
⑤ 在 2011 年 7 月 8 日上海银行利率市场化的研讨会上,针对有人认为我国许多利率品种都已经放开,利率市场化改革已经爬到半山腰的判断,中国人民银行上海总部的处长王欣欣说,我们的利率改革可以改的都已经改了。但是,存贷款利率没改,已经改的也没有什么意义。

不同。

调控对策偏离国际惯例。在买国债发货币的情况下,对付通胀主要是提高利率。而在买外汇发货币的情况下,用行政命令提高利率的空间有限,结果只能一再提高准备金率,甚至管理层说,准备金率的提高没有上限①。且不论提高准备金率会造成经济的巨大震荡,仅就准备金率提高没有上限而言,这就与最基本的金融理论相悖。因为准备金率的提高不仅有限,而且不能高过100%,否则,所有资金都在央行,商业银行开不了门了。甚至不能达到30%,因为达到这个比例,商业银行的贷款和利润大幅度下降,其生存都会困难。此外,商业银行的资金紧张,将会导致利率变相上升,中小企业势必陷入经营困境。还有,准备金率的提高以及央票的发行只是资金聚集在央行,它们不仅不会消失,而且还在累积增加,形成资金堰塞湖,加剧未来调控的难度。之所以管理层会提出这样与国际惯例截然不同的思路,关键就在于所依据的是与国际惯例截然不同的理论框架,这个框架制约管理层的路径选择。

可见,要解决我国目前理论运用存在的问题,不能仅仅引入和运用他们成功的经验与方法,以及逻辑,而是首先要构建理论所假定的前提,实现理论体系并轨,然后才能运用这样的理论来分析和解决我国的实际问题。因为成功的经验与方法,以及逻辑都只能服从既定的系统,若将其运用于不同的系统,则不仅会作为不同系统的异数,扰乱被引入的系统,更会对实际经济作出错误的判断,采取不当的对策。

---

① 周小川:"加息不宜太猛 准备金率无上限",中财网 2011 年 4 月 16 日。http://bbs.hexun.com/funds/post_30_3272725_1_d.html.

第二节　消费不足的压力与无奈

我国经济从表面上是就业压力太大,但是,在深层次上则是消费不足造成产业结构的扭曲。因为增加货币供给以缓解就业压力,而买外汇发人民币比较其他发行方式有更好的效果,所以,在我国消费没有激活、产业结构没有理顺、就业压力难以缓解的情况下,即便买外汇发人民币的方式有长期的危害,我国管理层也别无选择。

按照前总理温家宝的一个讲话,美国有 200 万人失业,中国则有 2 个亿[1]。以人口总数计算,美国的失业率仅为 1.7%(200 万/3 亿。按照劳动人口计算,失业率为 9%),而我国则高达 15% 多(2 亿/13 亿)。他们的失业发生在比较富裕、社会保障相当健全的情况下,已经搞得奥巴马政府头疼不已,更不用说我们在公众收入水平比较低下、社会保障严重不足、失业人数又远远超过他们的情况下。如此巨量的失业早晚会转化成企业倒闭,经济衰退,社会震荡。在这样的情况下,即便我们的领导人都熟知现代经济金融理论,知道货币供给过多会造成通胀,他们也无法接受理论的束缚,而只能继续发行货币,增加就业机会。因为两害相权取其轻,比较社会震荡,通胀无论如何是一种代价较小的选择。

此外,按照经典理论,实行扩张性货币政策的重要方式是央行高价买进国债,致使国债收益率下降,带动金融资产收益率都下降,刺激消费投资和总需求增加。经济热到一定的程度,物价上涨,通胀发

---

[1] 2010 年 3 月 22 日时任国务院总理温家宝会见出席中国发展高层论坛 2010 年会的境外代表时的讲话。

生。于是，实行紧缩性货币政策，其方式是低价发行国债，国债收益率上升，带动金融资产收益率都上升，然后消费、投资、就业都减少。这就是菲利普斯曲线所表达的失业与通胀之间的替代关系，高通胀低失业，高失业低通胀。我国的情况与发达国家有很大的不同，因为我国的内需不足，国债数量有限，国债价格变动未必能传到整个利率体系上，消费和投资也缺乏利率弹性，这就难以带动就业增加，或者即便有所增加，效率也比较低下。可见，运用经典理论的货币政策既无法顺畅地传导到位，也难以有效地增加就业。于是，政府只能将增加就业的目标转移到外需上去，特别是在我国人行还拥有买外汇发人民币的行政权力，它势必会运用这个权力，并且达到极致。

可见，我国目前增加就业的对策，并不符合经典理论的判断，但却适合我国国情，甚至是现阶段的最优选择。也就是人行买外汇发人民币，这会造成人民币汇率上升的滞后或不到位，国际收支将持续顺差，外国需求不断增加，国内经济繁荣，就业充分。超过一定的限度，人民币越发越多，通胀就难以避免了。尽管这样的操作短期有效，长期却有害，因为它有着太多依靠产权模糊和行政手段的地方，所以不能为成熟市场经济国家所用，甚至也不能为转轨经济国家长期使用。因为过多的货币发行早晚会引发通胀，为了收回流动性，央行又只能发行央票，提高准备金率和利率，这就造成中小企业，甚至中小银行的资金短缺，并且引发企业倒闭和失业增加，这种情况已经为我国目前的经济形势所证实。所以，买外汇发人民币是我国目前缓解就业压力的有效方式，尽管这么做的后患很大，难以持续，但在买国债发货币等许多其他基本的条件均缺失的情况下，也就只能做出这样的选择了。

作为比较长期的考虑，就不能是在失业发生时依靠增加货币供给来缓解,而是要从根本上降低失业的发生,即在原因产生的地方把结果消灭掉,所以必须首先理顺我国的经济结构。我国失业严峻的一个重要原因是总需求不足,而总需求不足的重要原因则在于消费不足。目前我国消费仍在下跌,20世纪80年代中国消费率占GDP的40%,但世界已达65%。自90年代初以来,中国消费率继续下降,2008—2009年已降至26%[①]。到2010年回升为35%,而美国与日本等国家都在60%—70%以上,中低收入国家平均水平也有41%,中等收入国家平均水平则是60%。我国如此低迷的消费势必制约总需求和就业。为了缓解这个矛盾,管理层只能增加出口和投资,这不仅造成现在经济结构的不合理,而且还会造成这种不合理的进一步加剧。

增加出口的结果是国内资源的耗尽、环境生态的破坏,以及通胀的加剧。公众手中的钱不值钱了,购买力下降,消费进一步下跌。为了弥补消费的下跌造成经济与就业的缺口,政府只能进一步增加投资,其结果势必是产能越来越大。今年商品卖不掉,明年产能更大,但消费上不去,增加的商品供给更卖不掉。为了缓解明年的就业压力,保证社会稳定,政府只能进一步追加投资。结果投资取代了消费,成了投资目的的本身,投资比例越来越大,消费比例相应缩小,经济结构的扭曲势必越来越严重。2011年美国的经济结构中消费占71.57%,投资占14.91%,净出口为−3.79%,政府支出为17.31%;而中国的相应结构则为最终消费占34.39%、投资占48.45%、净出口为4.07%、政府支出为13.10%[②]。显然,中国的消费不到美国的一半,投资是人家的三倍多,净出口也远远超过美国。当然,不能说美国的

---

① 《东方信邦》2011年5月18日。
② 世界银行官网,http://search.worldbank.org/data。

经济结构就是合理的,但是比较起来,中国经济结构的不合理则是毋庸置疑的。

可见,只有激活公众的消费,才能减少投资和出口,理顺经济结构,避免失业过多,才能具备按照国际惯例买国债发货币的前提与平台。如果消费不能激活,经济结构就无法理顺,失业过多无法避免,我国就只能继续买外汇发货币的方式。

第三节 国债数量不足,难当发币重任

买国债的货币发行既需要有很多国债的存量,更需要一个深不可测的国债市场,才能保障央行随时买卖任意数量的国债,满足调控货币供给的需要。我国目前正是国债总量有限,市场深度有限,调控工具较少,这就在操作上制约了人行买国债发人民币。

按照货币主义的观点,规则的货币供给增加率应该等于经济增长率加上通货膨胀率。尽管发达国家往往采取逆经济风向行事的政策,并不完全遵循货币规则,但是按照货币政策规则来分析货币供给所需国债量还是比较有说服力的。先以美国的数据为参照依据。2009 年,他们的 M_2 为 85 121 亿美元[①],假定货币乘数为 5,则与买卖国债相关的基础货币供给大致为 17 024 亿。假定他们的经济增长率和物价上涨率分别为 3%,则满打满算的货币增长率应为 6%,他们所需增加的货币供给大致为 1 021(85 121×6%)亿左右。而在此同时期,美国的国债大致为 7 765.87 亿美元[②],只要买入这个数量的

[①] 数据来源:Federal Reserve 和美国商务部经济分析司。
[②] 数据来源:同花顺 iFinD。

13%(1 021÷7 765.87)就可以满足增加货币供给所需的数量。在总量上计算,到2012年,美联储基础货币发行存量也只有26 130亿[①],而国债发行已达16万亿元[②],以如此巨量的国债支持美元发行当然是绰绰有余的。

我国的情况与美国就有根本的不同。2011年我国的M_2为851 590.90亿[③],按照4.5的货币乘数计算,基础货币供给大致需要189 242亿左右。若管理层的目标经济增长率为8%,目标物价上涨率为4%,则人民币增长率大约为12%,增长量应为22 709亿。而这一年我国的财政赤字5 190亿元,不能满足该年度买国债发人民币发行的需要。从总量上算,2011年年末,中央财政国债余额72 044.51亿元,远远少于所需发行的基础货币189 242亿,以这样的国债规模远远不能满足基础货币发行的需要。

更不用说,我国人民币发行承受经济增长和就业的很大压力,所以很难如弗里德曼所言,将货币发行控制在较低物价增长率和经济增长率上,而是为保障经济增长率,宁可承受较高的物价上涨幅度,所以我们的物价上涨幅度不是4%,而是达到6%,当然公众生活感受到的就更高了,这就需要有更多的国债。因为没有那么多国债,人民币却又不能不发到这样的规模,这就只能选择买数量大得多的外汇为替代了。作为非常时期的非常之举,这样的发行方式原本无可厚非,可一旦变成理所当然的常规操作,则不免发生前述种种后患了。

---

① Federal Reserve SystemMonthly Report on Credit and Liquidity Programs and the Balance Sheet July 2012.
② "美国国债总额已经超过16兆,创有史以来最高纪录",http://bbs.tianya.cn/post-worldlook-545727-1.shtml.
③ 中国人民银行网站统计司"货币供应量"。

2013年7月,人民币发行进一步上升到105万亿,除以货币乘数4.5,这就需23.33万亿国债才能满足人民币发行的需要。实际上到2013年7月,我国的外汇储备为3.5万亿,如果按照历年平均汇率,即从8.27降到6.14的平均值,大约以1∶7计算,则已发人民币大约为24.5万亿元。扣除发行央票收回的1.388万亿,应该发行23.1万亿,与前面的匡算数非常接近。若要用买国债的方式来发行,则市场国债存量绝不能低于这个数,但实际上,我国财政的累计国债额只不过是货币发行额的三分之一,这就意味着到目前为止,在我国买国债发人民币还不具有可操作性,不管它在理论上有多么的先进和必要,实际上都无法操作。

在这个操作制约的背后,还有一个更大的、更深层次的制约,那就是我国的财政负担不起买国债发货币,因为如果这么做,这就意味着货币发行都是财政的债务,都要财政来偿还。我国目前的财政收入也就一年10多万亿,一下增加20多亿债务,财政会不堪其负,甚至有出现财政悬崖的可能。如果保持目前这种买外汇发人民币的格局,那就是用公众的钱偿还财政应承担的债务,这是现代公民社会所不能接受的。于是只有一条路,由财政承担起发行人民币的债务,但必须小心将债务的偿还在时点上均匀地分摊开来,避免集中偿还可能造成的财政债务链的断裂。

第四节　金融市场的传导作用有限

买国债发货币要通过利率和货币供给量变动传导作用于国民收入,而在我国,利率与货币供给量变动并不足以充分有效地影响经济运行。因为我国企业缺乏微观均衡机制,这就决定了如果我国采取与发达国家一样的货币发行方式,并不足以通过金融市场有效地传导至国民收入,而买外汇发货币则能有相应的功能。

一、货币传导所需的微观基础

按照凯恩斯的理论,货币政策主要通过利率传导影响消费投资,作用于国民收入和就业。按照弗里德曼的理论,货币政策要通过货币量传导,拉开生产要素和最终产品价格的差距,企业扩大产出,国民收入和就业相应增加。所以利率和货币供给量能够作为金融市场传导的重要变量,关键就在于这两个变量连接货币供给到经济运行。如果不能形成有效的连接,则这两个变量就不能作为合适的传导变量,以直接作用这两个变量为基本特征的货币供给方式就不能使用,我国的情况正在于此。

利率和货币量之所以能够作为有效的传导变量,就在于企业已经实现利润最大化的均衡。买国债发货币对企业的影响要通过需求和边际收益增加,价格上升,利率下降,边际成本下降,这就打乱了企业既定的利润最大化均衡。若企业仍然将生产规模定在原来的位置上,则边际收益大于边际成本,企业还有很大一块该得的利润没有得到,所以必须将生产规模扩大到边际收益等于边际成本,才能在新的条件下实现新的利润最大化均衡,这是买国债发货币的效果能够充分有效传导到位的微观基础。买国债发货币需要一元化的企业目标,即企业家的人格就是企业的人格化,他们除了企业利润最大化以外,没有其他个人利益所在。货币政策传导有效首先要通过以下资产重组的均衡才能生效。

买卖国债、变动利率和货币量之所以能够引起各类资产价格的

系列反应,就在于所有投资者都有着既定的资产组合均衡,它表现在以下这个公式中

$$MP_K/P_K = MP_L/P_L = MP_n/P_n$$

其中,MP_K、MP_L、MP_n、P_K、P_L 和 P_n 分别为资本、劳动、某要素的边际产出,以及资本劳动和某要素的价格。它们的比值是每元钱用在不同的要素上边际产出要相等。如果不等的话,有限资金用在边际产出大的生产要素上。只有在这个等式成立时,才实现生产者要素使用的均衡。如果把 MP 表达为金融资产的回报,P 为金融资产的价格,这个等式的均衡含义就是将每元钱投在不同金融资产上的边际回报相等,就是总回报达到最大化。在这种情况下,央行高价买进国债,国债价格上升,收益率下降,投资者就会将资金从国债中拿出来,投资到其他回报相对较高的资产上去,把它们的价格抬高,投资回报率降下来,也就是整个利率体系的下降,这就是货币政策的传导。如果央行低价卖出国债,也因为投资者既定均衡的调整,就能将低价卖国债的效应传导为整个利率体系的上升。

金融体系的传导最后要作用于实体经济,实体经济的反应机制如图 5-2 所示。D_1、MR_1 和 MC_1 分别为垄断竞争企业的需求曲线、边际收益线和边际成本线,MR_1 与 MC_1 的交点为 A,形成的均衡产量与均衡价格为 Q_1 与 P_1,Q_1 的背后是经济的热度和就业水平。此时央行实行扩张性的货币政策,货币供给增加,公众的商品需求增加,带动 D_1 移动到 D_2,MR_1 移动到 MR_2。同时,货币供给的增加带动利率下降。对企业而言,边际成本下降到 MC_2,新的均衡点由 A 移动到 B,带动价格和产量的增加。对于企业家而言,他们除了企业的利润最大化,没有其他目标。也就是说,如果新的均衡点在 B 点

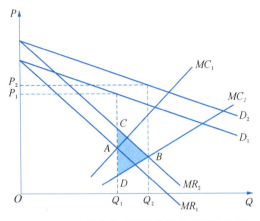

图 5-2 买国债发货币的扩张性货币政策机制

上,企业家却抱残守缺,把生产规模停留在 A 点上,这就意味着企业将损失的利润为三角形 BCD 的区域所示,这是不可接受的。所以企业家一定要将生产规模扩大到 B 点,于是就业增加,经济繁荣,货币政策生效。

央行的货币政策之所以以利率与货币供给量为中介目标,传导到实体经济运行上去,就是因为企业已经实现了微观均衡,央行货币供给增加,打破既定的均衡,企业在新的环境中要恢复均衡,也就是要在 B 点上实现利润最大化,这才能将货币政策的作用传导到位。如果企业原本没有实现均衡,这就既没有均衡的打破,也不会有均衡的恢复,所有曲线的移动都不会带动企业相应的操作,这就没有货币政策效果的传导到位。我国买外汇发人民币的情况正是如此。

二、货币传导微观均衡的缺失

在我国的计划经济以及目前的转轨经济中,存在着明显的二元结构,即企业利润最大化与经营者个人利益最大化并存,且此二者严重背离,经营者早晚会为实现自己的利益最大化而将企业利益最大化放在一边。这就决定了我国的货币传导难以顺畅,即便能有幸传导至实体经济,其对实体经济的影响势必非常有限。

有关企业均衡的公式和模型也能为我国所用,但是,因为我国经济制度的不同和产权的模糊,运用同样的原理可以画出很不相同的图,从而得出相去甚远的结论,利率与货币量变动对实体经济的传导因此被中断。此外,我国利率至今还没有自由化,存贷款利率仍然是主导利率,所有其他资产的价格和利率都以存贷款利率为参照,所以也都是扭曲的(参阅第四章第六节的相关论述),再加上我国的行政管制限制投资者套利和资金自由流动,国企投资者用国家的钱,而不是自己的钱进行运作,所以他们不会也很难追求企业的利润最大化,这就很难形成理论上所说的确定的生产者均衡。我们仍然依据下列公式展开分析:

$$MP_K/P_K = MP_L/P_L = MP_n/P_n$$

如果MP_K不能正确地反映某个金融资产的回报,P_K的金融资产价格也是扭曲的,如此比值的高低都会很成问题。譬如,以茅台酒为基础的金融资产价格就很高,因为这是为公款消费所拉动,资金过多地向茅台酒领域汇聚并不利于国民经济健康有序发展。反过来,许多关系民生的产业不仅难以发行金融资产,即便发行了价格也往往偏低,资金就难以进入这个领域,或者进入了也很有限,其对国民经济的影响也是负面的。

上述等式成立的重要隐含前提是资金可以自由流动,不存在绝对的市场分割。只要一个金融资产之收益率与价格比较高,别的领域的资金就会向这个领域流动,把过高的比值打下来、过低的比值抬上去,最后实现所有金融资产收益率与价格比值的一致,货币政策的效应才能在整个利率体系中传导开来。而我国的行政管制决定了我们有着明显的市场分割,如信贷资金不能进股市、有限制地进入楼市和汇市等,股票市场和同业拆借市场中同样期限的国债有不同的价格、民间集资要受到很多限制,甚至涉嫌违法,等等。这就是说,我国某个金融资产收益率与价格之比偏高或偏低未必能带动资金的相应流动,买国债影响利率和货币量的传导就会中断,这就难以影响整个利率体系,传导至实体经济的效应就更小了。

货币政策效应在传导过程中的损耗,致使企业各类相关曲线的移动幅度相当有限,企业的反应更加微不足道。如图 5-3 所示,D_1、MR_1 和 MC_1 分别为垄断竞争企业的需求曲线、边际收益线和边际成本线,MR_1 与 MC_1 相交于 A 点,表明该企业在 P_1Q_1 上实现了利润最大化均衡。同时,MC_P 与 MR_P 分别为经营者个人的边际成本与边际收益曲线,所以 MC_P 向右上方倾斜表明经营者获取个人利益的边际成本递增,MR_P 向右下方倾斜表明经营者个人利益增加的边际效用递减,两者相交于 B 点表明经营者实现自己的利益最大化。A、B 两点不在相同的价格和产出位置上,表明经营者利益最大化与企业利润最大化的背离。当然,经营者个人利益最大化的位置也可能发生在企业利润最大化的位置的左边,但更多的是发生在右边。因为计划经济的国有企业都有行政级别,企业规模做大了,科级单位可以成为处级单位,甚至局级单位等等,至今国有股份制企业改革仍然没有根本打破这种干部体制的格局,以致企业经营者仍然有着扩大规模的强烈冲动。不管经营者利益最大化在企业利润最大化的左边,还是右边,它都不影响以下的结论:

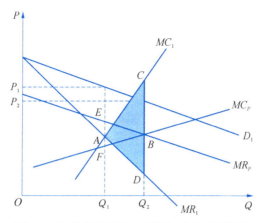

图 5-3 经营者追求自己的均衡，企业遭受损失

在这样的二元利益结构中，经营者面临两难选择：如果他坚持企业的利益最大化，把生产规模定在 Q_1 上，他失去了三角形 ACD 的个人利益，而无法实现自己的利益最大化。如果他追求自己的利益最大化，把生产规模扩大到 Q_2，企业将失去三角形 EFB 的利润，而无法实现企业的利润最大化。在这种情况下，经营者很难为企业的利润最大化而放弃自己的利益最大化。因为企业并不为经营者所有，这就将他置于很大的压力和诱惑之下，因为别人也想分得该企业的一杯羹，经营者就会运用不属于他的但能为他所支配的资源，交换所需要的个人利益，包括职务的升迁、子女的读书、太太的岗位，这就促使经营者将生产规模定位在 Q_1 上。于是我们的生产者均衡不是在企业利润最大化的位置上，而是在经营者利益最大化的位置上。

在这种情况下，买国债发货币对实体经济影响不大，因为企业原本没有实现均衡，所以就不会有打破均衡后经营者恢复均衡的努力。如图 5-4 所示，扩张性货币政策使得 D_1 移动到 D_2，MR_1 移动到 MR_2，MC_1 移动到 MC_2，但是，经营者均衡始终停留在 B 点上。所以生产规模并不会随着企业均衡由 A 移动到 C,就调整到 C,而是始终停留在 B 上。这就表明买国债发货币,改变利率和货币供给量,可以移动企业商品需求和边际成本曲线,但却不能改变经营者利益最大化的位置,货币政策传导损耗后剩下不多的效应,面对企业微观均衡的缺失,无法使企业生产规模做出相应的调整。这不能不是我国调控利率但不足以把房价有效打下来的一个重要原因。

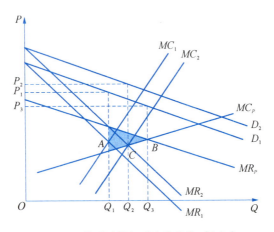

图 5-4　货币政策打破企业均衡,但生产规模停留在经营者均衡上

三、买外汇发人民币的有效性

自我国股份改革至今,企业利益与经营者利益背离的情况并没有根本的改观,但这并不意味着两者完全不相关,经营者会在企业利润最大化和经营者利益最大化之间寻求某种平衡。所以货币政策传导不会完全中断,但是过程损耗很大;实际产出不会始终停留在 B 点上,但会波动在 CB 之间。这仍然表明在我国买国债发货币的效果是不确定的和扭曲的,比不上买外汇发人民币那么明确和直接,这

不能不制约我国货币发行方式的选择。

以上分析表明,发达国家的货币发行都是通过金融市场传导至实体经济,这就要求实体经济对利率和货币量变动有相应的反应,然后才能实现货币政策对经济运行的影响。而在我国,利率与货币量变动未必能有效地传导至实体经济,且实体经济的反应也与理论假定有截然不同,所以按照发达国家的货币发行方式,很难在我国实现促进经济增长的目标。而我国买外汇发人民币的方式,固然与经典理论的分析相悖,但却与我国经济运行机制匹配衔接,可以直接推动我国经济的增长。

如我国出口企业得到外汇直接卖给人行,得到人民币后支付各类账单,买入生产要素,组织再生产循环,经济增长,就业充分。因为我国企业还按照平均而不是边际的概念组织生产,这固然因为经营者缺乏对边际概念的理解和运用,更因为企业产能太大,实际生产已经越过利润最大化的位置。按照平均收益、平均成本、平均利润等组织生产,则生产规模越大,总利润越多。但如果按照边际的概念组织生产,就只能在边际成本与边际收益相等的位置上,总利润才会最大。生产规模超过一定的限度,总利润反而下降。所以在资源有限和进行边际分析的条件下,企业不能一味扩大生产规模,但是,在我国则难以避免。所以我们企业只要出售外汇,得到人民币,生产规模和利润就能相应扩大。如果人民币汇率低于国际收支平衡的要求,则企业可得人民币增加,其扩大生产规模冲动更为强烈,经济繁荣,就业充分。这就是我国政府面对很大的内外压力也仍然迟迟不肯人民币升值的重要原因所在。

出口企业得到人民币,表现在商业银行账户上就是银行基础货币增加,不管是出口企业将此资金留在自己账上暂时不用,还是支付购货款,进入别的企业的账户,商业银行都会用来倍数扩张贷款,刺激其他企业扩大生产规模。企业生产规模的扩大会带动金融市场的活跃,银行资金的充裕也会迂回曲折地进入金融市场,促进金融市场的进一步繁荣。可见,我国货币供给变动对实体经济的影响不是由金融市场进入实体经济,而是反过来,由实体经济进入金融市场。所以买国债发货币,未必能有效传导并影响实体经济,但买外汇发货币则能对实体经济产生比较明显的影响。

毋庸讳言,我国买外汇发货币,依据的是货币流通为商品流通服务的理论(参阅本章第一节的相关论述),却未必出于买国债发货币传导不畅的考虑,但是,我国缺乏买国债发货币的传导机制也是事实,所以,即便不是理论的制约,我国想要买国债发货币也做不到。认识到货币传导机制缺失的现实,并且积极创造条件,对于我们实现货币供给方式的转轨具有非常重要的意义。

第五节　产权模糊,多种利益背离

买国债发货币要求产权明晰,多种利益兼容协调,国家和各类机构只能与公众公平交易,而不能用任何名义侵占公众的资产。而在我国,改革开放40多年,根深蒂固的产权模糊、多种利益背离问题,至今仍未能有根本性改变,所以很容易采取买外汇发人民币的方式。

目前我国的产权已经由全部为国家或集体所有,变为有很大一部分以私企、股份制企业等形式为公众所有,但是,产权关系仍然有很多模糊的地方,如政府提倡和公众普遍接受的"藏富于民",就是一个证明。"藏富于民"做得最好的时期算得上文景之治、贞观之治和康乾盛世,在那个时代的话语背景是"普天之下,莫非王土……",这就表明"富"是国家的,只不过"藏"在公众这里而已。用这样的话语来表达党的富民政策,尽管很有善意,但产权却非常模糊,没有明确产权为公众所有。如果明确为公众所有,那就不是"藏富于民",而是"还富于民"了。尽管,此二者只有一字之差,其含义却有根本的不同。"藏富于民"包含着为政者对公众的善意,而"还富于民"则是明确公众的权力。作为为政者的善意,它的边界和内涵难以确定,国产私产飘忽不定,且只能由为政者决定,公众难以有什么要求。作为公众的权力,它有明确的内涵和边界,国产私产泾渭分明,且应受到充分的尊重。为政者善意的实施有太大的弹性,它既可能随人去而政废,更可能因为压力和阻力而无法落实到位。公众权力的落实则因为法律的保障而是刚性的,公众会努力伸张和捍卫这个权力,并且不容侵犯。落实为政者的善意,可以建设传统社会的太平盛世;落实公众的权力,才能奠定构建现代公民社会的基础。

只要"藏富于民",外汇就可以看作是国家的,而不是公众的资产,央行就可以买外汇发人民币。人民币是央行的负债,而外汇是公众的资产,买外汇发人民币就是用央行的负债换取公众的资产,也是用公众的资产作为政府负债的担保。这是最大的产权模糊。因为,人行可以用自己的负债买公众的外汇,如此获利丰厚的交易可以极大地增加人行的资产;人行可以用公众的,而不是自己的资产来偿还债务,这就无需顾忌债务的无限增长。此外,公众出口创汇潜力无限,决定人民币的发行不可限量。加上,人民币发行与外汇收入同步增长,国际收支顺差不会造人民币相对减少,人民币升值难以到位,国际收支持续顺差,人民币发行就越来越多。如此人民币供给就会缺乏有效约束,导致货币供求决定的利率也不会规范有序。更不用说,买外汇的货币发行处于利率体系的中端,其收益率的扭曲导致整个利率体系的扭曲。所有这些问题都产生于货币发行的产权模糊。如果央行只能以国家的资产作为货币发行的担保,则所有不利于利率自由化的因素都将不复存在。

如果"还富于民",外汇就是公众的资产,产权明晰了,央行就不能用公众的资产,而只能以自有资本作为自己的负债——货币的担保,以保障负债可以得到及时的兑现;借款机构则要用自己的有价证券作为抵押,以保证借款的到期偿还。可见,只要产权明晰,不仅货币发行数量会受到很大的制约,而且因为自有资本是有限的,已发行货币也能及时退出消失,因为有价证券到期都要偿还。而且,买国债发货币就与外汇脱钩,本币不会随外币而增加,汇率就能正常波动,自发调节国际收支状况。买国债的收益率能处于利率体系的底部,这就能为利率市场化提供重要前提和根本保障。简言之,只要买国债发货币就不会有产权模糊所可能引发的各类问题。

所以,我国选择买外汇发货币,除了历史和现实条件的约束外,就是我国依据的是货币流通为商品流通服务的理论,外汇是商品,所以人行可以外汇为担保发货币,可以实现货币流通为商品流通服务。这个理论实际上是假定所有资产都为国家所有,国家据以买入外汇发货币,这也符合用国家的资产作为国家负债担保的要求。在大一统的计划经济体制中,这个理论还差强人意,根据这个理论买外汇发人民币也说得过去。然而,现在的产权已经多元化了,出口创汇的主要企业是中小企业和三资企业,而不是国有大中型企业(现在国企也股份制了,与过去国企属于国家的产权有根本不同),外汇已经不是国家的资产,继续把外汇当作国家资产,作为货币发行的担保,这就是最大的产权模糊。可见,货币流通为商品流通服务的理论不适合指导我们今天的人民币发行,更不用说,现在的商品数量和货币数量都难以计量,因为商品的冷背残次难以剔除,新产品层出不穷;货币已经延伸到电子货币、电子钱包,甚至与真实货币连接的Q币和比特币等。在商品和货币总量都不确定的情况下,怎能实现货币流通与商品流通的相适应?如果硬是追求此两者的相适应,则势必是在繁荣时期火上浇油,萧条时期雪上加霜,加剧经济的震荡。

买国债发货币要求产权非常明确,企业为私人或股东所有,不仅是所有权,而且是使用权和支配权,都神圣不可侵犯。政府的权力受到限制,它除了可以征税以外,没有其他占有企业和公众财富的权力。即便政府要将公众的行为纳入自己的轨道,也只能以交易而不是命令的方式来实现。也就不是直接决定价格的上下限,而只能运用自己的资本,参与交易,移动供求曲线。央行要有足够的资本金,才能不靠发行货币与商业银行交易,从而避免未来通胀的隐患。譬如,央行要降低利率,它不能规定或命令,而只能高价买进国债;要提高利率,则只能低价发行国债。如此操作符合商业银行和其他经济主体的利益,谁也没有遭受利益的损失。买国债发货币也是如此,央行只能将价格抬高到商业银行有利可图、愿意卖出为止,而不能使商业银行忍痛牺牲,放弃自己的利益。反过来,要卖出国债,也只能是将价格降到商业银行有利可图为止。因为央行与商业银行的交易符合商业银行的利益,所以商业银行与央行之间可以形成合作博弈,从而使得管理和调控效果越来越好,越来越不需要采取直接的行政命令,甚至只要表达个意向就可以了。

美联储的操作正是如此。经过几次高买低抛的操作后,市场就形成稳定的预期,只要美联储说利率要上升,就是国债价格要下跌,只要美联储说利率要下降,国债价格就上升。于是,一旦美联储表达调节利率走势的意向,公众就会在国债价格尚未下跌之前抛掉,或者在国债价格尚未上升之前买进。如此操作与央行的调控目标一致,也能降低调控成本,提高调控效果。因为原来利率变动全靠美联储的买卖国债来实现,这买卖要达到一定的规模才能生效,美联储要承担高买低卖的相应成本。现在公众参与买卖,美联储减少买卖数量,就能实现调控目标,其调节利率的成本可以大大下降。甚至美联储只要向市场表达调控的意向,不进行国债的操作,公众的国债买卖都可能使利率调整到位,所以在上个世纪末,美国人有对"公开市场操作",还是"公开嘴巴操作"之问①。在这个过程中,美联储与公众的合作越来越紧密,货币政策的效果越来越好,所以也就越来越不需要直接的行政命令。

我国体制是从全民所有和计划经济走过来,产权模糊表现为企业和商业银行不完全是私人或股东的,或者既是国家的,又是私人的,甚至是说不清楚的,至少所有权、使用权和支配权都不完整,以至于会发生国有资产流失和"国进民退"等一系列问题。既然产权不明晰,央行可以用行政手段,要求商业银行放弃自己的利益,服从央行的安排。这种要求与服从包含着对商业银行利益的侵犯,否则,有商业银行的自愿,就不需要命令和服从了。此外,财政也没有拨足央行资本,以致央行以交易的方式影响经济运行的能力是有限的。在这种情况下,买国债发货币既不方便,也没有必要。既然商业银行的资产也有国家的份,央行也属于国家,并代表国家进行金融管理和调控,这样的产权关系就是你中有我,我中有你,那为什么还要费力地用交易,而不是直接规定命令商业银行的运行呢?更何况央行没有

---

① Open market operation or open mouth operation.

足够的自有资金来进行交易。以 2012 年 12 月的资料为例,人行的自有资金(视同资本)只有 219.75 亿元,而资产总额却达到 289 877.39 亿元,资本占资产总额仅为 0.075 81%,而美联储的同一比例至少在我们的 10 倍以上。可见,以我国央行如此有限的资本比例,还不足于支撑买国债发货币,以满足和调节经济增长对货币的需求。

目前的结售汇制就具有很强的行政命令性,商业银行只能按照央行规定的汇率出售所有的外汇,而不能选择更加有利可图的市场汇率。央行发行央票时也是如此,所以造成央票发行屡有流标①,不过央行仍然可以通过政治思想工作和约谈完成央票的发行任务。此外,我国的利率也由央行直接决定,而不是买卖国债等市场化操作。于是,商业银行为了自己的利益,则势必千方百计地规避,甚至突破央行的管制。

譬如,我国的历任央行行长都有很多次说利率不调整,结果没过几天就调整了②。这就会形成这样的市场预期,即央行说不调整的话,要反过来听,因为马上要调整了。所以央行会有说与做的背离,不仅在于经济压力,更是想进行逆市场预期的操作。只有出其不意,才能取得政策效果。譬如,在市场预期利率要上升的情况下,股市可能非常疲软,央行不希望股市低迷,所以说利率不调高。一旦资金停留在股市中了,利率再突然提高,则能将资金套在股市中。还有,要阻滞或鼓励资金外流,央行也可以说利率要上升,或者反过来。这样的操作就是与市场预期对着干,公众当然不甘心可能的损失,他们一定会采取与央行意图相悖的行动,进而抵消央行政策的效果。央行

---

① 2006 年 12 月、2007 年 10 月、2009 年 7 月、2010 年 4 月央票发行都有流标。
② 周小川 10 月 10 日在华盛顿宣布"中国今年内不加息",央行 10 月 20 日宣布"即日起存贷款利率上调 0.25 百分点"。

也不会熟视无睹,因为这不仅会造成管控落空,甚至会导致经济与金融的紊乱。所以央行也一定会采取各种行政手段,来保证政策目标的实现,结果是行政手段大行其道,我国的调控方式与国际惯例越走越远。

所有这些都表明,在产权明晰的系统中可以采取符合各方利益的买国债发货币,而在产权不明晰、各方利益背离的系统中,则只能采取命令加服从的买外汇发人民币方式。在产权尚未明晰之前,尽管前总理温家宝反复强调,我们再也不搞出其不意的货币政策了,但实际上却不能不继续原来的调控方式。可见,只要继续持有"藏富于民"的理念,产权关系势必继续模糊,外汇既是人民的资产,又不完全是人民的资产①,买外汇发人民币就无可厚非,利率自由化就很难走下去,宏观调控就只能出其不意。所以改变货币发行方式,推进利率自由化,规范宏观调控方式等,都要从明晰产权制度,用"还富于民"取代"藏富于民"做起。

第六节　经济运行以市场化为目标

发达国家的经济性质决定他们的货币发行方式,他们的经济性质不是我们常说的市场经济,而是自由经济。我们只是以市场经济为改革目标,而市场经济的运行方式与自由经济有着很大的不同,这

---

① 2011年10月17日《人民日报》有文章说:外汇储备不全是百姓"血汗钱",不适合分给民众。文章开头第一句话说:"外汇储备是央行的钱,也代表国民财富……"这就是产权模糊。央行不是生产单位,哪里来的钱? 它只能用发人民币换外汇,而人民币是国家的债务凭证,是央行打的欠条。谁可以说它用借条换来的钱是它自己的呢? 所以公众对外汇有最终要求权,央行的外汇储备还是公众的资产,是公众持有人民币的担保。

也是阻碍和限制买国债发货币的重要方面。

1979年我国提出市场经济改革时,只是根据市场的运行经验判断比计划经济更为有效,却未能充分深入地分析它的本质、理论、依托条件和运行机制①。至今在我国的有关解释中,市场经济是产品和服务的生产及销售完全由自由价格机制,而不是由国家计划所引导,甚至市场经济也被用作资本主义的同义词。② 尽管在我们的市场经济概念中已经隐含着自由经济的意思,但毕竟不够明确,这势必引导我们的实践关注市场的组织形式,更甚于自由的运作方式。其结果不仅非常可能建立起形式相似,而不具有完全功能的市场,从而使得买外汇发人民币变得必要和合理。

所谓自由经济就是经济主体享受充分选择权力的经济,即管理层不能用行政命令,只能通过公平交易进行干预的经济。经济的自由度越高,价格信号越准确,资源流动越迅速,资源配置越有效,经济结构越合理,买国债发货币的效果才越好;否则,就只能买外汇发人民币。买外汇发人民币可以满足市场经济交易的要求,也能实现政府的其他调控目标,如国际收支顺差、经济繁荣和充分就业等,但却不利于自由经济的运行,也不利于整体经济走向国际规范的轨道。自由对于市场效率和货币方式选择的重要性可以从以下方面得到证明:

按照均衡价格理论,价格为商品供求所决定。如果实际价格高

---

① 在1979年的成都会议上,在四川财大任教的袁文平经过大量调研发现,计划管得越多的地方经济越死,越不管的地方经济越活,所以大胆地提出了市场经济。同年11月26日邓小平会见美国不列颠百科全书编委会副主席吉布尼和加拿大麦吉尔大学东亚研究所主任林达光等外国客人时正式说到要搞社会主义市场经济。杨敏:"1979成都会议:'社会主义市场经济'的首次提出",《中国新闻周刊》2011年第26期。

② http://baike.baidu.com/view/17791.htm; http://zh.wikipedia.org/wiki/%E5%B8%82%E5%9C%BA%E7%BB%8F%E6%B5%8E.

于均衡价格,商品的供给量就会大于需求量,商品卖不掉,价格只能降下来;如果实际价格低于均衡价格,商品的需求量就会大于供给量,商品买不到,价格只能升上去。实际价格偏离均衡价格,并向均衡价格回归的速度关系到商品供求调节和资源配置的效率,而回归均衡价格的速度则取决于市场参与者享有自由的程度。市场参与者享有自由的程度越高,他们越能迅速降价,把过剩的商品卖掉;反之,越能迅速地提价,消除供不应求。实际价格背离均衡价格的时间越短,资源越能按均衡价格配置,则市场效率也越高;反之,市场参与者享有的自由程度越低,价格信号调整越慢,则资源配置效率相应越低。

鉴于均衡价格只是有效率的价格,却未必是令人满意的价格,所以政府要进行干预。干预的方式有两种:一是政府直接的行政命令,规定价格只能停留在偏离均衡点的某个位置上,这就是支持价格与限制价格。另一个是政府参与市场交易,改变供给或需求,从而将价格调控在期望的位置上。这两种做法在短期中可以实现政府期望的目标,在长期中都损害市场的运行。因为价格偏低就是供大于求,将价格抬高,则供更是大于求,市场剩余更多。价格偏高就是求大于供,将其打压下来,求更大于供,短缺更严重。所以干预可以实现短期目标,却要付出长期代价,而且干预的持续时间越长,这种危害就越大。造成这种状况的根本原因就在于政府干预限制了市场参与者的自由,使得他们不能按照自己的意愿进行选择。

在政府直接行政命令的条件下,政府直接侵犯公众决定价格的自由,使之只能按规定价格交易,而不管市场存在着更为有利的价格。在这种情况下,供给与需求不影响价格,价格也无法充分有效地调节供求,这样的危害和弊端在计划经济中表现得比较充分。在政府参与市场交易的情况下,公众可以按照意愿的价格进行交易,供给与需求仍然可以决定价格,价格也可以调节供求。但是,这个价格不完全是市场供求决定的价格,而有政府力量参与其中,所以价格被扭曲,它的危害会在长期中表现出来。但如果管理层能暂时应用,及时逆向操作,也许能解决特定问题,并将后遗症降低到最低程度。可见,市场自由的重要性怎么强调也不算过分。

在理性预期理论中,自由的重要性就更加凸显了。因为该理论认为公众可以依据所得信息,对市场做出最佳预期,并采取相应的套利操作。因为他们能够预期到市场的均衡价格,并且提前高卖低买,所以只要实际价格有可能高于均衡价格,供给就会马上增加,需求就会立即减少;反之亦反是。因为只要实际价格与均衡价格背离,立即会被消灭掉,所以这个市场就不存在未加利用的赢利机会,它的实际价格就是均衡价格,这个市场就是强有效市场。可以肯定,如果市场参与者不能享有充分的自由,即便他们知道均衡价格的所在,却因为不能及时提前进行套利,实际价格就会在较长时期中偏离均衡价格,从而使得实际利率不是均衡利率,这个市场就是弱有效市场,资源配置就会错位,市场效率达不到应有位置。

可见,市场的重要性和它的效率不仅在于它的组织构架,更在于它的自由,因为组织构架是为了实现和保障市场的自由而组建和调整的。如果市场没有自由,或只有有限的自由,则无论市场的组织架构多么完善,都非常可能失去了本质和内涵而徒具形式。它不仅无法实现资源的合理配置,甚至还将误导资源的配置,所以市场化改革一定要将目标定位在提升市场自由上。而要实现这样的目标,则必须要有个自由交易的前提与平台,因为所有的交易都离不开货币,所以要从货币发行方式的源头上保障交易的自由,而只有买国债发货币才具有这样的功能和性质。因为国债交易按照双方自愿的原则展开,央行可以高买低卖,公众自由选择的权力不受制约和损害。由此形成的交易方式,以及价格和收益率将会成为社会其他领域自由交易的坐标系统,这是自由经济运行的重要前提和根本保障。

在计划经济中,经济运行以计划指令为依据,各级经济主体只能服从,而无法选择,这就没有自由可言,货币发行也只能按照行政命令来执行,所谓信贷计划和现金计划共同决定货币发行等。在市场化改革的今天,市场的重要性已经得到比较充分的认可,但是,对自由的作用和功能的认识却还远远没有到位,所以保留计划经济中的货币发行方式,而没有意识到这将有损自由经济的运行。今天买外汇发人民币的条件比计划时期已经很宽松,企业主要出口收入仍然只能卖给央行,个人每年可以从商业银行买汇5万美元,但是结售汇制仍然没有取消,央行在外汇交易中凭借行政命令仍然处于关键和主导地位,公众在很大程度上只能服从,而不能进行公平对等的交易。如此交易方式和定价机制一定会辐射到整体经济上去,致使所有其他交易的背后都有政府参与的更大权力,以及比公众享有的优先选择①。既然在经济运行的核心环节——货币发行上,政府可以拥有凌驾于市场之上的权力,那么上行下效,在其他市场环节上,各

---

① 我国的价格扭曲相当严峻。比如,过桥过路费,总投资1.78亿元的郑州黄河公路大桥,1996年已经全部还清贷款,违规收费14.5亿元;首都机场高速公路总投资11.65亿元,其中银行贷款7.65亿元,至2005年年底已收费32亿元,估算剩余收费期内还将收费90亿元(国家审计署2008年2月发布的《18个省市收费公路建设运营管理情况审计调查结果》中披露)。此外,还有税费偏高、工资收入的悬殊,等等。因为在人民币发行的源头有太多各级政府的权力,所有其他层面的价格也一定会被扭曲。还有2012年上半年,进口煤到岸价格约为90美元,国内煤价则在七八百人民币左右,煤价的倒挂不仅在于运费的昂贵,还有名目繁多的各类税费("进口煤缘何比国内煤价便宜",《报刊文摘》2013年1月26日)。

级政府都会随心所欲地加价。如此扭曲的价格肯定与自由无关,也绝不是均衡价格,以这样的价格引导资源配置,其结果一定是资源配置的误导和扭曲。这不能不是前总理温家宝一直努力要调结构,却又壮志未酬的重要原因;也是现在强调结构性改革的关键所在,如果价格可以自发波动,供大于求时价格可以自动下降,哪会有供大于求的供给侧过热的长期存在?

可见,要实现计划经济向自由经济转轨,就必须完成货币发行由买外汇转向买国债。而要完成货币发行由买外汇转向买国债,也必须实现计划经济向自由经济转轨。如果保留买外汇的发行方式,则无法实现计划经济向自由经济转轨;同样,不能把经济改革的目标转移到自由经济上来,货币发行方式也就无法转向由买外汇转向买国债。可见,无论在以前的计划经济,还是现在的市场经济中,货币发行都难以走到买国债上来。

第七节 国家财政尚未走向公共财政

买国债发货币需要财政收支关注民生,只有在这种情况下,财政赤字,以及相关的债券才能反映民生,买这个债券的货币发行才能实现货币的有序循环。如果财政收支与民生无关,货币发行量就会超过商品供应量,或生产潜力,这就不利于货币流通的稳定,所以在国家财政的前提下,很难实现买外汇发货币向买国债的转移。

一、买外汇发货币的财政逻辑

买国债发货币将货币流通与财政收支联系在一起,所以,不仅财政收支的数量,而且财政收支的性质也直接关系到货币流通。在国家财政,而不是公共财政的条件下,买国债发货币势必造成货币供给增加,而商品数量减少,所以只有实现国家财政向公共财政的转换,才能实现货币发行方式向买国债转换。

毋庸讳言,改革开放至今,我国财政还远没达到公共财政的水平,尽管政府已经强调"情为民所系,利为民所谋,权为民所用",但是,这还只是理念性的,而不是制度性的、法律性的和操作性的。如审核财政收支的人大代表不是专业人士,不能充分代表和反映公众的利益与诉求,财政收支报表的科目太粗,专业人士也难以完全搞懂,还有其他很多原因,包括至今我国还没有纳税人权益法案。也就是说,财政收入是否合理,支出是否为公众所用,全在于领导人的善意,而不是法律的规范和约束。所以我国的国家财政还不是公开、透明、阳光的公众财政[1]。为了表述的方便,本文就用国家财政代表与民生关联度不大的财政。

在国家财政的基础上,财政收支序列势必由政府,而不是公众的偏好所决定,所以财政赤字和国债与民生相关度不高。买这样的国债发行货币,货币流向与民生无关的领域,最后商品被消耗了,货币却依然停留在那里,这就一定会造成货币供给的过多与经济结构都扭曲。而在公共财政的情况下,货币流向与公众福利相关的领域,货币供给与社会财富一起增加,产业结构合理,社会生产能力增强,这就能实现货币的有序循环流动,进而保障利率市场化的有序展开。为了证明这个论断,本文以下两种假定为例:

第一种假定,初始的商品,包括有形与无形与货币量比较匹配,

---

[1] 张曙光、张弛执笔:"'欧债'、'温贷'危机中的中国经济",《社会科学报》2011年11月10日。

第五章　人民币发行的压力与无奈

在不讨论货币乘数等其他因素的情况下,1 000 对 1 000,政府开支与民生相关。此时发生 100 赤字,政府向公众发债。其不同阶段货币与商品的关系如下:

(1) 公众买债券,他们的货币减少 100,政府用此钱建设学校、医院,货币作为购买要素的支付回到公众手中,此时货币供给量 1 000,债券 100,含学校、医院在内的商品增加到 1 100。

(2) 央行买进公众持有的国债,债券为央行所有,货币供给为 1 100,与商品 1 100 匹配。

(3) 政府征税 200,100 偿还央行债务,100 用于其他消耗性开支。

(4) 央行得到财政偿还的债券款,就是收回发行的货币,增加的货币供给与债务一起消失,政府的消耗使得商品减少 100。

(5) 最后结果是商品 1 000,货币也 1 000,货币与商品的关系回到初始状态。

第二种假定的其他条件都与第一种假定相同,只是政府赤字产生与民生无关的"三公消费",商品与货币的关系就与第一种假定有根本不同:

(1) 公众买债券,他们的货币减少 100,政府用此钱花在吃喝、旅游、用车上,货币用作支付回到公众手中,货币供给量 1 000,债券 100,商品因为政府的消耗而减少为 900。

(2) 央行买进公众手中的国债,债券为央行所有,货币供给为 1 100,商品 900。

(3) 政府征税 200,100 偿还债务,100 其他消耗性开支。

(4) 央行收回发行的货币,货币供给与债务一起消失,政府的消耗使得商品再减少 100。

(5) 最后结果是商品 800,货币 1 000,货币超过商品,两者关系恶化。

如果政府征税很重,达到300,并且全部用于与民生无关的消耗性开支,则商品数量减少到700,货币供给经过发债纳税环节后仍然为1 000。值得强调的是,政府用在民生上的消耗性开支,结果也是商品少而货币多,但其本质却与政府的消耗性开支有根本不同。因为,用于民生的消耗性开支提高了公众的素质,包括更高的技能、更新的理念、更好的身体,这些都能提高生产潜力,于是只要多出来的货币形成需求,商品供给就能相应增加,与多出来的货币匹配,货币与商品的关系就不会恶化①。而政府的消耗性开支,特别是"三公消费",不仅不会提高生产潜力,甚至还会使之下降,货币量大于商品量和生产潜力的情况会越来越严重。

更为麻烦的是,财政支出与民生无关,则资源配置也与民生背离,但是,与民生无关的生产能力却越来越强,而与民生相关的商品则非常可能短缺,产业结构越来越扭曲。反之,财政支出与民生相关,资源配置越来越向民生倾斜,与民生相关的生产能力就越来越强,公众的需求就能够得到满足,产业结构越来越规范有序。如果要用买国债的方式发行货币,则必须实行公共财政,否则,货币供给势必越来越多,货币与商品不仅总量的比例关系恶化,而且结构也严重扭曲,市场化利率相应偏高。可见,不仅货币发行,而且利率自由化,还有许多经济变量的含义和功能的规范,都必须从公共财政做起。否则,无论报价多么公平,风险的防范、有关各方的观念和承受力的

---

① 按照马克思的理论,货币流通与商品流通相适应,也就是要保持货币量与商品量之间的适当比例。而按照凯恩斯和弗里德曼的理论,货币流通要与生产潜力之间保持适当的关系,如果没有充分就业,货币供给增加,物价上涨有限,或者没有上涨。一旦实现充分就业,则货币供给增加则会造成通胀。可见马克思的货币与商品的关系是相对于产成品而言的,而其他学者的理论则强调生产潜力而言,是否充分就业是还有没有生产潜力的表现。

二、买外汇发货币的现实约束

尽管我国的财政收支也关注民生,财政赤字不算很大,但如果参照国外的财政收支状况就不难发现,我国财政还是有许多不该收的收了,不该支的支出了。如果对照地进行调整,我们的财政收支和赤字都要远远超过今天的水平。在这个基础上,买国债的货币发行,不仅会使财政不堪其负,而且非常可能造成经济运行的紊乱。

早在2005年,美国财经杂志《福布斯》就发布报告称,在全球52个国家和地区中,我国是税负第二重的国家,仅次于法国,是亚洲税负最重的国家。按照中央党校政策研究室副主任周天勇的计算,中国实际的宏观税负已经达到31%;按照社科院财政与贸易经济研究所的研究报告,2009年中国全口径财政收入为10.8万亿元,占GDP的比重为32.2%[①]。2010年中国政府的宏观税负又进一步增加到34.5%。按照世界银行的标准,低收入国家的宏观税负宜为13%左右,中上收入国家应该是23%左右,高收入国家是30%左右。中国目前还是一个中低收入国家,宏观税负已经达到了34.5%[②]。即便按照统计局的数据,不算地方财政的收入,在2012年和2013年中央财政收入占GDP比重分别为22.57%和22.7%。

2010年以前的数据显示,我国工薪收入占全民收入35%,所纳税金却占到国家全年个税收入的50%以上,相比其他形式的收入,工薪阶层要多承受15%的税收压力[③]。而香港某单身人士2010年收

[①]《东方信邦》2011年4月8日。
[②] 韦森:"为什么中国税收连年超高速增长?",《新经济》2011年第8期。
[③] 张雷:"个税调整作用有多大",《读者》2011年第11期。

入17.826万港元,应缴税款2 918港元,免税2 189元,实缴729港元①。中国商品中所含的税比任何一个发达国家都高:是美国的4.17倍,是日本的3.76倍,是欧盟15国的2.33倍②。我国所得税的最高边际税率为45%,而英国是40%,日本是37%,美国是35%,俄国实行13%的比例税率③。欧盟税率为平均GDP的41%,美国总税率为GDP的24%,中国财政税收占GDP的35%。

我国的医改酝酿了几年,但是卫生经费支出始终在4.52%—4.58%,2009年中国GDP接近5万亿美元,在世界排名第三。而全球平均卫生经费支出占GDP的8.8%—9%。不发达国家大多在4%,发达国家一般在10%左右。中国的人均卫生经费大约只相当于美国人均卫生经费(用2009年8 160美元的)1/27④。还有我国的教育支出在2013年才达到国际卫生组织说要求的4%的最低水平⑤。

发达国家的"社会开支"(医疗保障、退休金、教育等福利)占GDP的比例:瑞典32%,法国29%,加拿大、澳大利亚、日本都在18%左右,福利最低的发达国家美国也有将近17%。而据2009年3月2日《华尔街日报》的报道,中国的"社会开支"2007年仅为GDP的5.8%。也就是说,我国的社会开支比发达国家省11%—24%⑥。

官员的三公消费(公款吃喝、公款旅游和公车私用)占财政收入的比重,中国官方公布为13.14%,但学者测算实际高达43.8%,而美

---

① "香港税单的'智慧'",《新民晚报》2011年10月28日。
② 《东方信邦》2011年7月1日。
③ "中国税收负担并不高",《新闻晚报》2011年9月1日。
④ 全国政协委员赵平认为,卫生经费提高到GDP的8%是可行的。《报刊文摘》2010年8月23日。
⑤ "中国GDP和人均收入世界排名40年变化",http://www.tianya.cn/publicforum/content/free/1/2169292.shtml.
⑥ 刘畅:"'超日'、'超美'与大国之惑",《书屋》2009年第10期。

国、欧洲、日本则分别只占 9％、5％、4％①。此外,财政支出用于官员吃饭的比例相当高②。尽管以习近平同志为核心的党中央加大了反腐倡廉的力度,反"舌尖上的腐败",三公消费有了明显的收敛,但是制度性问题的根本解决还要待以时日。

所有上述数据都是有争议的和值得商榷的,而且,它们也没有反映我国财政承担外国财政所没有的生产性投资。但是,它们还是很能说明,我国财政收入偏高,公众负担偏重,用于政府开支的偏多,而用于民生的偏少。如果参照发达国家的标准,扣除不该收的钱,加入应该发生的支出,假定分别是 5％,则实际财政赤字不是 2％③,而将在 12％以上,这是很保守的估计。再加上不少"铁公鸡"、飞机场等在很长时期内难以形成有效产出,亏损的和豆腐渣的,还有上万亿"三公消费",我国将有不低于 10％的财政开支不会形成有效产出。

在这个前提下,有理由认为,如果实行买国债发人民币,则有 10％以上的货币发行超过对应的商品和生产潜力,其运行结果势必是货币量越来越大于商品量,物价越来越高,货币需求越来越大。不仅于此,这样的债务结构还势必造成货币向公款消费领域转移,公款消费商品的生产能力剧增,而与民生相关商品的供给明显不足,产业结构的扭曲加剧。可见,在国家财政还没有转化成公共财政之前,货币发行方式就不能由买外汇转移到买国债上来,否则,就会从总量和结构上加剧货币流通形势的恶化。

---

① 《东方信邦》2010 年 6 月 28 日。
② "中国 GDP 和人均收入世界排名 40 年变化",http://www.tianya.cn/publicforum/content/free/1/2169292.shtml。
③ 美国、英国、日本,今年的财政赤字都是在 10％—11％,欧元区财政赤字到 15％,中国的财政赤字不到 2％。

第八节　政策目标与行政体制的局限

我国采取买外汇发人民币的发行方式,不仅为货币政策目标所决定,更要服从有关体制的运行机制,甚至运行机制比货币政策更有外部强制力量,这就会造成货币供给的实际结果超过货币政策目标的制约。所以要分析我国买外汇发人民币的无奈,既要关注货币政策目标的定位,更要分析有关制度规定的运行机制。

我国在20世纪80年代中期至90年代中期,把经济增长和物价稳定列为货币政策的双重目标,但在1995年的《中国人民银行法》中正式规定货币政策目标是"保持货币币值的稳定,并以此促进经济增长"[①]。许多学者的解读是:我国的货币政策目标由双重目标转向了保持币值稳定的单一目标,这个改变固然表明管理层有努力实现币值稳定的强烈意愿,以及防范通胀的明确意识,但是,这样的表述仍然有着很大的破绽,在我国现有制度的作用下,不仅不能保障币值稳定,甚至一定会造成货币供给的过多和币值的下降。

仅从字面上看,就不难发现"以稳定的币值,促进经济的增长",表明币值稳定是手段,经济增长是目标。如此提法甚至不如原来的"既要物价稳定,又要促进经济增长",因为原来双重目标实际上假定,物价稳定与经济增长难以同时并存,这符合现代经济理论,所以管理层要在物价稳定和经济增长之间进行艰难的平衡。物价高了,牺牲一点经济增长速度;经济低迷了,听任一些物价的上涨。而在经

[①] 沈伟基、陈涛:"对我国货币政策目标的再思考",《宁夏社会科学》2002年第6期。

济增长单一目标的假定中,"以稳定的币值,促进经济的增长",至少包含两个逻辑问题:首先,隐含着币值稳定与经济增长可以并存,这就与现代金融理论相矛盾;其次,币值稳定是手段,经济增长是目的。目标定位的偏差奠定了人民币大量增发的理论和操作基础。

事实上,我国的货币政策操作还是瞄准四大目标,如时任央行行长周小川2012年时出席一论坛,总结10年出任央行行长经验[①],指出中国经济在转轨过程中,仍然存在过热的冲动,所以货币政策始终要强调防范通胀,因潜在通胀压力较大。但并不意味着中国与其他主要国家一样,货币政策钉住单一目标。中国的货币政策有四大目标,包括维护低通胀、推动经济合理增长、保持较为充分的就业及维护国际收支平衡,多目标制与从计划经济向市场经济的体制转轨有关。在转轨过程中,中国最主要的任务之一是消除价格扭曲,转向市场化的价格体制。如果只关注低通胀,就会对任何价格改革持抵制态度,使央行陷于尴尬局面。

按照凯恩斯的理论,货币供给增加,利率下降,投资增加,生产规模扩大。按照弗里德曼的理论,货币供给增加,资产价格调整,最终产品的价格将高于中间产品,生产规模扩大。这两种方式都会在短期内带来经济繁荣,就业增加,但在长期都会造成通胀与币值的下降。而按照我国的实践,货币供给增加,人民币不升值,或者升值有限,国际收支持续顺差,企业有订单,经济繁荣,就业增加。但是,在长期中,货币供给过多将提高生产要素的价格,通胀将难以避免。如果货币供给不增加,在凯恩斯和弗里德曼的理论中,经济将停留在原来的规模中,没有经济增长,也没有通胀。在我国的实践中也是如

---

① 周小川:"人民币国际化,须审慎",《东方信邦》2012年11月19日。

此。如果货币供给不多,国际收支顺差,人民币升值,国际收支顺差消失,经济只能停留在原来的水平上,通胀也不会发生。可见币值下降才能实现经济增长,而保持币值稳定则难免导致经济下降与低迷。

从币值稳定与经济增长可以并存的假定出发,非常可能误导货币政策操作。如果能用稳定的币值促进经济增长,这能实现行政当局的期望,但实际上却做不到。因为货币供给不多,销售收入、生产成本、投资、储蓄和政府支出等各种变量都不会变化,经济状况和就业等都只能保持原来状态。这又如何能提高政绩,实现经济增长目标,进行和谐社会的建设?为了保障充分就业,就只能增加货币供给,不管有怎样的解释,实际上都是放弃币值稳定。改革开放以来,我国的经济增长与物价上涨的历史,特别是在次贷危机和欧债危机中,我国基本上都是靠增加货币供给来摆脱困境。

鉴于货币供给增加具有在短期内促使经济繁荣,而在长期则会造成通胀的效应,所以对任期只有四年的行政当局而言,他们难免有在自己任内增加货币供给,而把通胀压力留给继任者的倾向。因为经济增长和就业增加的要求是今天的和现实的,而通胀的可能则是未来的和不确定的。为了避免行政当局为做出短期的选择而不利于长期的货币稳定,美国采取了很多措施,制约行政当局增发货币的权力。如美国法律规定,美联储总裁对国会,而不对总统负责[①],因为总统的任期是短期的,他关注的是任内的经济繁荣,以及连任的可能性,非常可能用增加货币供给的方式来实现这个目的,这就难免会牺牲货币稳定这个长期目标。所以法律要规定美联储对国会负责,国会是个长期机构,对国会负责,就能保障货币稳定的长期目标的实

---

① 周颜辉,"论中央银行的法律地位",http://www.studa.net/faxuelilun/070213/1531234.html.

现。如果总裁对总统负责,就是将货币稳定的长期目标服从总统稳定经济繁荣的短期目标,这就势必牺牲货币的长期稳定。

为了保障总裁不受制于总统,美国法律规定美联储由一个七人组成的总裁委员会,所有委员均由总裁委任,每个委员的任期长达十四年。即便总统不喜欢总裁的政策,也无法改变之。因为任期四年的总统无法撤换任期 14 年的总裁委员会成员,甚至连总裁也无法撤换他们,机构存在的长期性能更加有效地帮助总裁对行政当局保持最大限度的独立性。这就能最大限度地保障总裁实行独立的货币政策,而不必顾忌总统的偏好。更不用说,货币供给的增加还要受到两党的制约。2011 年和 2013 年美国实行三轮定量宽松的货币政策,就是两党谈判妥协的结果。如果得不到国会的批准,货币当局想要增加货币供给也是不可能的。

在我国现行的体制下,只要人行买外汇发人民币,人民币就会随外币数量一起增加,人民币就不会升值,或者升值不到位,国际收支顺差就会持续存在,就业就能增加,经济也能繁荣,外向型经济战略就能实现。但是,在长期中,我国的通胀会越来越严重,甚至会超过统计局公布的数字。还有在次贷危机中,财政投放四万亿,银行的资金和信用都与之配套,货币供给大大增加,我国经济可以在次贷危机中独善其身,但是,货币供给越来越多,通胀压力也越来越大。尽管管理层可以用发行央票和提高准备金率的方式收回过多投放的货币,但这些货币依然存在,只不过由公众手中,转移到人行账上。它们不仅没有消失,而且形成规模越来越大的资金堰塞湖,悬在我国经济运行的上方,并且随时可能倾泻下来,造成长期中的经济紊乱。

可见,我国之所以会选择买外汇发货币的方式,在很大程度上就是因为我国货币政策目标的定位,以及一元化领导的制度设置。如果我国的货币政策目标不是"以稳定的币值,促进经济的增长",而是以稳定币值为唯一目标,则人行就不能牺牲币值的稳定来换取经济的增长。至少不会处于两难境地,为了经济的增长,而不得不牺牲币值的稳定。

简言之,在我国目前这种货币政策目标定位,以及一元化领导的制度设定下,为了保障就业和经济繁荣,我们只能选择买外汇发人民的方式,从而不能不承受长期通胀,以及经济金融秩序难以走上国际规范轨道的代价。所以要改变我国目前的货币发行方式的重要方面是改变货币政策目标的定位,以及相关的制度设定。

第六章　买外汇发人民币的条件正在失去

买外汇发人民币的操作需要特定的制度和人文条件为依托,如果这些条件发生变化,则作为上层建筑的人民币发行方式都将或快或慢地发生变革,以下四个方面的变化决定了现在的发行方式将难以持续下去。

第一节　社会价值观正在演变

在计划经济体制中,所有的资产都为国家所有,所以代表国家的人行可以买各类资产,从农产品、工业品到买外汇发人民币。既然公众的资产都属于国家,人行据以为担保,发行国家的负债——人民币,也就无可厚非,顺理成章。但是,随着产权的明晰与变动,公众的资产不再属于国家,沿袭以往的产权关系发行人民币也就失去了最重要的前提。

在计划经济体制中,国有企业占主导地位,绝大部分生产资料为全民所有和集体所有,个人生活资料也少得可以忽略不计。实际上就是社会财富属于所有的人,却不属于任何一个人,谁也说不清楚哪部分国家资产属于自己,更不用说可以为自己所支配。公众以为国家做出贡献而自豪,却很少有人关注自己应该享有的权利,以及国家应该对自己承担的责任。社会的主流价值观是国家哺育和培养了公众,而不是公众纳税支持和养育了政府。理论上公众是主人,实际制度设定却并没有真正保障公众的主人地位,至少没有确定他们在什么程度和范围内拥有对这些财富的所有权与支配权。计划经济的财产关系也相当模糊,不仅没有所有权、使用权和经营权的差别,而且此三者搅和在一起,最终为国家所决定。但国家本身却是虚拟的,说不清楚在什么范围内和程度上为公众授权,并且代表公众进行运作。国家财政收支属于国家机密,既不为公众知晓,更不为公众监督与制约。财政收支的原则是"取之于民,用之于民",实际上就是由国家替公众决定税收的征收范围、比例和使用方向与数量,而无需得到公众的许可和批准。在这个基础上,国家依据任何资产作为发行担保,都不会有人提出异议。所以货币发行要有物资保证,货币流通要为商品流通服务,人行可以依据经济发展计划,编制和实行现金发行计划和信贷计划。所以人行可以用比市场汇率低得多的汇率收购外汇,发行人民币,而无需考虑此人民币所含价值远远低于外汇,等等。

在我国目前的转轨经济中,产权关系日渐清晰,财富不仅属于国有企业,更多属于民企、外企、股份制企业等,属于传统意义上的国有企业越来越少。法律明确国家财产和私人财产都不可随意侵犯,所有权、使用权和支配权已经变得明确起来,三者界线分明,不可相互替代。国家财政开始走向公共财政,阳光、公开、透明,受监督已经成为目标。公众纳税不再是使用国家资源的代价,而是购买政府公共产品的价格,所以财政收支不再由政府替公众做主,而是政府开始尊重公众的选择。尽管有关保障制度还远远没有落实到位,但公众的公民意识已经觉醒,他们财产要求和维权意识也日渐明确。在这种情况下,外汇不仅事实上不再是政府的,而是公众的资产,而且公众也已经有这样清晰的认识,所以人行继续将其作为发行人民币的担保,就失去了伦理和道义的基础。如果人行还要坚持这样的发行方式,且不说货币流通和经济运行无法走上规范有序的轨道,更重要的是会引发公众日益强烈的不满,不利于国家管理的有效与社会的稳定。

2011年10月17日,人民日报社论说外汇储备是央行的钱,也代表国民财富,结果引发网民们一片叫骂声。叫骂固然没有学理价值,也叫骂不到点子上,但是,它仍然表明不容低估的舆情民意。公众已经不再认同外汇储备是央行的钱。如果人行还继续现在买外汇的发行方式,则事实上还把外汇储备当作央行的钱,如此逆民意的操作,不仅难以持续,而且后患无穷。这是人民币发行方式必须转移到买国债上来的最重要理由。

第二节　国际收支顺差正在缩小

买外汇发人民币的重要前提是保持国际收支持续顺差,否则,人行要增加人民币发行也做不到。而要保持人民币的持续顺差有很大的难度,因为这将承受越来越重的机会成本,最后非常可能不堪其负,于是国际收支会转换成逆差。在外汇不是流入而是流出的情况下,人民币不仅无法发出,甚至还将减少消失。

1990—2013年这23年间,除1993年一年逆差外,其他年份都是顺差,这就在造成我国货币供给越来越多的同时,保持顺差的难度相应上升。买外汇发人民币致使人民币与外汇同步增长,人民币升值难以到位,这是推动国际收支持续顺差的重要原因。但是,国际收支顺差就是我国的稀缺资源为外国人低价享有,就是我国生态环境的恶化,也是我国劳动者所得甚少,外国人享有我国劳动者创造财富的绝大部分,这些都从实体经济方面制约国际收支顺差的持续。此外,还有财政方面的压力,财政的退税也是国际收支顺差的重要原因,而退税越多则财政负担越重①,这将成为推动我国物价上涨的重要力量。更重要的是,国际收支顺差造成人民币发行过多,人民币发行过多反过来促使国际收支顺差的持续②,这就使得我国 M_2 与 GDP 的比重差不多达到世界罕见的 2 倍③,通胀的压力加剧,实际通胀相应超过统计局公布的数字④。

通胀加剧表明劳动力和各类生产要素的价格都大幅度上升,出口商品的成本相应提高。为了应对通胀,人行只能提高准备金率,发行央票,收回过多的人民币,这又从以下几个方面推高市场利率:首先,商业银行多缴准备金和买入央票的结果都使其资金紧张,这会直接推高市场利率。其次,商业银行为弥补资金缺口,就创造各种高息理财产品和信托产品,绕开央行的利率管制,提高出口企业的借款成本。再次,人行低价发行央票的本身也将提高央票利率,推高银行利率上升的预期。利率上升又将成为汇率上升的压力,抵消汇率下降的压力。在这种情况下,出口企业所得外汇换回的人民币相对有限,因为人民币汇率不仅难以下降,甚至还在上升。还有进口企业实行

---

① 记者张斌文章指出,我国出口退税在 2005 年是 3 371.57 亿,2006 年是 4 284.89 亿,2007 年是 5 273.29 亿,2008 年是 5 865.90 亿,2009 年是 6 487.00 亿。5 年的时间增长了 2.5 倍。经济观察网,http://www.eeo.com.cn/Politics/beijing_news/2010/10/25/183722.shtml.
② 在过去 5 年,央行资产总值增长了 119%,2011 年年底达到 28 万亿元,折合约 4.5 万亿美元;而美联储和欧洲央行,在 2011 年年底总资产规模分别为 3 万亿美元和 3.5 万亿美元,渣打推算,M_2 在过去 5 年中增长了 146%,2011 年年底为 85.2 万亿元,折合约 13.5 万亿美元,高于同期美国 M_2 规模的 9.6 万亿美元。特别是中国新增 M_2 规模全球占比达 52%。《东方信邦》2012 年 4 月 26 日。
③ 杨连宁:"我国的印钞主义是怎么来的?",《东方信邦》2012 年 6 月 21 日。
④ 中国人民大学教授金灿荣说:"我不懂经济,但有一个问题搞不明白,2010 年 GDP 总额大约 40 万亿元,2011 年大约 47 万亿元,增长率大约 17%,而统计局公布的增长率为 9.2%……,2011 年物价总水平实际上涨了 8.2%,而非仅仅是消费物价上涨了 5.4%。"《东方信邦》2012 年 1 月 20 日。

资产本币化、负债外币化的套利,即用信用证抵押要求美元贷款,进口大宗原材料,卖给国内企业,实现资产本币化和负债外币化,这就挤压生产企业的利润空间,导致出口企业的各类成本和利率等的持续上升,出口企业的经营越来越困难。2012年上半年东南沿海许多民企关门,老板避债跑路,6—7月,外资撤回,如宝钢等大型国企等都在减产,7月出口顺差增长率高台跳水,由6月的13%跌至1%等。尽管三季度经济有所企稳,2013年上半年的各类指标也没有好转,2014年上半年出口增长的速度进一步放慢,企业外部环境不佳的问题仍有加剧。2018年开始的中美贸易摩擦中,美国提升关税,增加我国出口的难度,第一阶段的贸易协定签字未必能有效扭转这种趋势。2020年,因新冠肺炎疫情的影响,中国经济面临下行压力,顺差难以持续。

所有这些都表明国际收支顺差难以持续,更不用说以国际收支顺差为前提的人民币发行了。2013年的经济形势如市场所预期,国际收支顺差进一步缩小,6月份几近逆差,则人民币会因为要转换成美元而消失,人民币将难以发行。此外,在2012年出台的金融业十二五规划提出要"着力促进国际收支趋向基本平衡",奥巴马在竞选时提出要实现美国制造,并要给美国创造100万个就业机会。特朗普强调"美国第一",要"重振美国的辉煌",他已经重创了从中兴到华为的很多中国企业,这种势头还会进一步加剧。内外两种力量的叠加,决定了国际收支的顺差很难继续保持前几十年那么巨额的势头,买外汇发人民币将失去最基本的前提。这就非常可能导致经济低迷,所以特别需要增加货币供给。而延续买外汇的人民币发行方式,则因为无外汇可买,而无法增加人民币供给,这将不利于我国经济的稳定。所以非常需要从现在开始就做好人民币发行方式转轨的准备,以免将来面对应该增加人民币供给,却又无可买的标的而无法增加的尴尬。

第三节 利率调控难度越来越大

在我国目前半市场半管制的利率调控下,经济形势将越来越复杂,调控难度也越来越大,甚至经济运行和调控方式都不可持续。而要改变这种格局则必须推进利率改革,其前提和保障则是改变买外汇的货币发行方式。

在行政命令决定利率的情况下,所有经济主体只能服从,而无法有别的选择,表面上看,人行的调控成本有限,实际上隐性的社会成本却很大。因为在自由化利率的情况下,公众与央行之间可以形成合作博弈,公众国债买卖的方向与央行的期望一致,这就大大地降低央行高买低卖国债的成本。而我国目前的利率调控,则不仅提高现在的成本,而且还会因为越来越复杂的经济形势,促使将来成本的进一步提高。因为我国现在的利率可以放开的都已经放开了,核心关键部分却仍然没有放开,这就势必误导公众预期与套利的参照,使得套利结果与央行的期望相悖。这不仅会扰乱经济形势,而且提高调控的成本,所以货币发行一定不能继续买外汇的方式。

按照第四章第六节的阐述,利率自由化的关键不仅仅是放开对利率的直接管制,更是要形成规范有序的套利机制,使得套利的结果最终符合社会的利益,也就是央行打算提高利率时,公众的套利也会促使利率上升;反之,央行打算降低利率时,公众的套利也将促使利率下降。如果缺失规范有序的套利机制,则非常可能是央行要提高利率或降低利率时,公众的套利方向相反,部分或全部抵消人行调控的效应。央行只能付出更大的努力、承担更大的成本,才能将利率调整到位。我国目前的情况正是如此。

规范有序套利机制的前提是买国债发货币。央行高价买进国债,国债收益率下降,其他资产收益率与国债收益率的差价就会拉大。其他资产收益率就会高于国债收益率,公众的套利就是卖掉国债,买进其他资产,资金向其他资金市场转移,整个市场利率下降;反之则反是。如此资金流向和效果都符合央行的期望,就能较好地实现央行的调控目标。如此状况的多次重复之后,央行和公众之间就会形成合作博弈,也就是央行只要向市场表达利率调整的意向,公众知道国债价格将反方向变动,他们将提前买入或卖出,这就大大减少央行想要将利率调整到期望位置所需买卖的国债数量。甚至央行根本无需买卖,只要向市场表达利率调控的方向,公众买卖的力度已经足以将利率调整到位。所谓"公开市场操作"走向"公开嘴巴操作",其含义正在于此。如此则货币政策的效率越来越高,成本越来越低。其前提则是货币政策公开透明,取信于民。

在买外汇发人民币的条件下,公众的反应难免与央行相悖,这就会抵消人行操作的效果,加大人行调控的力度和成本。因为市场会形成这样的预期,即人行说利率不动就是要动的,于是公众采取与人行期望相反的操作。人行说利率不变,其目的是保持经济与各类经济变量的稳定,但如果公众认为利率要调高或调低,他们就会从相反方向买入或卖出有价证券,这就会造成各类经济变量的变动,以及资金流向等与央行的期望相悖,从而引起经济运行的紊乱。所以人行只能采取出其不意的政策操作,以便在公众没有想到的方向、时间和力度上产生作用。这样做在短期内可以实现期望目标,但是,在长期则势必是效果越来越差,因为公众越来越不相信管理层的表态了。

在实行出其不意政策的初期,公众尚未形成相应的理性预期,政府的政策可以实现期望的效果,但是,正如毛主席所说,群众是真正的英雄,而我们自己则往往是幼稚可笑的。所以无论管理层多么高明,当其与公众构成市场博弈时,其政策意图早晚会被公众预期到。所以在长期中,公众一定会逆央行期望而操作,并且越来越成功。这不仅会抵消人行政策的效果,扰乱经济的运行,还会置央行于失信公众的伦理挑战。更为麻烦的是,人行出其不意操作的持续还会不断降低人行的公信度,公众的预期与反应就越来越无轨迹可寻,经济的紊乱也会越发严重。之所以如此的原因正在于买外汇发人民币。既然货币供给已经为买外汇锁定,这就无法再进行买国债的操作,也就不会有买国债所能形成的收益率变动,人行失去了可以引导公众预期的变量,公众的预期就会失序,人行也就只能采取出其不意的操作,市场运行会越来越紊乱。

这种失序与紊乱还表现为买外汇发人民币势必越发越多。为了控制通胀,人行只能发行央票(这里暂且不论提高准备金率的影响);为了让公众有足够的购买动力,人行只能降低央票价格,提高央票收益率。公众的套利将会提高其他金融资产的价格,包括人民币汇率,这就会制约我国的出口。为了抵消利率上升对汇率的压力,人行就会将存贷款利率保持在相对较低的水平上,这就会造成商业银行资金的相对紧张。商业银行为了弥补资金缺口,不仅将现有存款利率上浮为基准利率的1.1倍,而且会创新利率更高的理财产品,所有这些都与人行的利率期望背道而驰,最终抵消央行控制利率的努力。

特别是在2012年上半年,市场形成了人民币汇率会掉头向下的预期,越来越多的公众将人民币转换成美元,仅7月和8月各商业银行的外汇存款就增加了171亿美元。因为美元是用人民币转换的,这种转换不仅是货币供给的退出流通,而且是基础货币消失1 000多亿,如此规模占同期人行的逆回购总量的很大比例,这就是公众的预期与套利抵消人行逆回购政策效果的例证。不仅如此,2012年下半年的经济进入困难时期,对人民币贬值预期还将持续,如果人民币换美元的量继续增加,则商业银行的资金头寸会更加紧张,利率上升的压力会更大。如果如市场预期,反腐将会使2013年的资金外逃1.5万亿美元,则人民币短缺形势会更加严峻。2014年上半年,人行的外汇占款甚至还有比较明显的下降。为了避免利率进一步上升,人行只能增加货币供给,但是,通胀的现实留给人行增加货币供给的空间非常有限。可见,只要继续买外汇的人民币发行方式,我国的货币流通将处于"控制难,理更乱"的尴尬之中。

如果采取买国债的货币发行方式,则国际收支顺差就是人民币升值,国际收支顺差缩小甚至消失,人民币发行一般不会过多,至少不会多到今天这个程度。如果还有通胀压力,需要提高利率,则央行只需低价卖出国债就可,加上公众的合作博弈,调整目标可以较快实现。即便需要增强短期经济的热度,央行可以高价买进短期国债,低价发行长期国债。总之,经济运行比我们现在的情况简单得多,至少不会有我们今天那么多左右为难,央行的调控成本也可以降低很多。

第四节　管理轮回需要尽快突破

现在商业银行的运行,包括所有经济主体的运行都要依据成本、收益和风险来展开,也就是经过风险期望调整后的边际成本要等于边际收益。而此三者的决定则取决于利率、汇率和税率。如果此后三者不能规范有序,则商业银行的运行就上不了现代化的轨道。

在我国目前货币发行的条件下,货币供给与利率之间没有直接的必然联系,经济主体的套利还不足以形成一般均衡的利率体系,由此形成的利率水平一定是扭曲的,至少与经典理论所假定的利率有根本的不同,目前我国利率和存贷款利差相对发达国家偏高就是个证明。依据偏高的利率,按照经典贴现公式,以利率作为分母变量,计算未来收益的现在价值一定相对偏低,而以利率作为乘数的现在投资的未来回报势必相对过高,这就会遏制公众现在的投资和总需求,制约经济的未来运行。

按照购买力平价理论,汇率的决定在长期中要为两种货币的购买力,即两种货币背后的供求关系所决定,而决定这种供求关系的货币发行都不能直接买外汇。人民币发行却正采取买外汇的方式,它与买其他有价证券的货币供给有本质的不同,价格决定机制也不一样。由此形成的货币购买力不具有与发达国家货币购买力的可比性,其长期汇率难免严重扭曲。按照利率平价理论,汇率在短期内为两国的利率的高低所决定,而我国利率已经相对偏高,其短期汇率理当相对较高。这个论断是依据两种货币的汇率之差等于两种货币汇率之差得出的,而我国没有一般均衡的利率体系,利率并不能代表投资回报率,其引导资金流向的功能是有限的,汇率平价理论也不能解释我国短期汇率的实际。

我国税率的决定也相当特殊。在买国债发货币的情况下,货币发行要计入财政赤字,并由财政来偿还。这就决定了在税收用途中包含着对货币发行的偿还,税率的高低就与之相关。而在买外汇发人民币的条件下,货币发行是人行的负债,与财政无关,财政无需承担货币发行的债务,所以我国税收不含对发行货币所承担的财政赤字的偿还。比较发达国家的税收结构,我国的税收明显要少了这一大块。尽管我国目前的实际税率处于世界较高水平,但它并不含财政承担偿还货币发行的债务,而是因为行政开支太大,公款消费太多。如果在我们的税率中也加入财政对货币发行的债务,则难免会高到令经济主体无法承受的地步。

值得庆幸的是,我国经济主体不是,或者主要不是按照这些变量,而是按照行政命令来运行。譬如,人行抽紧银根,提高准备金率和发行央票,商业银行贷款减少,经济热度下降;反之,人行放松银根,降低准备金率,实行逆回购,商业银行贷款增加,经济活力增强。尽管利率、汇率和税率变动也有刺激和紧缩经济的效应,但其效果却明显较差,掣肘因素甚多,所以管理层较少使用这种发达国家常用的调控方式,其原因在于我国经济主体在很大程度上不按利率、汇率和税率来决策。正因为如此,我国经济才没有谬之千里,因为这三个变量并不具有经典理论所确定的含义,以这样的变量来导向,经济结构的扭曲势必更加严重。所以这些变量不具有经典理论的含义,又在于政府的直接干预。于是,只有解除政府的直接干预,才能使有关经济指标具有经典理论的含义;也只有使经济指标具有经典理论的含义,才能解除政府的直接干预。改革的条件与改革的结果互为前提,这就制约我国经济金融改革的拓展与深化。

鉴于我国的经济金融改革一定要走向国际惯例的轨道,也就是要给经济主体提供这样的平台,让它们可以按照利率、汇率和税率进行决策,这就必须让此三者具有经典理论的含义,然后,依据此三者的决策效果能够实现资源的合理配置和充分利用。于是,我国改革的深化与拓展必须从规范此三者做起,也就是使此三者具有经典理论的含义与功能后,再解除对此三者的直接管控。而要规范此三者,就必须改变人民币发行方式。只要开始买国债发人民币,利率自由化就有了所需的参照与基准,汇率决定可以符合购买力平价和利率平价的要求,税率决定中也就能含财政应承担的货币债务。尽管仅做到此三条还不足以实现利率、汇率和税率的规范有序,但是利率、汇率和税率的规范有序则必须从构建和培育这三个方面起步。

如果我国不能从改变人民币发行方式做起,那就永远只能徘徊在"一紧就死,一松就乱"的轮回之中。因为放松行政管制,而又没有规范有序的利率、汇率和税率的取而代之,则经济主体的决策行为就会紊乱。为了避免损失越来越大,就必须让行政手段充分发挥作用。经济因此失去了动力和活力,到了一定的程度又不能不放松管制;放松的结果则是再度的紊乱。可见,要打破这个轮回就只有实现利率、汇率和税率的规范有序,而此三者的规范有序则要从改变人民币发行方式做起,这就是现代经济管理对改变人民币发行方式的要求。

第五节　电子货币发展的管理要求

网络与电子货币(本书中泛指各类电子金融工具,而不是电子货币的严格定义)的发展具有削弱甚至摆脱央行货币控制的倾向,这就更加需要将货币发行方式由买国债取代买外汇上来,因为买国债具有买外汇所没有的控制电子货币增长的功能。

一般来说,货币的产生为克服物物交换的局限,以简化交易过程,促使交易各方需求的双重耦合。如果没有货币,张三需要李四的产品,李四却不需要张三的产品,于是他们只能一起寻找能够连接他们两个需求的王五,如果王五也不需要他们的产品,他们三个就要去寻找第四个人,这个交换的系列还可能无限延长,只要交易双方的需求不对等。货币的产生将所有交易简化成两步,产品的所有者卖掉自己的产品与买进自己所需的产品,这就是能很简便地找到自己需要的产品,与需要自己产品的对方。网络系统的出现则从根本上削弱,甚至是消除对货币的需求,因为交易方可以随时通过网络系统,在地球上任何一个角落,找到自己需要的产品,也有自己所需产品的对方,货币因此可能退化成计价单位。不过这种情况将发生在遥远的将来。

在目前的情况下,货币还不至于退出或消失,但是,随着大数据时代的到来,电子货币表现出取代央行货币的势头却是令人不能小觑。譬如,原本商业银行要留下较多的超额准备,因为它不能精准地知道什么时候客户会有什么数量的货币提现,所以必须保持较大的超额准备金,这就制约了货币乘数的扩大。网络系统可以精准地知道客户的提现需求,这就能大大减少商业银行对超额准备金的需求,从而导致货币乘数的扩大。不仅如此,所有个人和机构都能比较准确地知道他们未来的货币需求,公众也越来越多地刷卡支付,这都会大幅度减少备用金,也就是商业银行现金漏损率的下降,货币乘数随之进一步扩大。这些都表明央行只要一点点基础货币,就能推动流通中货币量极大地增加,也就是越来越多商业银行创造的货币正在取代央行发行的货币。

网络系统不仅减少对央行货币的需求,而且会创造出大量的电子货币,如电子票据、支付宝、余额宝,还有比特币,甚至个人货币Ripple[①]

[①] 李耀东:"个人货币'幽灵'Ripple:比比特币更疯狂",《第一财经日报》2013年10月16日。

等等,它们甚至有脱离央行货币控制的倾向。因为这些电子货币的共同特征是交易双方将货币存放在电子工具的发行方,交易完成后,由发行方为交易双方划拨转账。因为许多账户往来可以直接抵扣冲销,所以无需动用存在第三方的资金,并且电子交易的参与方越多,需要动用存款的量越少。且不论对电子工具的发行方,这些停留下来的资金可以用作其他用途,更重要的是直接抵扣冲销,实际上就是不需央行的货币了。原本央行货币发挥的作用被电子工具所取代,货币总量因此大大增加。这是纸币取代金币的过程在网络时代再度重演,因为纸币交易的便利使其取金币而代之,金币只能退出流通,趴在银行的仓库里,作为纸币在流通中发挥交易作用的依据。值得特别关注的是,纸币可以替代金币,但却不能脱离金币,除非有法律特许。而电子货币不仅会取代纸币,甚至可能日益与纸币相脱离。

在纸币与纸质金融工具流通的条件下,商业银行要以央行货币为信用创造的基础,其信用创造的上限要受法定准备金率、超额准备金率和现金漏损率的约束,所以其信用创造不能脱离央行货币,且其上限趋于收敛。这种上限不仅约束商业银行的贷款规模,甚至也约束对纸质票据的贴现承兑,因为贴现承兑中有个稳定的统计比例要求变现。而在电子网络系统中,超额准备金率与现金漏损率大幅度下降,扩大了货币乘数,商业银行的贷款规模相应扩大。如果有一天实现零准备金制度,[①]则商业银行的货币乘数在理论上会趋于无穷大,甚至完全与央行货币脱离联系。

更重要的是电子票据系统与央行货币平行运行,因为参与交易

[①] 从20世纪90年代中后期以来,加拿大、比利时、科威特、挪威、瑞士、英国、墨西哥等国先后实行了零准备率制度。参阅 Iesus Marcos Yacaman: The implementation of monetary policy through the zero-average reserve requirement system: the Mexican case. www.banxico.org.mx/gpublicaciones/ mexicaneconomy/mexecon97/index97.html.

的各方通过电子征信系统认证,即可在网上直接进行交易,甚至无需商业银行参与其间。电子票据网上的信用评价系统留下了所有机构和个人的信用记录,并广而告之所有的市场参与者,信用不好的票据会被淘汰出局,而信用好的票据则会普遍接受。与纸质票据不同的是,纸质票据要以商业银行的信用为担保,而电子票据的流通则主要靠它自己的信用,所以越来越不需要商业银行的贴现与承兑,电子票据因此失去与央行货币之间的直接必然联系,所以有脱离央行货币不断增长的趋势。本杰明·弗里德曼(Benjamin Friedman)认为,电子货币的发展取代对央行货币的需求,使得"未来的央行将成为只有信号兵的军队",它只能向私人部门指出货币政策的发展前景,却无法干预私人部门的政策预期和行为选择[1],因为这些部门不像以往那样需要央行的货币了。

查尔斯·古德哈特(Charles Goodhart)认为,虽然电子货币可能替代央行货币,但这种替代并不完全。因为,电子货币运行很容易被警方追踪,所以非法经济活动离不开现金交易。更重要的是,财政征税接受的只能是央行的货币,而不能是没有央行货币支撑的、由私人部门发行的电子货币[2]。鉴于个人和企业税占国民收入很大比重,不管电子货币发展到什么地步,社会对央行货币的需求仍然不可低估。因为交易各方都要留一部分央行货币用作纳税,所以他们的电

---

[1] Benjamin M. Friedman, The Future of Monetary Policy: The Central Bank as an Army with a Signal Corps? 1999v http://www.nber.org/papers/w7420.
[2] 电子货币从一开始就是由私人部门——商业银行创造,而不是央行发行的,但是,在电子货币发行的初期,商业银行根据央行发行的基础货币创造电子货币。电子货币相当于商业银行发行的其他信用凭证,代表央行的基础货币发挥货币的职能,其数量要受准备金制度的制约。一旦电子货币发展到一定的阶段,它就可能脱离基础货币,而独立发挥货币的职能,就像当年以金币为基础发行,代表金币流通的纸币,到了一定的阶段就要脱离金币,独立发挥作用一样。正是在这个意义上,国外的学者认为,电子货币不管是否依托基础货币,它都是由私人发行的。

子货币的规模不能太大,否则,按照电子货币交易规模某个比例所征的税就会超过他们持有的央行货币。于是在央行货币纳税的环节上,央行货币的循环与电子货币的循环连接了起来,电子货币只能是央行货币的某个稳定的倍数。央行货币发行多了,电子货币增长;纳税减少央行货币,电子货币相应收缩,这就能实现央行货币对电子货币规模的有效控制。

既然货币需求与纳税有关,则货币供给就要与财政的债务有关,否则,只有纳税带动流通中的货币进入财政,却没有财政赤字带动流通外的货币进入流通,这就无法实现货币进入退出的有序循环,以及货币供求的均衡。所以买外汇发货币不能满足电子货币条件下货币流通循环的要求。因为央行买外汇发货币,财政账上没有赤字,所以财政收到由央行发行货币转化的税收,当然可用来投资和政府购买,此货币又转化成公众的收入。公众据以运作后纳税,财政收入增加,又进一步增加开支。货币供给不仅不会消失,而且会进入扩张式循环之中。更重要的是,公众可以用卖外汇的收入纳税,那就不必顾虑现有电子工具规模太大,可能发生纳税资金短缺的问题,于是央行货币与电子货币成了两个独立的循环,中间没有什么连接。央行货币不影响电子货币的规模,电子货币就会脱离央行货币的控制,不断自行扩张。

我国的准备金率高达 12.5%,虽然已取消 75% 的存贷款比例管理,但正如本书前面反复强调的,在买外汇的条件下,这两种方式连央行的货币发行都控制不住,更不用说电子货币了。所以现在电子货币规模还没有失控,这不是人行目前的控制方式有效,而是因为电子货币的不成熟。一旦电子货币发展到一定的程度,而又没有买国债发货币对电子货币的约束,则电子货币一定会脱离央行货币的控制，货币调控的形势就更加被动和复杂了。所以我们一定要未雨绸缪，在电子货币还没有完全发育成熟之前，实现货币发行方式由买外汇向买国债的转移。这是在网络时代电子货币发展对于货币发行方式转轨的客观和越来越紧迫的要求。

第七章 发行方式转轨的目标与步骤

人民币发行方式的转轨看起来非常简单,只是改变操作的标的,由买外汇转移到买国债上来就可以了。实际上若不构建基本的平台,不创造必要的条件,仅仅改变操作标的则会造成经济的震荡与紊乱。而要做好相应的铺垫,则关系到我国货币银行制度,甚至是经济体制的再造,也就是要将我国目前的管制经济完全地转移到自由经济上来。所以需要顶层设计,不仅明确改革目标,更需要审时度势,逐步地推进和深化这一改革。

第一节 发行方式转轨的目标与基本条件

人民币发行方式的转轨就是要明确将买外汇转移到买国债上来,也就是要以此为目标,不仅要有理念的突破,更要制度的配套;不仅要着眼于金融系统,更要瞄准整体经济;不仅要改变货币发行方式,更要改变财政收支方式,等等。如果认识不到位,制度有局限,则转轨将不可实施,实施了也不可持续,不可持续意味着经济运行的震荡与紊乱。

一、明确人民币发行转向买国债

财政部原部长楼继伟认为买外汇的货币发行是小国央行的观念,大国央行则要以买国债为发行依据[①],本书也认为如此为货币发

---

① 楼继伟:"中国需要继续深化改革的六项制度",《比较》2011年第6期。

行方式改革是根本出路所在。人民币发行方式改革的目标要分两个层面：首先是基本面的，也就是要建立资本控制负债规模的构架，人行的货币发行不得超过人行资本的若干倍。有了资本这个锚，人民币发行就要受到资本的约束，并且有相应资本的支撑，人民币发行就不会失控。其次是操作层面的，即人民币发行只能买进短期金融票据，包括国债和商业票据，或者短期持有长期票据，而不是外汇。因为人民币发行是人行给政府和商业银行的短期融资，而不是用外汇做担保，形成对公众的负债。更重要的是，买短期票据或短期持有长期票据将保障出票人的及时偿还，有利于促进人行的资金回流，提高资本约束负债规模的效果。

有迹象表明人民银行准备调整货币供给机制，如2018年6月1日，中国人民银行决定适当扩大中期借贷便利（MLF）担保品范围，包括：不低于AA级的小微企业、绿色和"三农"金融债券；AA+、AA级公司信用类债券（优先接受涉及小微企业、绿色经济的债券）；优质的小微企业贷款和绿色贷款。

2019年1月16日，财政部国库司领导表示2019年要拓展政府债券功能，准备研究将国债与央行货币政策操作衔接起来，同时扩大国债在货币政策操作中的运用，推动实施国债作为公开市场操作主要工具的货币政策机制，健全国债收益率曲线的利率传导机制，强化国债作为基准金融资产的作用，使国债达到准货币的效果[①]。

需要指出的是，这样的改革都是良好的开端，但是更需要确定底层逻辑，那就是货币发行要还，也就是要用还得起的标准来衡量买入的标的。在这个意义上，3A2A的担保品都可能有问题，它们出问题

---

① http://blog.sina.com.cn/s/blog_598e67bd0102ydam.html。

的概率很大,所以必须转移到国债上来。而买国债也要强调偿还,否则,会在实施过程中偏离方向的。

二、市场化改革提升为自由化改革

所谓计划经济与市场经济的划分其实并非学理的判断,而是规避意识形态禁忌的阶段性提法。这种提法实现了改革初期的平滑推进,却也影响了人们对理论问题的正确认识,阻碍了经济金融改革的进一步深化。所以一定要将经济与市场的划分回归到学理上来,以避免改革目标的迷失和改革步伐的停滞,为人民币发行方式的改革提供前提和保障。

一般来说,划分不同经济的标准应该是典型性的和排他的。也就是说,如果认定我国是计划经济,那就是美国没有计划,但事实上,他们的计划甚至比我们还严密、完整。说美国是市场经济,那就是我国没有市场。但事实上,即便在人民公社时期,我国也是有市场:农民一直用鸡蛋换盐巴。这就表明两种体制都有计划,也都有市场,只不过程度不同而已。用两种经济共有的计划或市场作为划分依据,这既非典型,也不排他,所以会在理论上阻碍今天改革的深化。

按照典型性和排他性的划分思路,只有用自由和管制来划分两种经济才比较恰当。因为,发达国家的经济主体享有在既定条件和框架中进行选择的充分自由,也就是经济主体可以自主套利、资源自由流动、价格自发波动(三自)。而我国的经济主体在计划经济中却只能按指令行事。譬如,发达国家要调节商品价格,只是政府参与商品买卖;要调整利率和汇率,政府买卖国债和外汇。在这个过程中,管理层对市场的干预只是"坐庄",改变供给与需求,而不是直接规定价格。而我国要实现同样的目的,则由管理层直接下达指令,直接规定价格,目前的主要表现在利率和汇率上。

  一直有人认为,没有纯粹的自由经济,因为发达国家也像我国一样,也要对经济进行干预。其实,自由经济或管制经济的主要差别不在于干预与否,而在于干预的方式。改变供给和需求,而不限制经济主体的交易自由,这就属于自由经济。不改变供给和需求,只规定交易的价格,则属于管制经济。在自由经济中,政府作为市场的参与方,买高或卖低了市场价格,经济主体没有别的选择,它们自由地选择了政府改变的市场价格。在管制经济中,存在着可选择市场价格,但是政府不允许经济主体做背离政府要求的选择。所以在自由经济中,公众的选择权得到尊重,政府只是改变公众可选择的条件和空间。在管制经济中,政府不改变公众可选择的条件和空间,但却限制公众的选择权。即便在今天,经济主体可以在一定的范围内决定价格、汇率和利率,以及交易对象和资源流向,但是,在能源价格、利率和汇率等基础变量仍然为指令直接管控的情况下,经济主体只能在扭曲的框架中和有限的范围内选择。这样的选择至少不充分自由,不完全合理。

  如果我们的外汇市场享有充分的自由,则人民币有2%—3%的升值压力就能及时地释放掉,就不可能累积到有40%的升值压力,也不会有今天人民币汇率升也不是、不升更困难的尴尬。

  自由的重要性在于它在市场中的核心主导地位,它关系到价格的资源合理配置功能的发挥。如果经济主体不能自主套利、资源不能自由流动、价格不能自发波动,商品价格就与商品的效用与成本相背离,这就会给市场错误的信号和刺激,进而误导资源的配置。具体地说,如果经济主体想套利而受到限制,那么资源流动、价格波动等以后的一切都不会发生。如果资源不能自由流动,经济主体的套利动机就得不到实现,它对价格的影响就会中断。如果价格不能自由波动,那么前面两个环节的自由就失去意义,资源就不能及时从回报低的领域退出,进入回报高的领域,并将高价打下来、低价抬上去。商品的价格就不能充分、有效、及时地反映商品的效用和成本,其对资源配置的引导势必是有偏差的,甚至是错误的。

此外,商品需求和成本的变化并非静态,而是动态的,它既有同一时点的不同地域的差别,又有同一地域不同时点的不同,更是不同地域和不同时点交互作用,互相影响。资源配置和调整也具有相同的特征。由此更决定自由的重要性,经济主体享有的三大自由越是充分,商品供求的小有变化,就越能迅速地在商品价格上表现出来,并能越灵敏越及时地调整资源配置。反过来,只要这三大自由受到限制,则价格信号一定不能及时反映商品的供求,于是价格该高的不高、该低的不低,资源配置该多的不多、该少的不少。不该多聚集资源的领域,资源流不出去;需要补充资源的领域,资源却流不进去。此外,现在的矛盾得到了缓解,将来的矛盾却越来越严重。市场可以有现在的短期繁荣,如国际收支顺差,但会有未来的长期麻烦,如货币发行过多、资金堰塞湖、通胀等等,整体经济的效率一定低于其应有的水平。这就是说,经济主体享有的自由越充分,资源配置的调整越灵敏,经济运行的效率就越高,可见自由对经济运行的有效性怎么强调也不算过分。

市场组织和交易制度是保障这"三自"的必要条件,却不是充分条件。因为没有市场组织和交易制度,经济主体就没有谈判、协商和交易的平台,经济就只能采取计划和命令的运行方式,这就完全没有"三自"可言。但若建立了市场组织和交易制度,政府权力仍然可以参与其中,规定经济主体按照管理层的指令,包括价格、规模和对象等各个方面进行交易,经济主体就会失去选择的自由,或者只是享有有限的自由,这样的市场运行的形式,也就非常可能大于实质。即便随着改革的深化,政府越来越放弃对经济的全面管制,但是,只要一些核心变量为政府直接管控,那就会辐射所有其他市场,并使它们全部被扭曲。因为大市场为许多子市场所构成的复杂系统,它们之间相互依存,相互参照。譬如,只要能源价格、利率和汇率被管控,则企业的生产成本和公众的购买能力都会被扭曲,表面上为企业自主决定的价格一定也是不正常的,房子、土地甚至鞋子的价格都是扭曲的。这就是一般均衡理论所要表达的意思。只要有一个市场被直接管控,那就没有一个市场是自由的;没有整个市场的自由,也就不会有任何一个市场的自由。

正是在这个意义上,深化改革决不能仅仅以市场的构建为目标,而必须深入到市场运行的原则中去,必须按照自由的原则构建市场,才能保障市场运行的充分有效。但若仅仅以市场组织和交易方式为目标,而不充分考虑运行原则的至关重要性,这就非常可能建立起徒有形式,而没有内涵,或者形式更重于内涵的市场。而要建立起真正自由的市场,则必须从货币发行环节做起。合理的货币发行方式既是建立自由经济的前提,也是建立自由经济的保障。因为买外汇发货币,结售汇制,经济主体就没有不卖外汇给央行的自由。既然在货币发行上,经济主体失去选择的自由,那么在其他所有经济环节上也缺乏自由,至少是不能享有充分的自由。接下来通胀发生,失去了定价的自由,最后一定也将失去财产安全完整的自由。

三、促进消费,实现国际收支平衡

人民币发行过多的一个表面直接原因是国际收支顺差,而国际收支顺差的主要原因则在于我国的内需不振。为了增加总需求,保证有足够的就业,我国只能采取增加出口的政策。结果造成了国际收支的持续顺差,人民币发行陷入不发不行、发了更不行的尴尬之中。所以改变我国的货币发行方式,就要从促进公众消费,实现国际收支平衡做起。

(一)增加收入才能鼓励消费

如第五章第二节所言,消费不足扭曲了我国的经济结构,最终决定我国只能采取后患无穷的买外汇发货币的方式。致使我国消费不足的原因是多方面的。

劳动者收入的有限。且不论日本战后30年人均收入赶上美国,而我国改革开放30年,人均收入只是美国二十分之一。仅以2011年新所得税法的实施为例,免征额提高到3 500元,6 000万人无需纳税,纳税人仅为2 400万,占13亿人口的1.85%不到,说明大多数人的收入相当有限[①]。即便2018年将起征点提高到5 000元,属于5 000元的阶层,其生活也不宽松,甚至一个人在上海的生活也紧巴巴,更不用说买房还贷、养家活口了。收入不多从根本上限制了消费,所以增加消费要从增加收入做起。如果仅仅将增加劳动者收入看作是对劳动者的仁慈和关怀,则企业和管理层都会缺乏增加劳动者收入的持续动力。只有将劳动者收入增加看作是经济增长的必要条件和基本保障,收入增长才能不断地持续下去。

只有劳动者有足够的收入,他们才有能力购买企业的产品,企业的再生产循环才能顺利地进行下去。当年福特汽车给员工加工资时,许多人笑话福特老板,却没想到后来福特拥有的市场比其他企业

---

① http://news.xinhuanet.com/politics/2011-07/01/c_121609073.htm.

大得多,这就是增加劳动者收入对企业生产发展的重要意义①。更重要的是,只有劳动者收入增加了,才能推动技术进步和科技创新。因为,企业家一定选择便宜的生产要素,以降低生产成本,所以只有提高工资,企业家才会用资本替代劳动,而不是劳动替代资本,这才有技术进步和科技创新,经济才能进入长期可持续发展的轨道。当然,提高工资会增加企业经营成本,也可能使企业在短期中承受不起,但唯有这样的压力才能转换成企业科技创新的动力。当然,在这个转换的过程中,压力的递增也要循序渐进,如果大得超过企业的承受力,则后续的转型就会中断。

贫富不均的差距悬殊。消费需求也是消费能力与消费欲望的统一,贫富不均导致有钱人没有消费欲望,穷人没有消费能力,消费势必无法增加。2012 年我国官方公布的基尼系数为 0.474,而西南财大算出的达 0.61,联合国认为中国的基尼系数突破 0.55②。韩国只有 0.3,日本为 0.2,美国为 0.41,英国为 0.36 等。不仅如此,据世界银行报告称,拥有百万美元以上金融资产的家庭数量仅占中国家庭总量的 1‰,却掌握了全国 41.4% 左右的财富。全球咨询业巨头波士顿咨询公司(BCG)发布的另一组数据表明,在中国,0.4% 的家庭占有 70% 的国民财富;而在日本、澳大利亚等成熟市场,一般是 5% 的家庭控制国家 50%—60% 的财富。中国的财富集中度超过了西方发达国家③。2011 年我国将贫困标准调到年人均收入 1 500 元,比现行

---

① 福特在 1914 年主动地把工人的工资由每天 2—3 美元提高到 5 美元。90 多年前日工资 5 美元是很高的工资,累积起来工人的年薪是 1 825 美元,而 1913 年时一部福特 T 型车的售价是 440 美元。工人一年的工薪可买四辆汽车。从二战以后到 1986 年,福特公司工人的实际工资增加了 12 倍以上,这就不需要在世界上找市场。
② http://club.china.com/data/thread/1011/2740/93/39/5_1.html。
③ 《东方信邦》2009 年 12 月 18 日。

1 196元调高25%,但仍低于联合国一天1—1.25美元的标准,贫困人口总数仍将由目前2 688万人增加到2.5亿①。

社会保障不到位,税负太重。2006—2010年,扣除价格因素后,国内城镇居民收入增速为9.72%,农村居民收入增长为8.82%。而同期GDP的年均增速11.2%。这意味着"十一五"期间政府财政收入的增幅大约2倍于经济增速②。发达国家的"社会开支"(医疗保障、退休金、教育等福利)占GDP的比例:瑞典是32%,法国是29%,加拿大、澳大利亚、日本都在18%左右,福利最低的发达国家美国也有将近17%。而中国的"社会开支"2007年仅为GDP的5.8%③。在公众税负太重,而社会保障不到位的情况下,劳动者当然不敢消费了。

目前我国的净出口占GDP比例大约为9%,而消费占GDP的比重基本为35%,如果将消费提高9个百分点,那就能在国际收支基本持平的情况下,保持目前的总需求和就业水平。而消费达到42%,实际上也只是比41%的中低收入水平略高一点,仍然低于我们目前人均4 000多美元的国民收入的应有水平。可见,增加我国的消费,实现国际收支平衡,不仅可以做到,而且应该做到。我国目前的就业不充分的重要原因,就是我国公众的消费不足,致使我国就业压力太大的深层次原因则在于产业结构的不合理。按照经典理论,增加就业的一个重要选择是实行扩张性的货币政策,降低利率,刺激消费和投资,增加国内总需求和就业,而不是刺激出口,以国外需求来增加国内就业。所以,美国基本在国际收支逆差的情况下发生200万失业,

---

① 《报刊文摘》2011年5月6日。
② 《东方信邦》2011年3月14日。
③ 刘畅:"'超日''超美'与大国之惑",《书屋》2009年第10期。

而我国则在国际收支顺差、实行外向型经济策略多年的情况下仍然存在2亿就业的压力。这就有理由认为,支撑他们就业的主要靠内需,而支撑我国的就业则主要靠外需,他们的扩张性货币政策主要靠刺激内需,我们的则基本靠刺激外需。

经典理论强调拉动内需,而不是外需的重要原因在于他们的货币发行要用政府的资产作担保,不能随国际收支状况而变动,所以顺差,本币升值,顺差消失,就业增加不可持续,扩张性货币政策的就业效应也消失了。他们一般不用刺激外需的方式来增加就业,不仅因为这样的方法效果有限,更因为他们有很多理论认为,货币政策只能改变名义变量,而不能改变实际变量,所以,货币政策不仅不能用来改变进出口状况,甚至不能改变消费和投资。在他们有关利率走廊调控理论和通胀目标的泰勒规则中,央行也只是调整国内经济变量,而一般不干预市场汇率[①]。我国也要调整理念,一定要把经济调整到消费这样的实际变量上去。尽管货币政策也可以用来增加出口,但这只能是短期的,而不可持续进行。

(二) 缩小顺差,降低机会成本

很长一段时间以来,我国一直有种主导意见,就是不能屈服于外国的压力,提高人民币汇率,而应该继续以较低的人民币汇率,促进出口、就业和经济繁荣。而要解决由此造成人民币投放过多所造成的通胀问题,则可以用收回流动性的方法来解决。这种意见的隐含前提是央行可以无限收回流动性,实际上却完全不是这么回事,央行承受不起越来越高的收回流动性的机会成本。

确实,控制人民币汇率的上升,可以保持国际收支顺差,增加总

[①] 胡海鸥、贾德奎:《货币理论与货币政策》,格致出版社和人民出版社2012年版,第281—287页。

需求、就业和经济繁荣。允许人民币升值,国际收支顺差消失,总需求减少,企业可能倒闭,失业会增加,甚至社会也会震荡。所以控制人民币汇率要比允许人民币升值要好很多,这就难免会激发人们的爱国热情,甚至把人民币汇率提升为国家主权问题[①]。我们绝不屈服外国压力,让人民币升值到位。这样的态度固然气壮山河,却没有考虑人民币不升值的机会成本。实际上,不让人民币升值的成本不仅远远超过允许人民币升值,甚至不让人民币升值的成本还在不断地递增。因为不让人民币升值,就是外汇储备越来越多,带动人民币发行越来越多和通胀压力越来越大,以及国际上逼人民币升值的经济甚至政治压力。

具体地说,为了缓解通胀压力,央行必须收回买外汇而过多投放的流动性,其主要方式是提高准备金率和发行央票。但实际上,准备金率提高的空间是有限的,否则,商业银行就没有足够可运作的资金,企业也得不到资金融通,宏观经济运行越困难。更何况,发达国家的准备金率都比我们低得多,这就决定了他们的货币乘数要比我们大得多。在我国银行要走向世界,外资银行也要进入中国的情况下,乘数偏小的我国银行难免处于竞争的劣势。更不用说,我们还要建立国际金融中心。外资银行不进入,我们的国际金融中心就可能是自娱自乐;外资银行进入,我国银行竞争不过人家,这样的国际金融中心也不能促进我国经济的发展。可见,进一步提高准备金率的直接与间接代价势必越来越大,可以提高的空间也就越来越有限。

此外,央票的发行也越来越困难,因为央票发行既表明央行抽紧

[①] 继鲍尔森2006年12月8日公开指责中国改革太慢后,另一名美国贸易代表施瓦布再次对中国施压。对此,时任中国人民银行行长助理易纲11日强硬回应,称人民币汇率是国家主权问题,http://hi.baidu.com/pxjjlivcwdckqte/item/d0633e43bbb9abd3c0a5926f.

银根的决心,更显示未来资金的趋紧,这就会提高市场对利率上升的预期。而央行又顾忌利率上升形成人民币汇率上升的压力(尽管利率上升带动汇率上升的效应在我国并不充分),所以不敢轻易提高利率。于是,央票利率非常可能低于市场的预期利率,也就是央票价格相对较高(央票的市场化程度比较高,它的收益率与价格反方向变动),商业银行的投标价就非常可能低于央行的投标价,这就会造成央票发行的流标。这种情况在2006年、2009年和2010年的发行中都有发生。尽管我国央行可以采取行政手段,促使商业银行按照央行的期望买入央票,但这样的操作具有不可持续性,因为商业银行最终要追求它们的利润最大化。于是,央行只能提高央票的收益率,用市场手段诱导商业银行购买央票。

这就会从两个方面提高市场利率:一是准备金率提得越高,央票发得越多,就是商业银行头寸越紧;二是央票收益率直接作为市场的参照,促使借贷各方推高市场利率。两种力量的交汇,势必抬高市场的融资成本,促使实际利率上升。尽管央行可以不让它管控的利率及时调整,但是,同业拆借、民间借贷的成本都会脱离央行的管控。2011年6月底理财产品的隔夜借贷的年利率达到360厘,7月中旬钱荒愈演愈烈,民间借贷12%也借不到[①]。最后,央行只能追认市场利率的上升,而调整自己的管控利率,2011年上半年,央行连续三次提高利率,这种调控的力度和密度前所未有,这就势必促使利率水平进一步整体上扬。

在这种情况下,中小企业融资难的问题会进一步加剧,即便好不容易借到资金,成本也可能高到不堪承受的地步。于是中小企业破

---

① 秦丽萍:"中小企业融资有多难",《第一财经日报》2011年7月6日。

产倒闭,市场低迷,经济衰退,失业增加。可见,控制汇率,提高利率的结果与听任汇率上升,对实体经济的不利影响差不多。只不过听任汇率上升比利率上升会更早地造成经济的低迷,因为听任汇率上升,出口减少,经济无法上升;而不让汇率上升,则是经济上升后再降下来,此二者最终结果差不多。但是,控制汇率有个放开汇率所没有的很大坏处,那就是货币发行过多与通胀,而治理通胀所要付出的代价,甚至要大于控制汇率所能得到的好处。这样的经济增长相当于先污染后治理。现在人们越来越意识到,即便穷尽GDP所得也无法恢复当年的青山绿水,所以与其先通胀后治理,经济低迷的最终结果一样,不如不要导致通胀的繁荣。而且,在长期中,控制汇率,获得国际收支顺差的好处持续越久,将来承受经济下滑的代价就越大。

正如前面的分析所指出,发央票与发国债影响货币流通的主要不同在于发国债要财政还,而发央票则要央行还。所以财政偿还国债时,央行持有的国债与发行的货币一起消失。而央行还央票时,则央票减少,人民币发行增加。显然,只要保持国际收支顺差,就是人民币发行不断增加,并带动央票发行总量的持续增加,人行的负债就不断增长,只不过在人民币与央票之间转换而已。这个保持顺差的时间持续越久,累积的人行负债单边增加就越多。且不论还本付息的压力增加,累积到一定程度不仅加大人行调控的难度,而且非常可能冲垮已有的防范堤坝。一旦人民币去追逐其他金融资产,则一定会将金融市场搞得震荡起伏,人仰马翻。

可见,只要坚持买外汇发人民币,则利率上升压力与收回流动性的难度一起上升,最后一定会走到尽头。所以,与其控制人民币汇率,让经济获得短期的繁荣后,承受以后通胀与利率上升的代价,不如从一开始就切断人民币发行与外汇的关联,听任人民币汇率的相应波动,促进国际收支的平衡,因为所有非均衡的努力都会付出越来越沉重的代价。所以管理层一定要强化这样的观念,即如果非要用国际收支顺差来实现国内经济的某个目标,也一定要明确这只是权宜之计,而决不能作为常规操作。

四、培育供求大致相当的外汇市场

外汇市场供求的大致相等是取消结售汇制的基本条件。如果继续长期以来的外汇供大于求,则就无法取消结售汇制,或者是没有结售汇制名义的实际结售汇制,所以培育供求大致相等的外汇市场是规范我国货币发行的重要条件。

如果继续保持外汇供大于求的势头,则出口企业获得外汇之后没有对应的市场需求,就只能卖给人行,否则,则无法发工资、买生产要素,再生产循环无法持续。人行也势必面对不买不行的尴尬,因为坚持不买外汇则有经济衰退的压力。所以必须培育供求大致相当的外汇市场,出口企业将大部分外汇都卖给进口企业,只有有限的余额卖给人行,这才有助于人行将汇率调控在期望的水平上。因为汇率的决定与所有商品价格一样,也为外汇的边际交易量所决定。如果央行要买卖市场外汇的全部存量,即便投放大量的人民币,也未必能将汇率调控在期望的水平上。但如果市场供求已经基本相等了,央行则只要买卖很少的一部分外汇就能实现调控汇率的目标。此外,如果不能实现外汇市场供求的基本均衡,则再多的外汇平准基金也很快被消耗掉,而难以发挥应有的调控功能和作用。

要培育供求大致相当的外汇市场就要减少出口,增加进口,这就要提高人民币汇率,减少出口企业收益,增加进口回报,然后才有减少的外汇供给满足增加的外汇需求。毋庸讳言,目前的人民币汇率的升幅已经超过了购买力平价决定的应有位置,表现为外国生活成本比我国相对较低。之所以如此的原因既在于以往人民币汇率升值滞后,国际炒家对人民汇率将由升转降的预期,更在于我国市场的不成熟,包括进口民企受到限制,出口企业得到太多的财政补贴,再追根溯源则是我国经济结构不合理,内需不足,就业压力太大等,几乎涉及我国经济的所有方面。2013年我国国际收支顺差的增幅明显放慢,但是,这并不意味我国市场外汇供求就能自发平衡。在市场变量和机制未能理顺的条件下,人民币汇率也很难达到国际收支平衡所需的均衡水平,届时政府将面对更大的压力和无奈。所以理顺整体经济,培育外汇供求均衡的市场仍然是将买外汇的货币发行,转移到国债上来的重要条件。

梳理经济体制的所有方面,绝非本书所能完成,所以,本书主要表达这样的理念,即成熟的供求大致相等的外汇市场是取消结售汇制的基本条件。尽管政府要发挥重要的调控作用,但它仍然只能是经济运行的配角,主角只能是市场。如果政府角色错位、越位,则会阻碍外汇市场的成熟,央行难以发挥应有的调控作用,即便有心取消结售汇制也事实上难以做到。

五、完善监督机制,健全公共财政

提高公众的社会保障是增加公众消费的重要方面,而提高公众社会保障的重要条件是改变财政支出的序列,不是按照政府的偏好,而是按照公众的偏好来征税和支出,然后才能保障货币发行与社会的生产潜力相对应,才能保障货币流通的规范有序。其前提则是要规范人大代表的职责,使之能够完善公共财政。尽管我国已经强调要建立公开、阳光和透明的公共财政,但配套制度仍然严重缺位和不到位,所以公共财政还只是个期望的目标①。

要构建公共财政,首先要调整观念,正视国家利益与公众利益的关系。且不论我国还没有完成公共财政的建设,即便完全实现了,国家利益和目标与人民的期望仍然会有不小的背离,国家财政难免要为国家利益而不是或不完全是为公众利益来安排其税收和支出。在这个基础上,纳税是强制的、无偿的,人大代表甚至无需审议财政税收,也不能有效地监督财政开支。但如果能正视国家利益与公众利益的背离,并且突出公众利益更为重要,则前述所有的一切都将有根本的不同:纳税将转变成有偿的和自愿的,财政收支需要公开、透明和阳光,每元钱的来龙去脉都要有账可寻。

实现公共财政的目标首先要将"取之于民,用之于民"的征税理念转移到"公众购买政府的公共产品"上来。在"取之于民,用之于民"的理念中,政府居高临下,为民做主,公众只是政府善意的接受者。至于怎么"取"、怎么"用",政府说了算,公众很难影响政府的选择。而在"公众购买政府的公共产品"的理念中,公众作为公共产品的买方,在与政府交易中处于主导地位,政府必须满足公众的要求。所以在国家财政中,征税是强制的和无偿的,而在公共财政中,纳税是有偿的和自愿的。实现征税理念的转换,就要将仅对公众纳税义务的强调,转移到纳税权利与义务的对等上来,甚至还要有适合中国国情的纳税人权益法案。因为公众纳税的目的是购买政府提供的公共安全、社会保障和教育医疗等服务,所以就像去理发店理发、去医院看病要付钱一样,公众的纳税是自愿的,而不是强制的。政府对公众承担提供相应服务的责任,纳税人则享有获得政府服务的权利,此

---

① 张曙光、张弛执笔:"'欧债'、'温贷'危机中的中国经济",《社会科学报》2011年11月10日。

两者理当对等。但是,政府提供的是公共服务,与理发、看病的私人服务有很大的不同,它不是个人的意愿,而是公众通过代表表决的共同选择的结果。

于是,对公共财政的保障变成人大代表的产生、人大代表的素质和人大代表的功能等。这就要求人大代表产生于真正的选举,他们不仅为选民所了解和深知,而且充分知道并代表选民的意愿;他们不仅要传达落实会议精神,更是监督政府的征税和花钱;他们不仅要来自各行各业,更要能看得懂财务报表;还有其他很多很多。在这种情况下,人大代表不仅能理解、服从和支持政府的安排和决定,更要能有效地监督政府,限制征税规模,优化支出的序列,避免贪污受贿和财政收支效率低下等。

既然代表必须由公众选出,他就不仅要充分了解公众的意愿,并且接受公众的监督,按照公众的意愿行事。即便他个人的意愿与选民不一致,他也必须服从公众的意愿,而不能自行其是。如果他违背了公众的意愿,公众就不选他,他将失去代表的资格。而代表公众的意愿不仅要有良好的态度,更要有相应的技能。这就决定了人大代表必须是会计师、审计师和律师,他们看得懂财务报表,善于在法律允许的框架内监督政府的各项收支,这才能实现我国财政的公开、透明和阳光。

只有完成这样的转换,财政收支才能向公共福利和社会保障转移,公众无需过于担心安全、养老和福利保障问题,他们才敢大胆消费,内需才能激活,国际收支有望实现平衡,货币发行才能走出买外汇的制约。

六、转换观念,实现基础理论的衔接

我们之所以仍然实行买外汇发人民币的方式,其理论上的一个重要原因是在我国货币银行的基本制度和操作还停留在传统理论中的同时,大量引用与金融市场及其运作相关的现代理论。因为此两者有着内在不兼容性,这就势必会误导和扰乱我国经济与金融的运行,所以必须梳理此两者的关系,剔除传统理论与现代理论不兼容的地方,才能完成将人民币发行方式由买外汇转到买国债上来。

正如前面的分析所指出的,实现人民币发行方式由买外汇转向买国债,不仅要实现整个货币金融体系的转轨,更要实现货币金融理论的转轨,包括货币的定义、货币流通与商品流通的关系,以及货币发行的依据等。否则,在计划经济与金融理论的基础上是无法建立和实行属于自由经济的制度与运行方式,或者即便建立和实行了,也非常可能因为运用传统的计划理念和方法,而使改革后的货币金融体系发生变异,甚至回到原来的轨道中去。反过来,实现了基本理论和方法的转换,则能为现代金融理论的运用奠定良好的基础。

货币不再是固定充当一般等价物的特殊商品,因为劳动价值并非商品交换的唯一依据,交换双方的满足对交易的影响不容低估。只要从实际生活出发,谁都能理解,越是现代社会,人们越来越没有等价交换的动机,买消费品只要开心就好,买投资品只要能赚就好。貌似不同主体间的交换,本质上都是自己所得与所失的比较。至于其中包含多少劳动,这与交易者没有任何干系。而且科学技术越进步,越没有等价交换的技术,因为交易品种包含的劳动日益成为各自的商业机密,而不会为对方知晓,甚至连自己也搞不清楚要耗费多少劳动时间。还有许多交换原本就发生在现在和未来之间,未来的商品不仅没有成形,甚至还没有生产,如远期、期货等,根本不含内在劳动,何来等价交换? 只要认识到这些问题与局限,就能使我国对商品交换的解释走出等价交换的劳动价值论框架,加入效用的影响与边际效用分析方法。货币作为一般等价物的定义就可以渐行渐远,而作为"连接现在与未来之纽带"[①]的功能和作用可以得到越来越高度的认可。人民币因此就是货币,而不是什么贵金属或其他任何商品的代表,它是发行者的负债,由国家信用担保偿还,它发挥着价格标准、交易手段和储藏手段的职能。只要将货币定义调整到现代主流经济理论上来,就能实现与后续货币供求理论的无缝衔接。

既然货币不再用来衡量商品的价值,货币流通也就不再需要实现与商品流通的相适应,货币发行的依据就不是货币量与商品量的关系,而是要实现货币供给与货币需求的相等,其方式是调节利率。于是货币流通公式也就可以由马克思的货币必要量公式越过费雪现金交易数量的公式,而与庇古余额数量的公式对接。对货币流通速度(v)的描述就可以转移到货币停留时间(k)的研究上,而(k)代表着货币占财富的比重,也就是人们持有货币的数量,这就奠定了研究货币需求的基础,我国的货币调控就能直接运用凯恩斯、弗里德曼,以及其后的许多学者的理论,从而提供我国货币供求理论与操作的基础,货币发行的物资保证原则与理论可以淡出我国的实践,买国债发货币与利率自由化就有了理论基础。因为只有买国债发货币,才能通过利率变动实现货币供求相等,也只有买卖国债了,才有自由化利率定价的依据和央行宏观调控的抓手。

实现货币定义与货币流通理论的转轨,央行就不能根据社会商品量,而必须根据自己的自有资产决定货币量。因为货币流通与商

---

① 凯恩斯:《就业利息和货币通论》,商务印书馆1983年版,第253页。

品流通相适应的理论假定所有的商品都是国家的,所以国家可以依据商品量发货币。尽管传统理论中并没有资产负债要对等、货币发行要以发行者的资产为担保的思想,但当时实行"一大二公"体制,全民所有制企业占主导地位,绝大部分商品都为国家所有,如此货币发行无需考虑发行量的限制。而在庇古的理论中,k代表现金占资产的比重,现金与资产之间有着此消彼长、相互转换的关系,如此明晰的产权决定了央行货币发行不能超越自有资本总量。因为公众必须放弃资产才能获得货币,央行要得到资产才能给予货币,货币必须与资产等值,公众不会接受央行印出来的货币,除非它所代表的未来收益与公众放弃的资产等值。所以央行发行货币都要与央行的资产,包括未来收益对应,这就决定了它不能超量发行,货币发行必须有上限。可见,实现货币定义的转换可以解决货币发行的依据与上限,以及产权明晰等一系列问题,这就能与我国经济改革的实际衔接起来。因为我国产权越来越多元化,商品也越来越不属于国家,所以,人行再也不能以公众的资产——外汇作为货币发行的担保,买国债发货币就此有充分的理由和完全的必要。理论的转轨还可以证明,在转轨经济中,买外汇发货币不仅操作上后患无穷,而且法理上也说不过去,因为人行用公众的资产作为自己负债的担保,这实际上是在侵占公众的资产,尽管它未必有这样的主观意愿。

改革开放以来,我国两种理论的并存并没有得到应有的梳理,很少有教材分析马克思的v与费雪的k之间的本质不同,这就使得有着内在不兼容性的两种理论并行不悖,相安无事,进而影响了我国的实际操作。只要在货币价值应与商品价值相对应、货币流通要为商品流通服务的理论背景下,对现代货币理论的理解都会被扭曲,买外汇发货币会变得天经地义,这就没有买国债发货币的基础,利率自由化改革只能停留在报价方式、公平和风险防范上,而不可能着眼于货币发行的根本。没有利率自由化,汇率的改革无从展开,更不可能成功。可见,两种理论的并行并非相安无事,而是在扭曲对现代货币金融理论的理解。所以要深化我国货币金融的改革,则一定要从理论的接轨做起。

确定了货币不再是一般等价物,货币流通也就不再为商品流通服务,货币发行就要受央行资产的限制,两种理论不兼容的矛盾就可以得到根本的解决,这就能为货币发行方式的转换做好理论铺垫。也只有完成货币发行方式的转换,所有现代理论与方法的运用早晚都能顺理成章,水到渠成。需要强调的是理论决定认知,认知决定选择,选择决定制度,制度决定运作,所以理论转型是解决问题的源头和根本。

转换观念还有两个重要方面:一是不能以消费品物价指数作为衡量货币供给标准的核心指标。每每讨论人民币发行是否过多时,人行高管都会说,消费品物价指数不高,所以人民币发行不多[1]。学者们也会说,消费品物价指数不高,所以货币政策有调整空间[2]。按照货币主义的理论与大多数国家的实践,货币供给增加到物价上涨要有1年多的时滞,所以现在的物价水平由一年多前的货币供给所决定,现在的货币供给多否要在1年多以后的预期物价上表现出来,以现在的CPI来判断现在货币供给的多否非常可能会误导货币供给的决策。因为现在的货币供给已经多了,物价水平上没有

---

[1] 周小川于2010年12月15日晚间在北大演讲时指出,近两年来货币供应量明显加大,但不存在货币超发的问题,衡量货币供应量的核心标准是CPI。http://blog.sina.com.cn/s/blog_68ba72fb0100no5b.html.
[2] 2014年5月CPI同比涨2.1%,专家预计货币政策有调整空间。http://finance.eastmoney.com/news/1371,20130609297290477.html.

反映,如果可以继续多发货币,等到一年多后物价上涨时再控制物价水平已经来不及了。

当然,在人民币发行不受资产占负债比例指标约束、财政赤字与货币发行无关的情况下,只有CPI与货币供给的相关性最强。尽管它仍然是个很有问题的指标。所以只能在别无选择的条件下应用它,但一定要积极创造条件,用人行资产占负债比例,以及财政赤字与货币发行的关联来衡量货币供给是否过多,而不是CPI。因为CPI是个结果指标,它是各种因素共同作用的表现,即便它在时间上与通胀同步,因为不能剔除其他因素的影响,所以CPI不能正确地反映货币供给的影响。而人行资产占负债比例,以及财政赤字等则是源头的指标,它们能真实地反映货币供给的状况,而没有其他因素掺杂其中。

确认套利是企业家的天职和权利。所谓天职,就是企业家要充分认识到他们存在的理由就是要利用可能的市场条件,追求最大化的利润。所谓权利,就是他们可以充分利用自己的资源,包括物质和智慧,不受限制和束缚。然而我们习惯了这样的思维,即在国家利益和个人利益发生冲突时要放弃个人的利益,在套利造成国家损失时,企业家血管里要流着道德的血液。殊不知企业家不把套利当作自己的天职和权利,他甚至不配称为企业家。只有确认套利是企业家的天职和权利,管理的重点才会是制度建设与制度优化,才有可能通过重复博弈形成合作博弈,企业家在追求自己利益的同时才能实现和促进社会的利益。如果不能确定套利是企业家的天职和权利,管理的重点就不是制度的完善,而是改造企业家的心态和行为,使得他们不想也不能追求利润最大化。如果能实现这样的目标,企业家就不成其为企业家了,整个市场的运行和货币发行方式就无法走上国际规范化的轨道。

需要转换的观念还有其他很多,本书主要强调与人民币发行方式相关性最强的方面,其他则不一一列举了。

七、完善各类法规,明晰产权制度

我国之所以会采取买外汇发人民币的方式,很重要的原因是经济金融法规的不健全。如果法律规定私人财产神圣不可侵犯,买外汇侵占公众利益的行为就不会发生;如果法律规定人行的建立要有充足的自有资本,人民币发行要受资本约束,则人行无法依据所得外汇发人民币;如果法律规定人行有足够的自主权,则人行就不会在行政当局的压力下,为外向型经济战略而买外汇发人民币。所以要改变人民币发行方式,就必须健全有关的法律制度。本书主要强调以下几个方面:

明确私有财产神圣不可侵犯。在改革开放初,有人提出要保卫私有财产时,有学者说,不要说私有财产神圣不可侵犯,因为神圣这两个字太文学化了,我们只要提私有财产"不可随意侵犯"就可以了[①]。作为法律提法,这种表述已经被历史证明后患无穷。"不可随意侵犯"意味着"只要不随意就可以侵犯",这就势必引发权力部门以

---

① 中国人民大学宪法学教授许崇德如是说,见 http://www.people.com.cn/GB/14576/28320/30714/32522/2394985.html。喻权域在"不能把'私有财产神圣不可侵犯'塞进我国宪法"(在全国政协十届一次会议上的发言)中说,许多国家已经不再提神圣不可侵犯,所以我们也没有必要再提。笔者不敢苟同这个逻辑,人家已经走过了需要这么强调的阶段,我们恰恰非常需要如此强调。仅仅在博弈的意义上,发展阶段可以缩短,但不能超越。特别是我们起点在对私有产权的侵犯上,甚至认为侵犯私有财产是理所当然、天经地义的。正是在这个基础上,才有暴力血拆、不合理的收费、凭借行政权力寻租,以及买外汇发人民币等,所以更需要建立起私有财产神圣不可侵犯的价值观。等到这种价值观深入人心,成为全社会的普遍共识,并在操作技术上完善私有财产不可侵犯后,再淡化这个"神圣"的提法。

国家的、社会福利的、公共利益的名义侵占私人利益,买外汇发货币就是最典型的一例。因为它以国家经济发展的名义,用不含内在价值的人民币换取公众的黄金外汇,公众因此而遭受极大的损失。强调私有财产神圣不可侵犯,就能从法理上杜绝人行买外汇发人民币的可能。

明确私有财产神圣不可侵犯,就是要强调私有财产的不容侵犯是无条件的。任何侵犯的行为,不管以怎样神圣的名义,都必须要受到法律的制裁。不管这种侵犯行为的主体是私人还是公权机构,法律的制裁都要落实在责任人身上。这就可以避免责任人规避制裁、制裁虚悬、责任不到位乃至最后神圣不可侵犯仍然成为一句空话。同时,还要进一步明确公民的财产权,赋予他们保卫自己私有财产不受侵犯的权利。在他们的私有财产受到侵犯时,他们可以有法律的、行政的等各种方式来捍卫这种权利,以免在公权被滥用时,他们要么只能默默无奈地承受,要么投诉无门,甚至只能采取以生命为代价的极端行为。

明确私有财产神圣不可侵犯,还要界定私人利益与国家利益的边界。黄金外汇是公众的财产,他们拥有卖与不卖给人行的权利,人行不该实行强制的结售汇制。即便在经济困难的特殊时期,为避免难以承受的经济震荡,人行非买黄金外汇不可时,也必须得到法律的授权。明确在某个短时期内实施这样的政策,却不能将权宜之计当作人行天经地义的权利。人民币是人行的负债,它必须以人行自己的资产,而不是公众的黄金外汇作为人民币发行的担保。这就有必要在法律上强调,用公众的资产作为人行货币发行的担保是对私人财产的侵犯,所以应随着改革的深化,将买外汇的发行方式转移到买国债上来。

明晰产权制度首先要明确人行的产权制度①。目前《中国人民银行法》第八条规定,人行的全部资本由国家出资,属于国家所有。正如本书第二章第四节"人民币发行的制度与机制"的分析所指出的,没有明确人行的资本额,这就相当于财政给予人行无限出资的承诺。同时,《中国人民银行法》第39条又规定中国人行每一会计年度的收入减除该年度支出,并按照国务院财政部门核定的比例提取总准备金后的净利润,全部上缴中央财政。人行的亏损由中央财政拨款弥补。结合这两条不难看出,人行只是国家财政附属的统收统支的机构,它并没有独立的财产财务权利。这样的产权制度了决定了人行只能处于被动从属的地位,它不仅没有争取最大化利润的积极进取的精神,甚至宁可接受可能的亏损,因为盈利不属于人行,亏损也无需人行承担。如此运行只能靠思想觉悟和行政命令来推动,而与现代货币银行制度毫无关系。而且,人行——这个经济运行核心部门的产权模糊与运行变异一定会导致整个经济系统的产权模糊与运行变异,所以要深化经济改革,明晰产权制度就必须从明晰人行的产权制度做起。

明晰人行的产权制度,就是要在法律上确定人行是独立的经济主体,而不是国家财政的附属机构。尽管它要承担宏观调控的责任,但是,它也要有自己独立的利益,或者说,只有在明确它独立利益的基础上,才能更好地发挥其宏观调控的职能。所以法律要明确规定人行的资本,这资本可以是国家财政的拨款,也可以是股份制方式筹

---

① 改革开放前,中国人民银行既是国家机关,又是企业。以致国家机关加工资,人民银行跟进;企业加工资,人民银行也享有同样待遇。结果,人民银行的员工工资比普通企业和国家机关都相对较高,但是,它既不完全具有国家机关,也不完全具有企业的功能与机制,这就势必导致整体经济运行效率的下降,甚至根本无法走上现代经济运行的轨道。

资,但最重要的是要明确总额。只有在这个基础上,人行才能按资本进行运作,并受它的限制,而不会发行过度,所以才能自负盈亏,自担其责。尽管明确资本总额只是控制人民币发行的必要条件,如果缺失其他条件,人民币超发的可能依然存在,但有这样在法律上明确的资本,无论如何比现在朦胧的财政给予人行资本且产权属于国家财政的承诺要强很多。鉴于中央银行的盈利在很大程度上来自它独特的地位和国家赋予的权力,其盈利机会和空间远远超过其他普通的经济主体,所以我国法律要参照他国的成功经验,明确规定人行盈利的绝大部分应该是上交财政,人行只能享有与社会平均股息水平相当的收益[①]。这可以作为将来人行上市以后持股人的收益的确定标准。

明确人民币是财政的债务,财政要负责偿还。目前人民币的发行是人行的负债,与财政无关,因为在理论上公众持有人民币可以向人行兑换外汇,但它实际上甚至不是人行的债务,因为人均每年5万元的兑换并非人行债务的全部。这是国家机构层面上最大的产权模糊。解决问题的出路在于明确人民币是财政的债务,财政要用税收偿还人行发人民币形成的债务。鉴于财政税收来自政府为公众提供的服务,而公众持有的货币则表明有财富为政府占有,所以是对政府的债权。政府用税收来偿还公众的债务,因为税收来自政府提供的服务,这就是用政府的服务换公众的财富,并非凭空占有公众的财

---

① 法律规定,每家联储行须以6%的年利率每年分两次向成员银行分红,另外还须留够与实收资本等值的盈余公积。各联储行还须按一定比例承担联储理事会的财务费用。各联储行收入扣除本行开支、负担了所应分担的联储理事会开支,按规定分红并留足盈余公积以后,剩余盈利如数上交美国财政部。美联储成立以来的96年中,总收入为8 590亿美元,年均89.5亿美元。股东分红123.5亿美元(占1.45%);印钞及管理运营开支1 044亿美元(占12.3%);上缴美国国库数7 322亿美元(占86.25%)。刘明志、李红岗:"美国联邦储备体系的性质、功能和治理结构",《上海金融》2008年第7期。

富,这就实现了产权明晰。因为人民币发行成了财政的债务,财政就要将债务控制在偿还得起的范围内,所有人民币发行过多所引发的各类问题都将不会发生。

人行的超规模发行货币必须得到人民代表大会批准。尽管人行拥有发行货币、调控经济的很大权力,但是,经济低迷时需要的货币供给非常可能突破人行资本所能支持的上限,为了避免经济低迷的更大代价,人行必须增加人民币供给。但是,为了避免人行轻易或过度地使用增发货币的权力,就必须用法律明确规定,人民币的超发要得到人民代表大会的批准,而批准的依据则是未来货币供给的减少。也就是现在人行增强对财政的融资力度,以后财政的纳税还款力度也要相应提高,如此则能实现货币供给在时间序列中的平稳,避免货币供给的持续增加及其可能的负面效应。只有允许人行在特定情况下可以超发,又不让它在平常时期过度使用这个权力,才能既保证经济低迷时人行相应增加货币供给,而在经济平稳时迅速恢复人民币供给的稳定。

建立外汇平准基金,限制外汇买卖的总额。大多数发达国家都以财政发行债券的方式,建立外汇平准基金,并用此基金买卖外汇,买卖外汇的额度不能超过基金的规模。因为发行债券的资金属于流通中的货币,而不是新发的货币,所以用平准基金买外汇不会造成货币发行的过多。更重要的是流通中的货币代表财政未来的税收,与公众的外汇交换,这是资产对资产等值的交换,不仅对公众公平,而且有利于将整个商品交换秩序转移到公平有序的平台上,所以我国也必须立法限时建立外汇平准基金,并据以在既定的范围内干预外汇市场。

实现收付实现制向权责发生制的转轨。所谓收付实现制就是按照实际交易时的金额编制资产负债表,而权责发生制则是按照正在发生的金额调整资产负债表。收付实现制的记账方式比较简便,只要将当时的金额记录在案就可以了。权责发生制则要随着时间的推移做不断地调整,所以操作起来比较复杂。但是,收付实现制的数据随时间的推移,与实际情况的背离会越来越大,依据过时的数据非常可能误导货币政策的制定和实施。权责发生制则与实际情况高度一致,这样的数据可以反映经济实际所处的状况,并能正确地引导政策的选择。人行现在仍按照收付实现制编制资产负债表,这就掩盖了美元资产的贬值实际上是自有资本的为负,当然还有其他问题没有充分表现出来,而且,随着时间的推移,报表数据与实际情况的背离就越大。其结果势必是人行高管和公众对收益状况的高估,对已经存在的危机和风险掉以轻心。现在上市公司都已经按照权责发生制编制资产负债表,人行也应尽快调整,跟上这个大趋势。甚至还要有第三方的审计,以提高人行资产负债表的公信度。否则按照扭曲的账户进行运作并实施政策,实际上也是侵犯公众资产,否则,人行就会运行不下去。所以,实现账户编制方式的转轨是明晰产权制度的重要方面。

改变货币发行方式就要在法律和制度上保障人行的独立性,确定人行的唯一职责是保持人民币币值的稳定,而要保障和做到这条,还需要设定制衡的权力结构,以保障法律的规定能在操作层面上得到贯彻和实施。这部分内容将在下一节做进一步展开。

法律的修改与实施也要循序渐进,不能一步到位。因为有关修改需要评估政治经济各个领域的承受力,超过限度则会引起震荡,再合理的法律也会因为无法实施而失去意义。所涉及的领域有意识形态的、政治制度的和经济结构的。首先,要真正贯彻落实人民当家作主的原则,政府必须充分尊重公众的财产权。其次,要将一元化领导的原则,转移到权力制衡上来,也就是要把"权力锁进笼子"。国家机构的指令要得到公众的认可和同意,而不是公众单方面服从和接受国家机构的指令。所以人行行长有权坚持自己的岗位底线,而不是被动地服从上级的指令。最后,也就是最重要的,就是要将外向型和投资型经济调整到内向型和消费型经济上来,否则,改变货币发行方式,人民币就会升值到位,外需将掉下来,内需却上不去,就业和社会稳定就会出问题。可见,缺失这些条件,很难修改和实施有关法规。而这些条件的本身都需要有许多前提,所以修改和实施有关法规,要先从创造有关前提做起。待条件成熟后,才能修改和实施有关法律。所以,有关经济金融法规的改革和实施只能是个漫长的和循序渐进的过程。

第二节　调整政策目标,构建制衡体制

要将货币发行方式由买外汇转移到买国债上来,其根本保障之一是要将货币政策目标调整到单一目标制上来,改变目前容易引起歧义的"以稳定的币值促进经济的增长",明确"以稳定币值为人行唯一目标",并且建立权力制衡的行政体制,从根本上避免行政当局对货币当局可能的挤压,从而奠定将货币发行转移到买国债的基础上来。

之所以要明确"以稳定币值为人行唯一目标",是因为经济增长与币值稳定之间存在着内在的矛盾性,币值下降才能实现经济增长,

而币值稳定则经济难免下降、低迷,货币当局很难同时兼顾这两个目标。所以与其在目标上首鼠两端,顾此失彼,最后不得不牺牲币值稳定,不如旗帜鲜明,以币值稳定为唯一目标。而且,货币当局的职责是为经济增长提供稳定的货币环境,而不是实现经济增长的本身。特别不能为短期的经济增长而牺牲长期的币值稳定。因为短期经济增长得到的好处,远远抵不上为恢复币值稳定所承受的长期代价。

明确以币值稳定为唯一目标,就要修改人行的货币政策目标,现行《中国人民银行法》第三条规定,"货币政策的目标是保持货币币值稳定,并以此促进经济增长",实际上并没有跳出双重目标的窠臼,只不过由原来两个目标的并列,变成主次从属。就现有的文字上看,经济增长是目标,稳定币值是手段。如此定位势必导致币值稳定说起来重要,但做起来次要,关键时刻就非常可能不要。我国自改革开放以来,通胀一直在逐步走高,特别是2008年以来,这不能不是货币政策目标法律定位局限的重要证明。

只要货币政策目标包含经济增长,则人行早晚会陷入两难境地,而且早晚会为经济增长而牺牲币值稳定,所以一定要在法律上帮助人行摆脱这样的尴尬,也就是要明确保持币值稳定是人行的唯一目标与职责。并且,要在操作上明确货币发行的规则和方法,也就是货币发行量不得超过经济增长与物价上升的两者之和,物价上涨幅度不得超过4%。如果发生特殊情况,需要人行突破既定规定,则也必须得到人民代表大会的认可和授权。当然,这里又涉及统计数据的准确性问题,以及对提供虚假数据的责任人严加制裁的问题,而这并不在本文的讨论范围内。然而,没有这个数据正确的法律保障,这里所有的讨论都将失去意义。

要保障币值稳定为人行的唯一目标和职责,则必须保持人行的独立性,也就是要在法律上明确其他政府机构不能为经济增长而要求人行放弃币值稳定。否则,人行非常可能在上级主管部门的压力下失守币值稳定的防线。保持人行的独立性必须落实在保障人行行长地位的稳定上。这就要求人行行长得到人民代表大会的任命,并且对人民代表大会负责,而不是对政府主管领导负责。因为,政府主管领导的任期都是短期的,他们要实现自己的短期经济增长的目标,而要求人行给予货币的支持,特别是在货币发行与经济增长之间存在着高度的相关性。而保持币值稳定则是人行,甚至是全社会的长期目标。如果人行行长对政府主管领导负责,那就是用长期目标服从短期目标,实际上就是失去币值稳定。人行行长对人民代表大会负责,就能实现币值稳定的目标与人民代表大会的长期保持一致。

保持人行的独立性,就是假定政府领导人也是人,而不是神。他们也有人性的弱点,所以要对政府进行充分有效的约束,这就需要建立起权力制衡的构架体系,也就是把权力锁进笼子。之所以强调人行行长对人民代表大会负责,而不是对政府主管部门负责,就是因为最高行政部门直接面对经济增长和就业压力,加上他们任期的短期性,这就难免有在任期中做出明显业绩的压力和冲动,而难以顾及对继任者的负面影响,或者说为了释放自己任内太大的压力,而不得不透支继任者可能的绩效。不让人行行长对政府主管部门负责,就是不让政府主管部门所承受的政治经济压力直接转换成人行的货币发行,这是避免买外汇发货币的重要方面。

保障人行的独立性首先要保持人行行长地位的稳定,其次还需要有一个成员任期都比政府首脑任期长的委员会。只有避免他们为坚持货币稳定的立场而遭遇行政领导撤换,他们才能保持自己的独立性。他们的独立性可以牵制行长,避免行长摇摆在主管领导的偏好与自己职责之间,这才能从根本上的保障币值稳定。当然,强调人行的独立性,更要建立和健全人行与上级部门,以及与其他职能部门,如财政部、商务部和发改委等的沟通磋商机制,促使各方更好地理解相互的立场,并对经济形势做出更为全面的判断。避免各方因判断有误,却又既坚持各自的立场,用足相应的权限,造成不必要的麻烦,加大宏观调控的困难。

我国目前国内外经济形势特别复杂,就业压力非常巨大,而且与政治稳定紧密关联。不管经济增长,只顾币值稳定,这肯定无法做到。但是,继续以往以增发货币的方式来促进经济增长,则难免缓解短期矛盾却加剧长期矛盾。这就无法建立起金融稳定的基本框架,进入从根本上避免问题发生的轨道。所以要改变这种状况,就要明确人行只管币值稳定,而把经济增长的任务交给政府。鉴于我国政府在目前情况下,面对的挑战特别严峻,可以运用的政策手段却又相对有限,再剥夺政府影响货币供给的权力,这会削弱政府的调控能力,不利于转轨经济的平稳运行。但为了进入长期轨道,构建金融稳定框架,则必须跨出这艰难的一步。因为只有剥夺政府干扰货币发行的权力,政府才能"置之死地而后生",在遵守基本运行规则的前提下,找到其他调控经济的有效方式。否则,政府动辄可以干预货币发行,则其他调控方式即便存在,也发现不了,更不用说有效运用了。

即便如此,也不能彻底剥夺政府影响货币发行的权力,因为我国经济非常可能遇到运用其他手段都不见效,非调节货币发行不足以解决问题的境况。如果一点也不予通融,则非常可能让我国经济付出非常沉重的代价。所以不能不让政府拥有这样的权力,却又不能让它轻易使用这个权力。这就要求以法律明确规定，在非常时期，政府可以要求人行增发货币，但是，增发的数量和持续的时间都要得到人民代表大会的批准。这就能让政府不到万不得已，不轻易走这一步，并且即便走了这一步，也不会将这个权力使用过度。这就既能解决或缓解短期问题，也不至于造成太大的长期麻烦。就像我们现在买外汇发人民币一样，如果有个额度和期限的限定，即便它会造成货币流通的不稳，也只是小规模小范围地发生在有限的时期中，从而不会对经济造成像今天这样大的伤害。

改革开放前，我国的货币银行制度不仅与发达国家截然不同，甚至算不上货币银行制度，我们还认为这种没有中央银行与商业银行之分的、大一统的货币银行制度是最先进的。改革开放以来，我国才建立起与发达国家相似的货币银行制度，然后是9家人行的地区分行，而不是与行政当局平级对称人行分行，再后来是建立与美联储相似的货币政策委员会。我们的确已经取得了巨大的成就，但是，所有这些只是学习人家的做法和操作，而不是贯彻实施分权制衡的思想，所以人行仍然只能满足和执行行政当局对于货币发行的要求，货币政策委员会的成员也主要证明既定政策的必要、合理与正确，而不是提出质疑与挑战，至少有关言论都要服从某种限制。所以这种体制仍然停留在与美联储形似而神不似之中，至今没有形成长期货币稳定对短期经济增长的有效制约。

在这样的前提下，有关人士和机构很难意识到买外汇发货币的局限，或者即便意识到也很难说服行政当局，甚至行政当局认识到解决货币发行问题的紧迫性，但只要一想到这么做立马要丢失那么多就业机会，造成经济的低迷就会，两害相权取其轻，长期的货币问题一定会被搁置在一边。所以要实现买外汇发货币向买国债的转移,首先要解决货币政策目标的定位与机构制度的制衡问题。

第三节 实现财政收支总量与结构的平衡

大多数教科书都说,财政赤字太大会导致通胀,但是,对财政赤字过多造成通胀的货币机制却有些语焉不详,更没有说,财政赤字结构不当也会引发通胀。本节拟对这两个问题作出解答,并强调公共财政是理顺财政收支的总量与结构的关键所在,只有这样才能为人民币发行由买外汇转向买国债做好铺垫,以从根本上避免货币发行过多与货币流通的失序。

一、货币发行与财政赤字的总量

按照发达国家的操作,央行实际上已经不再限制买二手市场的短期国债发行货币[1],所以央行的货币发行只是财政赤字的一部分,而不是全部。没有财政赤字,货币发不出去;有了财政赤字,货币只以赤字的一定比例发行。正是财政赤字与货币发行的连接,才有财政赤字过多引发通胀的论断。

财政赤字产生于财政支出大于财政收入,所以财政要用举债的方式来弥补财政支大于收的缺口。财政举债要用未来的税收为担

---

[1] The Federal Reserve Act /Section 14. Open Market Operations; http://www.federalreserve.gov. http://financial-dictionary.thefreedictionary.com/Full+Employment+and+Balance+Growth+Act+of+1978.

保,实际上也就是财政提前使用它未来的税收。央行买进二级市场的短期国债①,发行货币,就是以财政的未来税收为担保,给予财政资金融通。既然是资金融通,财政就要在债券到期日偿还国债。偿还资金来自财政的税款,财政税款又来自公众的缴纳,公众缴纳的税款又是央行发行的货币。这就决定了今天央行买国债投放的货币,明天会转化成税款退出流通,与增加的货币供给与国债,以及财政赤字一起消失,这就是货币发行与财政赤字的量的对应关系。当然,还有部分国债为普通公众持有,不进入二级交易市场,不能成为央行货币发行的依据。

如果财政赤字过多,进入二级市场的国债相应增加,公众担心通胀,也会减少国债持有,央行买入国债相应增加,货币发行也增加。所谓财政赤字过多,就是财政赤字超过政府未来的税收,央行买进国债投放的货币较多,而公众缴纳税款回流央行的货币较少。于是有一部分国债无法及时偿还,已经发行的货币无法全部退出流通。譬如,央行买进 100 亿国债,财政未来的税收只有 80 亿,公众纳税 80 亿,然后有 20 亿货币沉淀在流通中,成为过多的货币。如此无法偿还的国债越多,就是无法退出流通的货币越多,商品价格被推高幅度越大,这就是财政赤字太多导致通胀的货币机制所在。

鉴于央行发行货币要财政偿还,货币发行就是财政的债务,财政

---

① Purchase and Sale of Cable Transfers, Bank Acceptances and Bills of Exchange. "Any Federal reserve bank may, under rules and regulations prescribed by the Board of Governors of the Federal Reserve System, purchase and sell in the open market, at home or abroad, either from or to domestic or foreign banks, firms, corporations, or individuals, cable transfers and bankers' acceptances and bills of exchange of the kinds and maturities by this Act made eligible for rediscount, with or without the endorsement of a member bank." http://www.federalreserve.gov; http://financial-dictionary.thefreedictionary.com/Full＋Employment＋and＋Balance＋Growth＋Act＋of＋1978.

一般不敢也不能多发债券,否则,政府就有破产的风险。尽管在发新债偿旧债的意义上,国债总量与货币总量都会增加,但美国法律规定,美联储只能购买短期国债①,这就意味着美联储给予财政只是短期的资金融通,所以每笔国债和对应的货币只能短期,而不能长期,更不用说永远停留在流通中,所以货币总量增长比较缓慢。更重要的是,美国法律规定,美联储发行货币所形成的 M_2/GDP 不得超过70%②,这就意味着财政部已发行的国债存量再多,美联储可以发行的货币量也要受到 GDP 总量的制约。如此货币发行限制与退出的机制表明,除非管理层的政策性故意,即允许或要求美联储买入太多的国债,货币发行一般不会导致通货膨胀。

如果货币发行不以购买国债的方式进行,则货币发行与财政赤字无关,财政赤字与通胀也就失去了联系。因为国债不能转变成货币,财政赤字再多,货币发行也多不起来,财政赤字与通胀之间的因果链就会被切断。甚至货币发行与财政赤字无关,财政就失去搞赤字的冲动,因为公众购买国债的能力有限,所以财政发行债券就是要从央行获得资金融通。如果央行不能买国债发货币,就是财政无法向央行融通资金,财政失去搞赤字的好处,也就不会再搞赤字了。这就推翻了教科书的经典论断,财政赤字再多也不会造成通胀,或者因为财政赤字不会造成通胀,所以就不会发生财政赤字,但这恰恰是最危险的。

财政资金一定会短缺,这已为古今中外的历史所证明。如果财政不能发行债券向央行融通资金,那就只能用别的方式补充资金,买

---

① http://www.federalreserve.gov. http://financial-dictionary.thefreedictionary.com/Full+Employment+and+Balance+Growth+Act+of+1978.
② 杨连宁:"我国的印钞主义是怎么来的?",《东方信邦》2012 年 6 月 21 日。

外汇发人民币是其中一种。因为人行可以凭空发行货币,财政无需承担债务的偿还,这实际上是隐性财政赤字,用人行的货币发行填补财政支大于收的缺口。而买外汇发人民币的结果,势必是货币发行无限增加,因为财政无需考虑人民币发行的偿还,加上商品出口的无限性带动人民币发行的无限。另一方面,财政没有赤字,管理层就会依据经典论断,没有财政赤字何需担心通胀的发生,这就会丧失对人民币越发越多,通胀却越来越严重的警惕。可见,忽略货币发行与财政赤字的关联,不仅会扭曲对货币流通形势的判断,而且一定会造成货币发行操作向错误方向的用力。

买外汇发货币实际上将政府的债务负担转嫁给公众。在买国债发货币的情况下,政府要发展经济,拉动内需,则由央行多买国债,降低利率,央行现在的货币供给增加,财政明天还本付息的债务增加。因为财政要偿还货币发行的债务,所以在长期中,货币供给的净增加有限,通胀的压力不大。而在买外汇发货币的情况下,政府要实现同样的经济增长目标,则靠买外汇发人民币。因为人民币与外汇一起增加,人民币升值难以到位,国际收支顺差长期存在,增发的人民币无法退出,人民币越发越多,就是对内贬值越来越严重。显然,财政不把货币发行作为自己的负债,就不仅是让公众承担财政应该承担的职责,而且用公众资产的稀释减轻财政负担。这不仅不公平,而且不可持续,所以货币发行一定要与财政赤字连接起来。

从历年来我国中央财政赤字与央行外汇占款数据来看,两者几乎无相关性,见图 7-1。按照我国曾经 4 万多亿外汇储备推算,我国已发行的人民币在 28 万亿左右,如果货币发行应该是财政的负债,那么我国的财政赤字的累计额就不是 6 万亿—7 万亿,而应该是 28

万亿,差不多是我国两年多的财政收入,由此发生的通胀压力怎么估计也不算过分。可见,只有将货币发行与财政赤字挂起钩来,才能将货币发行显性化,避免给货币超发留下制度性暗伤。

图 7-1 中国财政赤字与央行外汇占款历年金额

二、货币发行与财政赤字的结构

财政赤字与货币发行的连接决定了财政赤字的结构不当也会引发通胀,因为今天赤字的发生可以形成明天的产出,那么今天的货币发行就不算过多,反过来,则势必造成通胀。所以要进一步分析货币发行与财政赤字的结构关系,确定其是否能对应明天形成的产出。

与马克思的货币流通为商品流通服务的理论不同,现代货币理论强调货币供给的多少是相对于充分就业,而不是商品数量而言的[①]。充分就业的背后是指将来可能提供的商品,而商品数量则是

---

① 在大多数经济学教科书中,有如此对凯恩斯理论的描述:如果没有实现充分就业,总需求增加,则就业和产出增加;接近充分就业,总需求增加,就业产出增加,价格也上升;一旦实现了充分就业,总需求增加,就是价格的上升,而没有就业产出的增加了。货币供给增加是总需求增加的最重要原因之一,因此,货币供给增加导致物价上升是相对于充分就业而言的。而充分就业的背后是能够形成的产出,而不是已经形成的商品。

现在已经形成的商品。尽管此两种理论的计算有口径的粗细,商品有商品与服务的、有形的与无形的、已有的与将有的之分,但是,货币发行最终要与社会商品相对应则是毋庸置疑的,只要货币发行没有对应的商品,就早晚会引发通胀。于是,货币发行与财政赤字的量的关系就演变为质的关系,也就是要讨论财政赤字能否形成对应的商品。如果增加的财政赤字能够形成对应的商品,买国债形成的货币供给有相应的商品,则货币供给不会大于商品供给,货币流通与商品流通的关系保持稳定,通胀也不会发生。但如果财政赤字不能形成对应的商品,财政赤字增加,商品供给不能相应增加,则买国债的货币供给,即便有未来税收作担保,仍然会造成通胀。

如果只讨论资金运行与商品运行的逻辑关系,而不细化讨论资金在运行过程中的变化,则不难证明上述论断。假定在初始阶段,货币量与商品量相对应,财政主要为民生,如建设学校、医院和社会福利保障等而发生赤字,发行债券。公众减少在其他方面的消费和投资,购买政府的债券。其他方面的消费投资减少,货币聚集到学校、医院和社会福利等领域。如果这种支出为实物产品或服务,则学校、医院建立起来,教育与医疗的服务能力增强。如果财政支出用于购买医药、教材等消耗性物品,商品减少了,但是,却换来劳动者素质和健康的提高,也就是增加的货币供给与未来商品供给能力的提高相对应。

此时,央行买进公众手中的国债,公众得到新增货币后,购买与民生相关的商品,如教育、卫生等。因为财政赤字支出向民生倾斜时,已经提高了民生商品的供给能力。此时买国债的央行货币进入,因为有生产能力的提升在前,所以后续的货币供给增加就不易推高这类商品的价格,发生通胀的可能性大大下降。

公众使用新发行货币运作盈利后,缴纳税款。财政偿还央行持有的债券,财政负债与央行新发行的货币一起消失,货币供给量回到央行买进国债前的水平,货币流通量与商品流通量也基本上回到初始位置,但是产能却聚集在民生商品上。因为产能大的商品价格不易上升,这就会促使下一轮社会支出向民生产品倾斜。当然为了释放产能,下一轮财政支出也必须向民生倾斜。否则,其他商品的产能有限,吸收不了那么多就业,经济运行就会出问题。社会和财政支出越是向民生倾斜,产业结构就越合理,货币与商品的关系也就越有序。

如果财政赤字增加用于豆腐渣工程、"三公消费"、重复建设,不能形成有效益的项目,则买国债的货币供给增加,但产出没有增加,甚至减少,则通胀势必发生。仅以"三公消费"为例,假定初始的货币供给与商品供给的关系还比较合理,然后财政开支用于政府官员的"三公消费"。入不敷出后向公众举债,央行再买进公众的部分国债,增加货币供给。经过一段时间,政府征税,偿还国债,有关商品、货币与产业结构的关系将会如有下变化:

财政支出第一轮效应为:"三公消费"造成财政资金流向酒类、旅游和汽车服务领域,成为相关从业人员的各种收入。结果"三公商品"数量减少,因为酒类、食品、旅游和用车等都被消耗掉,而消费者的素质和健康不仅不会上升,甚至还会随之下降,货币供给增加,却没有相应商品配套,"三公商品"的价格势必被拉高。当然,生产"三公商品"的人员收入增加,"三公商品"的供给能力也能增加,但其幅度远远低于货币供给的增加,茅台酒的涨幅远远超过茅台酒的生产能力就是个证明。"三公消费"支出最终要靠财政发债券来支持,所以第二轮效应是公众将消费品的支出转移到债券上来,也就是将用于民生的货币将转移到"三公商品"上,"三公商品"供给能力增强,而消费品的供给能力减弱。第三轮效应则是生产"三公商品"的人员要将增加的收入购买消费品,但是先前民生产品的供给能力减弱,增加的需求与下降的供给能力叠加,推高民生产品的价格。第四轮效应是央行买进公众持有的国债,货币供给进入公众手中,公众用以购买消费品,消费品价格进一步上升。此外,"三公商品"与消费品价格上升对生产要素的竞争,还会带动土地、资本和劳动力价格的上升。

公众运用新发行货币经营获利后,缴纳税款。财政用此货币偿还央行持有的国债,财政债务消失,新发行的货币退出流通,总需求不能进一步上升。但是,因为生产成本的上升,物价将停留在高位上。而且"三公商品"的价格上升幅度大于消费品,因为"三公消费"的支出不是个人的钱,而是产权模糊的公款,所以"三公商品"的价格上升不仅不能遏制需求,反而会刺激需求,促使价格进一步上升,吸引更多的货币。"三公商品"的高价又作为一个重要的参照,推动消费品价格的上升。消费品缺乏弹性,消费者又没有话语权,尽管在消费品上分布的货币少,但是价格上升的势头一点也不弱,所以纳税造成货币供给的减少仍然很难促使价格相应下降。更为麻烦的是,为了释放"三公商品"供给能力增强的压力,下一轮财政支出仍然要向"三公消费"倾斜,否则,产能得不到释放,失业就会增加,这就是我国这么多年一直在打压"三公消费",却又效果有限的一个重要原因。

目前发达国家福利保障支出占财政收入比重50%—60%,而中国则只有15%。以中国财政收入10万亿计算,按照发达国家的标准,我国财政用于民生和福利保障的支出应为5万亿—6万亿,现在的实际缺口当为3.5万亿—4.5万亿。财政该支未支的钱实际上也是潜在的,没有表现在财政账户上的赤字。我国目前的"三公消费",仅以最近这轮通胀前几年的9 000亿估算,而不包括各级机构的小金库,总量至少不低于10%,也就是说,我国有超过10%的财政支出不会形成产出。结合实际赤字的规模和赤字的结构,尽管因为目前实行买外汇发货币,它们在财政账户上没有充分表现出来,但是社会实际承受通胀的压力则要明显大得多。

三、公共财政的赤字总量与结构

需要强调的是,上述分析的情况既不会发生在发达国家,也不会发生在我国。因为发达国家没有那么多"三公消费",我国却没有实行买国债发货币。但是,我国目前的买外汇发货币,早晚要转移到买国债上去,这就决定了如果我们不能在货币发行方式转轨之前,就控制财政赤字的总量,理顺财政赤字的结构,则货币发行方式转轨的危害甚至比不转轨更大。而要控制财政赤字总量,理顺财政赤字结构,关键就是要实行公共财政。

所谓公共财政,按照前总理温家宝的说法,就是要阳光、公开和透明,也就是要让全体人民决定和监督财政的各项支出,才能保证财政赤字不会过大,财政支出向民生倾斜,财政负债包括货币发行。可见,只有实行公共财政,才能保证财政赤字的总量适当和结构合理。而要实现这个目标,需要社会各个方面的系统性改革。人大代表不仅要真实、充分地反映民意,而且他们要具有相当的宏观经济、财政与货币发行关系,以及财务方面的知识,账户的编制也要包括所有收支的每一分钱,并且清晰易懂。此外,公众要对代表进行全面的监督,包括要接受公众质询和罢免等。这才能保证代表的选择和决策能够符合宏观经济稳定运行,以及货币流通的规范有序的长期要求。

可见,要实现这个目标需要创造很多条件,要走上非常漫长的道路,既需要顶层设计,更需要选择时机,谨慎推进。

第四节 构建汇率保底制，取代结售汇制

有学者认为，对新兴经济国家来说，最好实行固定汇率制，以避免汇率波动对经济的冲击。此话固然有道理，但是，以我国目前的结售汇制则根本无法实施。所以只有将其改变成汇率保底制，才有望激活市场力量，实现国际收支的平衡，给人民币发行方式的改革留下时间和空间。

在人民币升值的情况下，主张固定汇率制实际上是相对于升值的损失而言的，但如果不升值，则国际收支顺差不会消失，货币越发越多，通胀也势必越来越严重。我国目前的情况正是采取结售汇制，以保持人民汇率稳定的结果。因为结售汇制要求将所有外汇都卖给央行，央行则按稳定比例发人民币，保持人民币汇率小幅快跑的态势。汇率稳定带动人民币发行数量相对越来越少，如此尚且使人民币发行陷入对内贬值和对外升值的尴尬，更不用说实行固定汇率，始终保持人民币发行相对数量不变！因为人民币发行总量更多，这会使人民币对内贬值、对外升值的压力更大。之所以如此的原因并不在于固定汇率制，而在于结售汇制。如果央行不是买入公众的全部而只是一部分外汇，人民币发行数量就会有限了，其币值对内对外的扭曲也会比较有限。同时，企业资金补充有困难，出口就会下降，国际收支状况就能缓解。可见，取消结售汇制是解决人民币发行过多所引发的各类矛盾的关键。

结售汇制提出于我国外汇储备非常短缺的年代，为了将有限的

外汇集中在政府手中，这本无可厚非，且当时外汇数量非常有限，全部买入对货币流通的影响也微不足道。所以买外汇发人民币这个在理论和实践都有问题的做法，在当时既没有表现出什么弊端，也没有引起足够的重视①。现在买外汇成了我国货币发行的主要渠道，由此发行的量占流通中货币的主要比重，其负面效应也就越来越明显。但若不能买外汇发人民币，出口企业就难以及时将外币转换成人民币，其再生产的资金循环就会中断。所以尽管结售汇制有许多问题和弊端，但在出口企业的外汇不能及时转换成人民币的条件下，结售汇制就无法终止。

要及时将出口企业的外汇转换成人民币，人行却又不增发货币，则只能让市场吸纳央行不买的外汇。这就需要培育和刺激市场对于外汇的需求，其重要方式是要让人民币升值到位，外国商品的人民币价格相对便宜了，进口需求增加就是外汇需求增加。出口企业就能在市场上抛出外汇，并为进口企业所吸收。如果两者数量相当，或者顺差大幅缩小，则央行可以不买或少买外汇，出口企业就能通过市场及时获得所需人民币，其再生产循环就能得到保障。鉴于2013年以后的一段时期内我国经济增长放慢，出口下降，对于买外汇发人民的压力会有所减轻，但这还不够，还需要用财政政策加大力度，缩短进程。其做法可以是减少出口退税，扩大进口免税的范围，提高免税税率。进口企业利得提高，其对外汇需求也会增加，市场吸纳外汇的能力相应提升。如此操作，财政负担势必有所增加，经济增长可能更

---

① 改革开放初，对买外汇发人民币的理论认识上还是相当清醒的。记得30多年前笔者在读本科时，老师就说，为了支援国家建设，私人的外汇都要按照国家确定的汇率卖给国家，国家给人民币、侨汇券、全国粮票和工业券等。这样的解释隐含着国家按低汇率收购私人外汇并不合理，只不过为"支持国家经济建设"而不得已这么做。没乘想30多年后，《人民日报》撰文确认公众卖外汇给人民银行是"银货两讫"的等值交换，这实际上是在理论上认可不等价的外汇交易，也就不能不是理论认识水平的退化了。

慢，但这是增加外汇需求和培育外汇市场的代价。更何况，在财政操作的过程中，只要选择好时机，拿捏好力度，这个成本还是可以降到最低限度的。

在市场外汇交易规模逐步扩大的情况下，央行要将市场汇率固定在期望的水平上，却又不能直接采取行政命令，否则，已经取得的汇率改革成果又会退回到传统体制中，外汇市场的培育就会面对新的挑战。为摆脱这个困境，可以实行外汇保底制，也就是央行宣布一个接近国际收支均衡的基准汇率，并承诺按此汇率买卖外汇。这就会形成市场与央行的两个汇率，此二者会有背离，但是通过市场套利又可以趋于一致。因为，国际收支顺差，人民币市场汇率就会升值，对应的是外汇贬值。商业银行就会收购外汇，卖给央行，赚取央行汇率高于市场汇率的汇差。人民币供给增加，人民币的市场汇率下降，向央行汇率靠拢。如果国际收支逆差，人民币市场汇率就会下降，外汇相对升值，商业银行就会向央行买入外汇，向市场抛出，赚取市场汇率高于央行汇率的汇差，市场外汇汇率就会逐渐回落。鉴于国内外经济状况会有各种变化，所以央行可以依据国际收支状况，相应调节保底的汇率，从而动态地实现国际收支的平衡。

特别需要指出的是，在这样的调控方式中，央行必须要将人民币汇率调高至比较接近国际收支平衡的范围内，否则，人民币的央行汇率太低，国际收支顺差就会很大，商业银行卖给央行的外汇太多，人民币发行的压力仍然会过大。反过来，人民币的央行汇率太高，国际收支逆差过大，商业银行向央行买入外汇过多，会掏空央行储备。所以，央行把自己的汇率调在可以实现国际收支均衡的范围，在作为市场的主导的同时，给市场机制留下发挥作用的适当空间。

我国目前的人民币汇率与国际收支均衡的汇率差距很大。以目前经济形势而论,既要尽快大幅度提高人民币汇率,当然再快也不会一步到位,又要在此过程中,努力将多投放的货币收回来(这里先不讨论目前已经多投放的存量,那个规模太大,处置起来相当复杂)。其方式不能是发行央票和提高准备金率,因为目前的央票存量已经很有资金堰塞湖之忧,准备金率也高到中小银行难以承受的地步,也超过大多数发达国家的水平,所以只能选择让财政发行债券,建立外汇平准基金,收购外汇供给的增量。

财政发债券的成本与发央票相同,都要还本付息,但是,效应会有很大不同。因为央票发出,人民币进入央行势必越来越多,积累放大,成为未来的麻烦。而财政发行债券,得到流通中的资金,用来购买外汇后,该资金重新进入流通,货币供给恢复到债券发行前的水平。此外,央行没有其他收入来源,只能发新币还旧债,偿还到期央票的本息,退出流通的人民币重新进入流通,对货币流通有负面影响。财政发债券,债务人是财政,财政有税收可以偿还债务,也可以出售外汇来偿还,从而有利于货币流通的稳定有序。当然,财政可用资源将会随之减少,这是管理层所难以接受的,但是,为了使货币流通进入稳定持续有序的循环,则必须承受这样的代价。鉴于货币供给过多的存量消化需要很长的时期,所以在处理货币供给增量可以积累经验,为用发国债取代央票奠定基础。

第五节　理顺、规范央行的资产负债结构

要实现买外汇发货币向买国债的转移,必须理顺、规范央行的资

产负债结构。因为,货币发行方式从属于既定的资产负债结构,不改变资产负债结构就无法改变货币发行方式,或者改变了也不可持续,所以改变货币发行方式要从改变资产负债结构做起。也就是不仅要将新发货币方式转移到买国债上来,还要将现有的央票、外汇置换成国债,并规范资本对负债的约束。

2012年上半年,人行发行的央票利率基本在6.5%—7.9%,其规模在1.8万亿—2.3万亿,这对未来的经济运行将有不小的影响。鉴于本书前面所反复论证的,买央票不像买国债那样,能保障已发行货币的及时退出和消失,所以要将央票置换成国债。但仍有人坚持认为,只要人行用发央票收回的货币去买入外汇,循环使用,就没有人民币供给的增加,或者增加有限。然而,这样的判断有着根本的问题。从表面上看,一笔人民币循环使用,可以完成若干笔外汇的收购。但是,人行发行央票后,它的负债方表现为人民币减少与央票持有人的存款增加,负债总量不变。所以一笔人民币的循环使用,人民币没有增加,但是央票和人行的负债都增加。因为央票明天要还本付息,所以一笔人民币的循环使用只是将今天的通胀压力转移到明天,其对货币流通的负面影响不仅没有减少,而且在累积增加。

所谓国债置换央票,就是用财政部的票据换央行的票据,即由财政承担央行的债务。为了避免财政偿债规模太大可能造成的震荡,财政要拉长偿债期限,承诺分阶段偿还所有央票。此外,还要用国债置换外汇,2012年人行的资产负债表上,外汇占款占人行负债的总和之比为90%左右。实现置换可以将原本人民币发行是对央行的负债变成是对财政的负债,并且到期用财政税收的偿还。这就能将先前买外汇发行的人民币转化成税款,随着财政的拨付而退出消失。更重要的是通过财政的拨付偿还后,这些外汇就是财政用税收购买的资产,而不再是人行用买入的外汇作为负债的担保。财政将对之有完全的自主权和支配权,这就不必担忧外资或公众用人民币兑换外汇,人行不能不付的为难和尴尬。

鉴于财政资金并不宽裕,所以要将偿还期拉至 10 年以上,就能分摊压力,实现平稳过渡。2013 年末人行的外汇占款为 28.63 万亿元[①],其中很大一部分可以随以后国际收支逆差的发生而消失,实际留下 5 万亿人民币外汇应该可以维持国际支付,那就是每年财政要多负担 5 千亿债务,相对于每年 10 多万亿人民币,并且每年还能增长的财政收入,额外承受 5 千亿额外的债务并非不可行。更何况这个财政支出并没有消耗掉,而是仍然以外汇的形式继续存在,只不过将原来不完全为财政支配的资产,转换成完全为财政所有而已。

2013 年以后的一段时期可以是实现这个置换的最重要时期,因为此时我国的国际收支将会出现逆差,这种情况在 2012 年上半年已经出现了端倪,7 月份国际收支顺差增长 13%,到 8 月份就高台跳水至 1%,9—10 月份出口形势有好转,但是进入 11 月份后,有关数据又进入负增长。商务部预测,中国 2012 全年对外贸易增幅在 6% 左右,将低于国内生产总值的增幅,这是多年来所没有的。尽管商务部认为明年可能略微好于今年,但是国际环境仍充满不确定性[②]。如果这种情况加剧,甚至变成逆差,则有大量人民币将转换成外汇,人民币与外汇将一起消失。货币的短缺会造成国内经济的低迷甚至衰退,所以需要人行买入国债,增加人民币供给,弥补公众买外汇造成的人民币消失,以保持经济的平稳。然而,我国目前国债存量有限,人行全部买入也不足以满足增加人民币供给的需求。这就决定了我

---

① 数据来源:Wind。
② "我国今年外贸增幅或低于 GDP 增幅",《文汇报》2012 年 11 月 18 日。

国国债发行的潜力非常之大。因为随着房地产价格的下降,地方政府卖地收入减少,其债务压力也将大为增加,据估计也不下于20万亿,所以财政发行债券的空间很大,这就能给国债置换外汇提供了机会和可能。

在这种情况下,可行的操作可以是财政发行债券在前,人行的国债买入在后,这就能将货币发行的依据由外汇置换成买国债,从而将外汇占款的人民币发行科目推入历史。人民币发行不仅可以进入短期融通的轨道,而且可以实现到期偿还。需要指出的是,按照发达国家的操作经验,央行只能买二手市场的短期国债,但这却并不适合我国目前的情况。因为让公众买入国债后,再由人行买入,这将耗时很长,不足以解决我国买国债增加货币供给的紧迫需求。经公众买入后,势必有相当部分国债沉淀在公众手中,特别是在目前我国投资机会相对较少,这就更不能将有限的国债全部变成人行的货币供给。所以由人行直接买入财政的国债,其对货币供给净增加的效应比通过公众转手更好。此外,我国的国债市场不够成熟,资金需求的期限又比较长,买卖短期债券的频繁操作有诸多不便,所以人行可先买入期限较长的国债,之后随着我国国债市场的成熟,逐渐用短期债券置换长期债券。

需要强调的是,直接从财政买入长期债券只能是非常时期的非常之举,不可作为常规操作,否则,不仅会造成行政部门的权力膨胀,还会留下未来严重通胀的隐患。所以如此操作的步骤和方案要得到人民代表大会的特许,一旦完成由国债对外汇的置换,人行就不再拥有这项权力。特别需要强调的是,未来的若干年是实现国债置换外汇的最佳时期,错过之后就不知要等到何时。因为实现置换需要两个条件,即国际收支逆差与财政赤字较多,缺失任何一个都无法实施。在国际收支顺差的情况下,买外汇发人民币的量已经过多,再买国债则会更多。反之,在国际收支逆差的情况下,财政却没有那么多赤字,人行买不到足够的国债,就无法完成置换。所以这两个条件同时具备很难得,要抓紧时机完成顶层设计,及时推进这样的置换。

此外,也是最重要的,财政要给人行拨足资本。目前人行的自有资本不到资产的 0.04%,相当于发达国家 2% 的五十分之一,所以非常需要将人行的资本比例提高到与他们相当的地步。这不仅是为了保障人行运行的安全,更重要的是从根本上改变人行的货币发行依据与机制,即由原来以买入公众的外汇为担保,变为人行用自己的资产为担保;由原来货币发行为人行欠公众的外汇,变为人行给公众提供短期融资;由原来货币发行为人行无需偿还的负债,变为财政必须用税款来偿还的负债;此外,还有其他很多对于市场发育具有非常重要意义的转变。

财政给人行拨足资本后,还要有法律明确规定,人行的负债为自有资本的明确倍数。如果是 50 倍,则人民币的发行只能在这个范围内,不能有所突破。如果发生特别的经济情况,需要人行突破这个倍数,增发人民币,则必须得到人民代表大会的批准。尽管这样的操作可能要耗费较长的时间,甚至还有贻误时机的可能,但有了权力约束和制衡后,不仅可以避免人行主动地多发人民币,而且可以避免其他行政部门对人行的挤压,造成人行被动地发行过多。

第六节 消除市场分割,培育真正基准利率

如果不能消除我国普遍存在于经济运行,包括实体经济与货币

经济各个领域的市场分割，即便将人民币发行方式转移到买国债上来，也无法实现利率变动对整体经济的调整，甚至不能消除市场分割，就无法根本完成人民币发行方式的转轨。

买国债发货币不仅只有在一体化的市场体系中才能实现，更要通过这个市场体系发挥作用。因为买国债发货币最重要的前提是给国债定价，这个定价不能空穴来风，随心所欲，而必须以现有的市场定价为参照。如果这个市场是一体化的，所形成的价格是比较合理的，以此为参照的国债定价就不会偏离太远。但如果市场是分割的，各市场的收益率之间就没有直接的必然关联，甚至有多少个市场就有多少个收益率，则国债定价就会无所适从，无法确定以哪个市场的收益率为定价依据。如果选择不当，一定会发生定价偏差，致使经济运行偏离期望的目标。

买国债发货币的目的是为了将国债市场的收益率变动传导至所有的市场，包括金融市场和实体市场。但如果市场是分割的，国债利率就无法作为基准利率，因为它不能同时同幅地影响所有的市场，国债交易的结果就无法正确、有效和充分地传导至所有的市场，其对整体经济的影响就是有限的和难以确定的，买国债发货币也就失去了意义。所以要实现货币发行方式由买外汇向买国债的转移，就必须构建一体化的市场体系，培育"牵一发动全身"的基准利率。

发达国家的市场并非没有分割，但是，它们的分割是相对的，而不像我们这样绝对。譬如，它们的长短期市场之间有分割，那只是市场参与者偏好短期债券交易的人不进行长期债券交易，但是，如果长期市场的回报大到一定的程度，偏好短期交易的人也会进行长期交易。这就既能在长短期市场之间形成稳定的利差，又能将短期市场变动的影响传导至长期市场中去。发达国家这种市场分割含义和效应就有非常普遍的意义,它也存在于不同风险的市场之中,以致利率可以成为风险与期限的价格。而我国的市场分割则几乎是绝对的,人行规定:信贷资金不能进股市,公众不能超限额地进行外汇交易,商业银行只能按照规定的利率及其弹性幅度吸收存款和发放贷款等。尽管只要有了足够的利润,所有的限制和藩篱都有可能被穿越,但这毕竟是违规的和要受处罚的,所以这种穿越是有限的、离散的、缺乏统计意义的,这就不会在各市场之间形成稳定的利差,也不会有资金在它们之间顺畅流动的传导。

所以我国存在比较普遍的市场分割的重要原因在于政府的行政干预,而政府要进行行政干预的重要原因,除了历史的惯性外,还在于没有政府干预,市场运行会更乱套。譬如:不限制信贷资金进股市,则股市非常可能投机过度;不限制短期资金进入长期市场,房地产价格上升更加过度;不限制资金进入外汇市场,外汇市场的套利更可能造成汇率更无序波动。所以发达国家市场的运行不会发生与我们相似的情况,则在于我们的产权模糊。它们的经营者与企业利益高度一致,经营者为了自己的利益轻易不会牺牲企业利益与社会利益,而我国经营者利益与企业利益背离,经营者为了自己的利益非常可能牺牲企业和社会的利益。所以,解决问题的出路不仅是解除政府干预,更在于明晰产权制度,使得经营者利益与企业利益高度一致起来。经营者的行为规范有序了,不需要行政干预,才能从根本上解除行政干预。

解除行政干预后,经济主体就能自主套利,资金可以自由流动,收益率就能自主波动,只要假以时日,经济主体在新的环境平台上博弈,他们就能将所有的市场链接起来。此时,所有市场的利差在于资金使用的风险与期限的价格。因为国债收益率处于利率体系的最低点,所以国债收益率的变动就能引发所有的套利行为,并使得偏离均衡点的利差回到均衡点上去,这个利率就是"牵一发而动全身"的基准利率。有了这个利率就不需要行政干预了,因为它可以做得比行政干预更好。但不解除行政干预,这个基准利率就无法形成。

解决问题的出路既不能等市场一体化完成后才解除行政干预,也不能等行政干预解除后,才促进市场的一体化。而只能是在市场一体化的过程中逐步解除行政管制,在解除行政管制的过程中相应促进市场一体化。具体地说,就是先要尽可能明晰产权制度,让所有经营者的利益与企业利益高度一致起来,尽可能将他们为自己的利益而牺牲企业与社会利益的可能降到最低,然后逐步放开资金在不同市场之间流动的规模和额度。如果市场的反应比较平稳,符合管理层的预期,管理层可以逐步放松这个额度,直至完全放开为止。但如果市场反应比较强烈,管理层就可以停止放松这个额度,甚至使这个额度退回到初始位置。通过这种方式,可以依托行政力量,在不断试错的过程中平稳地建立起市场机制,并相应地解除行政管制。

第七节 解除存贷比例,规范准备金制度

按照经典理论,货币供给主要为基础货币乘上货币乘数。货币发行方式决定基础货币供给,而要使基础货币支撑存款创造的规范有序,则必须解除存贷款比例管理,规范准备金制度。因为准备金制度是决定货币乘数最重要的变量,而解除存贷款比例管理则是规范准备金制度的重要方面。

准备金制度的最重要功能是支撑和制约商业银行的存款创造。也就是没有基础货币,商业银行不能派生存款;有了基础货币,不能无限派生存款。基础货币增加的银行可以倍数扩大存款,而基础货币减少的银行要倍数收缩存款,所以无论基础货币在不同银行之间如何转移,流通中的货币总量都不变。也无论商业银行如何进行信用创造,派生存款都不会转化成基础货币,所以没有央行向流通中注入基础货币,流通中货币供给不会增加。

准备金制度的功能不是因为它的名称,而是因为它的制度设定,如果制度设定不同,即便名称完全相同,其功能也势必相去甚远。仅以美国的准备金制度为例[①]。美国的准备金制度规定,只有现金和商业银行在央行的存款才能作为准备金,因为此二者为央行发行,所以不管商业银行如何进行信用创造,也不管派生存款如何转换形态,派生存款与准备金之间的界限分明,不会互相转化,更不会造成准备金的增加。商业银行要按照2周的平均存款余额计提准备金,并且在提取后保持2周。如果在以后的2周准备金的保存期中发生存款变动,商业银行就可以相应追加或退还准备金。这就能保障每日的存款余额都是基础货币的稳定倍数,准备金一经提取就能支撑和制约每日的存款创造。

我国初始的准备金制度则没有明确规定只有现金和商业银行在人行的存款可以作为准备金,且只是按照存款的旬末余额计提准备金。这就决定了当时的准备金制度只有存款缴纳,而没有每日存款余额创造的约束功能。现在已经改革成时期准备金制度。因为没有强调准备金的构成,这就留下了派生存款转化为商品,出口换汇,变

[①] 胡海鸥、胡振红:"美国重新实行时差准备金制度的意义与启示",《外国经济与管理》2000年第4期。

成基础货币的缺口。最重要的是美国的准备金是按照第一周的每日平均余额计提,隔一周资金缴纳到位。这样的准备金安排既避免了商业银行集中的资金缴纳需求,导致同业市场利率大幅波动;又能减轻商业银行头寸的压力,把派生倍数放大到极致。我们是在旬末第三天资金到位,对同业利率的冲击大,同样准备金率的派生倍数小。

需要强调的是,2015年10月以前,我国准备金制度对存款的倍数约束功能并没有充分地表现出来,因为我们还有个发达国家所没有的存贷款比例管理,它与准备金制度的规定相似,因为货币乘数是准备金率的倒数,也是存贷款比例管理的倒数,与两根缰绳拉住一匹马的效果相似,短的缰绳起作用,长的缰绳不起作用。在存贷款比例管理与准备金制度同时实施时,因为存贷款比例管理决定的乘数小,而准备金率决定的货币乘数大,于是也就不起约束作用。比如,我国目前的准备金率在12.5%左右,它所能支撑的乘数应该在8倍左右。而存贷款比例决定的乘数,考虑存款不做贷款,而可作票据贴现的可能,实际乘数差不多为4.5,这可以作为准备金率决定的乘数不起作用的一个佐证。

存贷款比例管理不管存款来源于人行的发行,还是商业银行派生存款的转化,只要有存款进入就可以发放贷款,派生存款扩张式自我循环问题依然存在。只不过存贷款比例管理允许存款扩张的倍数比准备金率小,所以它只能制约存款扩张的速度,却不能使存款创造在某个位置上停顿下来。在我国目前的体制中,人行也感觉到准备金制度对存款创造作用的有限,所以加上存贷款比例管理,以提升对存款创造的约束作用。但是,在存贷款转化和循环的意义上,这种约束作用仍然是有限的,只不过比没有它好一些。

如果将人民币发行方式转移到买国债上来,却又保持存贷款比例管理和不规范的准备金制度,这就有可能影响买国债发人民币的效果。所以首先要解除存贷款比例管理,因为它不是符合国际惯例的行政管理手段,保留它就是保留对商业银行运作的行政干预,不利于准备金制度作用的充分发挥。完善准备金制度的关键有两条:其一,要明确只有人行发行的货币才能作为准备金。在买国债发货币的情况下,派生存款可以转化为出口商品和外汇,外汇只能在市场上抛出。于是,卖出外汇的银行得到基础货币补充,派生存款得到基础货币的支撑,买入外汇的银行存款倍数收缩,总体的派生存款与基础货币回到准备金率的要求中去,这就能切断派生存款转化为基础货币的链接,实现存款派生过程的收敛。其二,要拉长准备金计提后缴纳的时间,让商业银行有足够的时间调节头寸,既能将派生存款的倍数放大到极致,又能平缓准备金需求对同业利率的冲击。

参 考 资 料

（1）周荣芳、王晓蕾、方昕："英国货币政策的基本框架和传导机制"，《中国货币市场》2002 年第 7 期。

（2）顾海兵："市场经济就是自由经济"，《经济学消息报》2009 年 1 月 9 日。

（3）陆军荣："2009 美元货币流通发行机制带来四大启示"，《上海证券报》2009 年 6 月 27 日。

（4）胡海鸥、谈正达："货币发行中买入国债与外汇的不同逻辑含义"，《上海金融》2010 年第 3 期。

（5）胡海鸥、周小舟："我国货币供给机制转轨的思考与建议"《国务院发展研究中心经济要参》2010 年第 17 期。

（6）刘絜敖：《国外货币金融学说》，中国展望出版社 1983 年版。

（7）托马斯·梅耶：《货币银行与经济》，三联书店 1989 年版。

（8）莱·威·钱德勒、斯·姆·哥尔特菲尔特：《货币银行学》，中国财政经济出版社 1986 年版。

（9）胡海鸥、孙慧：《中国金融体制的改革与发展》，复旦大学出版社 2004 年版。

（10）胡海鸥、贾德奎：《货币理论与货币政策》，上海人民出版社 2006 年版。

（11）米什金：《货币金融学》，中国人民大学出版社 1998 年版。

（12）亚诺什·科尔内：《短缺经济学》，经济科学出版社 1986 年版。

(13) 弗里德里希·冯·哈耶克：《自由秩序原理》，三联书店1997年版。

(14) 弗里德里希·冯·哈耶克：《通往奴役之路》，三联书店1997年版。

(15) 凯恩斯：《就业利息和货币通论》，商务印书馆1982年版。

(16) 凯恩斯：《货币论》，商务印书馆1986年版。

(17) 米尔顿·弗里德曼：《弗里德曼文萃》，北京经济学院出版社1999年版。

(18) 饶庆余：《现代货币银行学》，中国金融出版社1983年版。

(19) Michael Woodford, Monetary Policy in a World Without Money, NBER Working Paper No.7853, Aug.2000.

(20) Benjamin M. Friedman, Decoupling at the Margin: The Threat to Monetary Policy from the Electronic Revolution in Banking, International Finance, Oct.2000.

(21) N. Gregory Mankiw, Real Business Cycles: A New Keynesian Perspective, National Bureau of Economic Research, Working Paper No.2882.

(22) Victor Zarnowitz, Business Cycles Analysis and Expectational Survey Data, NBER Working Paper No.1378.

图书在版编目(CIP)数据

人民币发行方式转轨研究——由买外汇转向买国债/胡海鸥,冯霞著.
—上海:复旦大学出版社,2015.11(2020.10重印)
ISBN 978-7-309-11889-6

Ⅰ.人… Ⅱ.①胡…②冯… Ⅲ.人民币-货币投放-研究 Ⅳ.F822.2

中国版本图书馆CIP数据核字(2015)第253055号

人民币发行方式转轨研究——由买外汇转向买国债
胡海鸥 冯 霞 著
责任编辑/徐惠平 岑品杰

复旦大学出版社有限公司出版发行
上海市国权路579号 邮编:200433
网址:fupnet@fudanpress.com http://www.fudanpress.com
门市零售:86-21-65102580   团体订购:86-21-65104505
外埠邮购:86-21-65642846   出版部电话:86-21-65642845
上海崇明裕安印刷厂

开本890×1240 1/32 印张10.75 字数229千
2020年10月第1版第2次印刷

ISBN 978-7-309-11889-6/F·2212
定价:30.00元

如有印装质量问题,请向复旦大学出版社有限公司发行部调换。
版权所有 侵权必究